QI DE PERSUASÃO

DEZ HABILIDADES QUE VOCÊ PRECISA TER PARA CONSEGUIR EXATAMENTE AQUILO QUE VOCÊ QUER

KURT W. MORTENSEN

2ª EDIÇÃO

DVS EDITORA

www.dvseditora.com.br
São Paulo, 2012

QI DE PERSUASÃO

DEZ HABILIDADES QUE VOCÊ PRECISA TER PARA CONSEGUIR EXATAMENTE AQUILO QUE VOCÊ QUER

KURT W. MORTENSEN

DVS EDITORA

www.dvseditora.com.br

QI DE PERSUASÃO

DVS Editora 2010 - Todos os direitos para a língua portuguesa reservados pela editora. - 2ª Edição 2012

PERSUASION IQ. Copyright © 2008 Kurt W. Mortensen. Published by AMACOM, a division of the American Management Association, International, New York. All rights reserved.
Portuguese edition copyright © by 2010 DVS Editora Ltda. All rights reserved.

Nenhuma parte deste livro poderá ser reproduzida, armazenada em sistema de recuperação, ou transmitida por qualquer meio, seja na forma eletrônica, mecânica, fotocopiada, gravada ou qualquer outra, sem a autorização por escrito do autor.

Tradução: Marcia Nascentes
Diagramação: Konsept Design & Projetos

```
Dados  Internacionais  de  Catalogação  na  Publicação  (CIP)
       (Câmara  Brasileira  do  Livro,  SP,  Brasil)

       Mortensen, Kurt W.
          QI de persuasão : dez habilidades que você
       precisa ter para conseguir exatamente aquilo
       que você quer / Kurt W. Mortensen ; [tradução
       Marcia Nascentes]. -- São Paulo : DVS Editora, 2010.

          Título original: Persuasion IQ.

          1. Comunicação empresarial 2. Influência
       (Psicologia) 3. Persuasão (Psicologia) 4. Sucesso -
       Aspectos psicológicos 5. Sucesso em negócios
       I. Título.


10-08443                           CDD-658.8001

          Índices para catálogo sistemático:

          1. Persuasão : Habilidades : Administração de
             empresas    658.8001
```

Quero expressar meu amor e gratidão à minha adorada esposa Denita. Ela é o principal motivo do meu sucesso. Agradeço também aos meus filhos Brooke, Mitchell, Bailey e Madison por seu carinho e apoio durante este projeto e na minha vida inteira. A família é a fonte de alegria em nossa vida e o que faz valer a pena lutar pelos nossos sonhos.

Sumário

Introdução ix
Agradecimentos xi

1 **Qual é o seu QI de persuasão?** As novas regras para obter sucesso e riqueza 1

2 **Resistência à persuasão:** dez obstáculos comuns que limitam seu sucesso persuasivo 17

3 **Habilidade de QP 1:** programação mental dos melhores persuasores 35

4 **Habilidade de QP 2:** compreendendo o pensamento do seu público 59

5 **Habilidade de QP 3:** empatia instantânea e sincronização social 79

6 **Habilidade de QP 4:** estabelecendo a confiança automática 103

7 **Habilidade de QP 5:** use seu poder e autoridade para exigir atenção 123

8 **Habilidade de QP 6:** a capacidade de influenciar outras pessoas 139

9 **Habilidade de QP 7:** como motivar a si mesmo e aos outros o tempo todo 155

10 **Habilidade de QP 8:** habilidades avançadas de apresentação e comunicação 179

11 **Habilidade de QP 9:** antecipação pré-planejada: as fórmulas secretas dos profissionais 201

12 **Habilidade de QP 10:** autodomínio e desenvolvimento pessoal 219

Reflexões finais: momento de captar sua grandeza 237

Apêndice A: bônus/relatórios gratuitos do livro *QI de Persuasão* 243
Apêndice B: teste resumido do *QI de Persuasão* 247
Notas finais 261
Índice 271
Sobre o autor 283

Introdução

O que leva uma pessoa a ser bem-sucedida? Por que algumas pessoas conseguem enriquecer e outras não? Como podemos prever quem será bem-sucedido, quem mal conseguirá se sustentar e quem fracassará? Como podemos quantificar as características de pessoas muito bem-sucedidas?

Tudo começou em 1905. O psicólogo francês Alfred Binet desenvolveu um dos primeiros testes de QI (**quociente de inteligência**). Com o passar dos anos, muitos cientistas tentaram fazer previsões em relação a conquistas educacionais futuras e ao desempenho na vida usando testes para mensurar a inteligência. O problema é que uma nota alta neste tipo de inteligência mensurada não era garantia de sucesso na vida.

A inteligência é um traço importante, mas há vários tipos de inteligência. Howard Gardner descobriu que existem diversos tipos de inteligência e que os níveis dessas diferentes inteligências variam de pessoa para pessoa. Que tipos de inteligência possuíam as pessoas bem-sucedidas e extremamente prósperas? Que tipos de inteligência nasciam com a pessoa e quais eram aprendidos?

Finalmente, o conceito de **inteligência emocional** (QE) foi desenvolvido. O livro inovador de Daniel Goleman, *Inteligência Emocional*, mostrou ao mundo que o sucesso não é determinado apenas pelo QI, mas também pelo QE. A inteligência emocional, muitas vezes mensurada como o quociente de inteligência emocional (QE), descreve a capacidade de perceber, avaliar e gerenciar as próprias emoções, as emoções dos outros e as emoções de grupos.

Minha pesquisa sobre o que torna as pessoas bem-sucedidas revelou que o sucesso depende de algo que está além do QI e do QE. Meus estudos mostram que as pessoas mais felizes e mais ricas possuem uma alta capacidade de persuadir, influenciar, vender, negociar, motivar, liderar e compreender a natureza humana. Essas não são competências aprendidas na escola. Mas, é necessário dominá-las para ser bem-sucedido na vida. Alguns chamam isso de "capacidade de sobrevivência"; eu chamo isso de "QI de persuasão" (QP). Estudos mostram que as pessoas que geram riqueza e sucesso sempre possuem um QP alto.

Seguindo este raciocínio, é essencial aumentar seu QP para ser bem-sucedido e este livro o ajudará a fazer isso. Este livro pode mudar sua renda, seus relacionamentos e até mesmo sua vida inteira. Cada capítulo revela os traços e características das pessoas mais bem-sucedidas em diferentes ramos de atividades. Tomei como base mais de dezessete anos de pesquisa. E não se trata de mera teoria ou boato, mas de técnicas comprovadas que funcionam na vida real. Neste livro, compilei todos os resultados de minha pesquisa e busquei uma maneira de facilitar sua compreensão, aplicação e utilização.

No fundo, sempre queremos que todos escutem e façam exatamente o que queremos. Todo dia, você persuade os outros a aceitarem seu ponto de vista ou os outros persuadem você a aceitar o ponto de vista deles. Na vida em sociedade, aprendemos a fazer uso da intimidação, coerção, controle, força ou, às vezes, concessão para obter o que desejamos. Por que optar pela aceitação de curto prazo se você pode exercer a influência de longo prazo? A persuasão mudou e precisamos mudar nossas habilidades de persuasão para nos adaptarmos ao novo mundo. Os **melhores persuasores** conseguem persuadir sem detecção e persuadem outros da mesma forma que gostariam de ser persuadidos! No mundo cético em que vivemos, haverá resistência a qualquer tentativa de persuasão ultrapassada.

A falta de persuasão, a falta de confiança, a persuasão antiquada e a falta de habilidades interpessoais custam bilhões de dólares anuais às empresas em termos de perda de receita. **Quanto custa à você a falta de persuasão ou o QP baixo?** Chegou a hora de aperfeiçoar suas habilidades em vez de confiar em técnicas ultrapassadas.

—Kurt W. Mortensen

Agradecimentos

Meus sinceros agradecimentos e reconhecimento a todos aqueles que me ajudaram a tornar *QI de Persuasão* uma realidade.

Expresso aqui um agradecimento especial a todos os clientes do Persuasion Institute que tornaram possível a realização desta pesquisa. Sou grato a todos os meus colegas, familiares, amigos, professores, exemplos e associados que me ajudaram neste percurso. Obrigado por sua ajuda ao transmitir e testar estas idéias em todas as etapas do processo. Agradeço a todos que acreditaram em mim e também aos que não acreditaram.

Também sou profundamente grato a Steve Olson, Mike Ray, Tyler Ruby, Ellen Kadin, Dan Merrick, David Bird, Jake Simpson, Jason Denney, Jill Waters, John Sorenson, Russ Voght, Kiona Teo, Loren Peterson, Natasha Marcon, Perry Wakefield, Rob Wheeler, Seth Ellsworth, Kim Scott, Gavin Poulton, Mike Carter, Judd Simpson, Jarad Severe, Kurt Jacobson, Michael Jackson e Jim Brewster.

CAPÍTULO 1

Qual é o seu QI de Persuasão?

As novas regras para obter sucesso e riqueza

O que é necessário para conseguir exercer o poder de persuasão em qualquer encontro? Pense um pouco. Qual foi a última vez em que você não conseguiu obter algo que desejava? O que aconteceu? Você não conseguiu transmitir seu ponto de vista? Foi persuadido por outra pessoa? Nos últimos vinte anos, mudamos completamente nossa percepção do que vem a ser persuasão e influência. Antes, não sabíamos nem nos importávamos com o que os clientes pensavam ou com o que levava-os a comprar ou agir. A maioria do pessoal de vendas e *marketing* estava atirando no escuro. Ficávamos torcendo para que tudo estivesse dando certo. Antonio Damasio, da Faculdade de Medicina de Iowa, consegue resumir bem isso: "Aprendemos muito mais sobre o cérebro e a mente na década de 1990, a chamada década do cérebro, do que em toda história anterior da psicologia e da neurociência."[1]

Todo persuasor, em algum momento, já perdeu um cliente, um fornecedor ou até mesmo um amigo, fracassou em algum negócio ou detonou uma nova conta. Você certamente já enfrentou problemas desse tipo. Essas experiências são de fato dolorosas, mas a pergunta é: quem ou o que você culpou? Isso lhe custou dinheiro, o deixou constrangido, foi incômodo e é preciso encontrar um culpado para o seu desconforto. No entanto, quando você inicia uma nova carreira, começa um negócio novo ou experimenta algo de novo, isso sempre envolve riscos. Quando as coisas não saem conforme o esperado, a reação automática costuma ser: "Isto simplesmente não funciona. Eu diria: "Discordo. Não deu certo para você desta vez. Mas sei que você *pode* fazer isso dar certo." Há milhares de pessoas na sua área ou setor que enfrentam situações semelhantes (ou piores) do que a sua, que são tão (muitas vezes menos) inteligentes quanto você, e que conseguiram dar a volta por cima. Não é o *veículo* (área de negócios, bens imóveis, *marketing* de rede, a Internet, vendas comissionadas ou qualquer outro empreendimento) mas sim o **combustível** (persuasão, habilidade interpessoal, autodomínio) desse veículo que faz a diferença entre mediocridade e sucesso.

O poder da persuasão o habilita e o energiza para:
- Compreender as pessoas instantaneamente.
- Criar confiança imediata.
- Levar os outros a entrar logo em ação
- Fechar mais vendas.
- Vencer a concorrência.
- Receber o salário merecido.
- Levar os outros a aceitarem o seu ponto de vista.
- Ouvir repetidamente a palavra mágica "sim".
- Acelerar o sucesso dos seus negócios.
- Melhorar seus relacionamentos.
- Ser bem-sucedido em negociações.
- Convencer os outros a fazerem a sua vontade.

A principal habilidade das pessoas extremamente prósperas é a **persuasão**. Pare um pouco para pensar. Percebe que tudo que deseja na vida é resultado direto da persuasão? Segundo Brian Tracy, um renomado especialista em persuasão: "As pessoas que não conseguem apresentar suas ideias ou vender o seu peixe de maneira eficaz têm pouco poder de influência e não são altamente respeitadas."[2] O inverso desta declaração seria afirmar que, se você conseguisse apresentar sua ideias com eficácia e persuadir os outros, teria um alto poder influência e seria muito respeitado.

Você sabia que a maior parte dos CEOs *(chief executive officer)* das maiores corporações norte-americanas têm formação em vendas e *marketing*?[3] Talvez você não almeje ser o CEO de uma grande corporação, mas sejam quais forem suas escolhas, sonhos ou metas profissionais, a persuasão é a chave do sucesso. Profissionais da persuasão, ou seja, especialistas em vendas e *marketing*, são os empregados mais requisitados.[4] Pais, professores, líderes, gerentes, empreendedores, empregados e profissionais de vendas, todos precisam de habilidades de persuasão. Seja qual for a real posição que ocupamos, todos persuadimos, ou melhor, precisamos saber vender, para sobreviver.

Napoleon Hill passou vinte anos fazendo pesquisas sobre o sucesso e a prosperidade. Ele conseguiu desvendar as habilidades e os hábitos de milionários e descobriu o que os extremamente prósperos estavam fazendo que os diferenciava das pessoas comuns. Que hábitos, habilidades e traços todos eles tinham em comum? Logo após o lançamento de seus dois *best-sellers Think and Grow Rich* e *Succeed and Grow Rich Through Persuasion*, Hill considerou a capacidade de persuadir como a **habilidade mais importante** para alguém conseguir aproveitar todo o seu potencial.[5]

Sua área de persuasão pode envolver a venda de um produto, a apresentação de uma ideia com eficácia, a negociação de uma proposta melhor, a obtenção de aumento no salário, a capacidade de influenciar alguém a se tornar uma pessoa melhor ou o dom de despertar um adolescente em conflito. Seja qual for a situação, o sucesso em todos esses casos depende da persuasão. A persuasão é a resposta para vários aspectos da vida. Pense nas seguintes formas de persuasão que usamos no nosso cotidiano:

Função	Persuasão	Público
Pais	Orientar	Filhos
Profissionais de vendas	Fechar	Clientes em potencial
Representantes de contas	Vender	Clientes
Gerentes	Recrutar	Empregados
Líderes	Influenciar	Seguidores
Coaches	Treinar	Equipes
Profissionais de propaganda	Ensinar	Compradores
Advogados	Dominar	Componentes do júri
Palestrantes	Inspirar	Ouvintes
Empreendedores	Vencer	Clientes
Marqueteiros	Convencer	Consumidores
Mentores	Assessorar	Alunos
Políticos	Instigar	Subordinados

Função	Persuasão	Público
Corporações	Garantir	Compradores
Clérigos	Informar	Membros
Médicos	Aconselhar	Pacientes

Poderíamos acrescentar mais itens à lista. O mais importante é ter a consciência de que sempre estaremos em encontros persuasivos, em qualquer atividade da vida, tanto pública quanto privada. **Qual é o seu QI de persuasão (QP)?** Qual é a sua classificação no mundo de persuasão e influência? E como você consegue sair da mediocridade persuasiva para ter o domínio da persuasão?

O homem e seu SUV novinho em folha: uma fábula

Depois da compra de um SUV* vermelho saído da fábrica, o proprietário do novo veículo ficou empolgado com sua aquisição mas, ao mesmo tempo, estava apreensivo com tamanho investimento. Ele precisou apertar o orçamento para comprar o carro, mas a sensação de estar dirigindo aquele automóvel era maravilhosa. Parecia ter feito a coisa certa. Ele estava certo de que este novo carro abriria muitas portas, ou seja, que seria o começo de algo grandioso. Ela passaria por um aperto financeiro, mas parecia que o investimento valeria a pena. Duas semanas depois, o indicador de gasolina acendeu e ele automaticamente se dirigiu a um posto de gasolina para encher o tanque. Para sua decepção, o valor do mostrador da bomba medidora pulou rapidamente de $20 para $30 e depois para $70...e finalmente parou em $82,77. Ele pensou: "Isso é um roubo!" Não era justo pagar tanto assim pela gasolina! Ele prometeu a si mesmo não colocar mais gasolina no carro e cumpriu a promessa. E, assim, seu carro novinho em folha permaneceu parado no estacionamento, sem uso, porque ele se recusava a colocar gasolina no carro.

Moral da estória: Seja qual for o seu veículo (negócio), ele não sairá do lugar se você não tiver combustível (capacidade de persuasão e habilidade interpessoal).

Assim como o combustível é essencial para o seu carro (desconsiderando o custo), a persuasão é essencial para os seus negócios. A maioria das

---

* Nota da tradutora: O *SUV* (*Sport Utility Vehicle*) é um veículo utilitário esportivo.

pessoas adorariam ser capazes de saber como persuadir e influenciar os outros, de cara, em qualquer situação. Digamos que você esteja conversando com um amigo, um cliente ou um cliente em potencial e não esteja conseguindo incutir seu ponto de vista. Agora imagine que fosse possível comprar uma lata de *spray* da persuasão e, com um único borrifo sobre esta pessoa, você pudesse convencê-la instantaneamente a mudar de ideia em relação ao seu ponto de vista. Qual seria a vantagem disso para você? Quanto você pagaria por tal lata de *spray* da persuasão? Pense na possibilidade de persuadir outros com tamanho poder e facilidade.

VOCÊ PODE DOMINAR A ARTE E A CIÊNCIA DA PERSUASÃO

A boa notícia é que é possível aprender e dominar as habilidades de persuasão. É impressionante o quão pequenos seriam o esforço, o tempo ou as despesas investidas por indivíduos ou empresas em treinamento sobre vendas e persuasão para que adquiram as habilidades essenciais. O domínio desse conhecimento leva a um sensível aumento na renda do persuasor e na rentabilidade da empresa, além de garantir a fidelidade do cliente ou do amigo. A esta altura, sempre me pergunto: "O quanto me custará adquirir, aprender e dominar estas habilidades de persuasão e de vida?" Gostaria de mudar o foco desta pergunta. O quanto isso custará a você caso opte por não fazê-lo? Como disse o bilionário Donald Trump: "Estude a arte da persuasão. Pratique-a. Desenvolva uma compreensão do seu valor profundo em todas as esferas da vida."

Por que dediquei minha vida à compreensão, domínio e ensino da persuasão e controle da própria vida? Simplesmente porque fiquei danado da vida por não ter aprendido essas habilidades tão essenciais da vida enquanto estudante da graduação e da pós-graduação em negócios. Quem (o que) falhou comigo? Se a persuasão é a habilidade do sucesso, por que não aprendi isso na escola ou em qualquer outro local focado nesse assunto? Por que me entregaram um canivete para cortar a árvore do sucesso e da riqueza? Por que me deram as ferramentas erradas? Por que essas habilidades essenciais da vida precisam ser aprendidas através das dificuldades da escola da vida?

Queria desesperadamente dominar a habilidade valiosa da persuasão. Li toda a literatura a que tive acesso sobre o assunto; participei de inúmeros seminários sobre persuasão, liderança, negociação e vendas; li vários estudos sobre comportamento humano e psicologia social; escutei diversas gravações em fitas ou CDs sobre persuasão, motivação e influência. Consegui reunir diversas informações importantes, mas notei que faltava algo. Todos os estudos, programas, livros e palestrantes apresentavam boas ideias, mas não consegui encontrar uma fonte que conseguisse abranger tudo isso.

Frustrado, decidi avançar com minha pesquisa. Analisei inúmeras apresentações de vendas, interrupções de clientes e pesquisas. Escutei gravações de *telemarketing*, resisti a várias táticas de persuasão antiquadas insultantes e testemunhei inúmeros fechamentos de negócios. Exerci funções de vendas e gerenciamento de vendas para descobrir o que funcionava. Entrei em contato com os melhores persuasores para aprender o que faziam para dar certo. Monitorei não apenas os melhores persuasores, mas também seu público para determinar o que gostavam e desgostavam, por que eram ou não persuadidos.

Como minhas pesquisas apontavam vários resultados, decidi fundar o Persuasion Institute para catalogar minhas descobertas e compartilhar os segredos da persuasão com outras pessoas que desejam aproveitar ao máximo o seu potencial. Desde a sua criação, o Persuasion Institute já realizou mais de 20.000 avaliações de Persuasão de QI. Minha função é ensinar a você as habilidades dos melhores persuasores. Que talentos, traços, características, hábitos e mentalidade possuem os melhores persuasores? Como um persuasor de nível médio pode se tornar um grande persuasor? Também ajudo persuasores a compreender o seu público. Converso com seus consumidores, clientes e clientes em potencial após seu contato com eles. Por que eles mentem para você, não retornam sua ligação, procuram evitá-lo, fogem de você ou não compram de você? Descubro exatamente o que aconteceu e o que você pode fazer para aumentar sua capacidade de persuadir e influenciar.

Aprender como persuadir e influenciar faz a diferença entre esperar ter uma renda melhor e de fato *ter* uma renda melhor. Pergunte a si mesmo: quanto dinheiro e renda perdi por causa da minha incapacidade de persuadir e influenciar? Pense nisso. Você certamente teve algum êxito, mas pense nas vezes em que não conseguiu realizar o que desejava. Já aconteceu de você não conseguir fazer-se entendido? Já se sentiu incapaz de convencer alguém a fazer algo?

Fiz a pergunta "Quanto custou a você e aos seus negócios a sua incapacidade de persuadir?" a várias pessoas no mundo inteiro, *on-line* e em seminários. As respostas foram estarrecedoras. Em termos gerais, as pessoas acreditavam ter perdido uma média de US$ 4,3 milhões. Com o tempo, todas aquelas oportunidades perdidas (relacionamentos, negociações ou promoções) tinham seu preço. Ao investigar mais a fundo o assunto, percebi que as pessoas que tinham o domínio da persuasão e da influência conseguiam determinar sua receita e, quase sem esforço, encontrar emprego, iniciar um negócio ou liderar outros a qualquer momento, em qualquer lugar.

DESVENDANDO O CÓDIGO DE PERSUASÃO

Com base em dezessete anos de estudo, pesquisa e experiência na área, o Persuasion Institute, através da avaliação do QI de Persuasão, conseguiu desvendar o código. Nossas descobertas e informações o qualificarão com os hábitos, traços e habilidades essenciais necessários para que você se torne um persuasor com poder irresistível. Você não precisa se preocupar com a reunião de pessoas inteligentes, organização conceitual e explicações. Este é o recurso de persuasão mais abrangente disponível hoje.

Você já se considera persuasivo? Pense bem. Pesquisas mostram que a maioria dos persuasores utilizam apenas três a quatro técnicas persuasivas repetidas vezes. Até mesmo os melhores produtores costumam usar apenas sete ou oito técnicas persuasivas. Quanto talento desperdiçado! Você sabia que existem mais de cem ferramentas e técnicas persuasivas à sua disposição, prontas para serem usadas?

Imagine que a persuasão é um piano. Nesse caso, a maioria das pessoas utilizam apenas algumas teclas do piano e tocam uma "música para iniciantes" quando, na verdade, poderiam estar utilizando todas as teclas e tocando Mozart.

O primeiro passo para dominar a persuasão é compreender que o treinamento de persuasão do passado não se aplica mais ao ambiente atual, que muda a todo instante e faz uso de novas tecnologias. O seu público está cansado das vendas forçadas e não quer mais ouvir aquelas velhas ladainhas. A verdadeira persuasão é aquela que leva à construção de relacionamentos com clientes e amigos que duram para resto da vida; não se trata de fazer uma venda rápida que tem grande probabilidade de se transformar em um cliente insatisfeito, em uma devolução ou em um reembolso. Não estamos falando da aceitação de curto prazo. Esse tipo de capacidade de persuasão resultará em ressentimento, rebelião e frustração a longo prazo.

As pessoas não conseguirão ser bem-sucedidas fazendo uso de táticas e truques. Na verdade, todos estão fartos disso. Uma pesquisa do jornal *The New York Times* descobriu que 56% dos respondentes achavam que você não pode tomar cuidado demais ao lidar com a maioria das pessoas e 34% disseram que a maioria das pessoas tentariam tirar vantagem de você se tivessem a chance.⁶ Quando indagados sobre o que pensavam sobre persuasores ou vendedores, 32% dos respondentes disse "Tenho uma atitude positiva para com vendedores".

O desafio é que a maioria dos persuasores estão certos de que possuem a maioria dos traços de persuasão necessários, mas, ao conversar com as pessoas e com os clientes em potencial com os quais eles interagem, você tem uma imagem totalmente diferente. Seja qual for sua área de persuasão, a maior parte do seu público (clientes em potencial, empregados ou clientes) descreverá você como:

Tendencioso	Alarmista	Transigente
Desperdiçador de tempo	Exagerado	Péssimo ouvinte
Falso amigo	Agressivo	Enganoso
Pegajoso	Persuasivo	Manipulador
Desonesto	Capcioso	Egoísta

Ou farão reclamações sobre você:

Tem dificuldade de comunicação	Culpa os outros
Mal informado	Não se importa com os outros
Não cumpre promessas	Faz perguntas ofensivas
Promete demais	Tenta tirar proveito das pessoas
Fala mal da concorrência	Não compreende os negócios das pessoas
Tem pouca habilidade interpessoal	
Joga conversa fora	Utiliza táticas óbvias de fechamento de negócios
Fica logo íntimo	

Por que tanta negatividade? Primeiramente, o público em geral nunca teve tanta informação quanto agora, o que significa que eles sabem discernir melhor as coisas. Segundo, todos nós somos bombardeados diariamente com inúmeras mensagens persuasivas. Não precisamos sair à sua procura; elas simplesmente chegam até nós. Aos vinte anos de idade, a grande maioria dos norte-americanos (e dos cidadãos brasileiros também...) já foram expostos a aproximadamente 1 milhão de comerciais de

TV.[7] Com tamanho e constante ataque de *marketing*, quem não se cansaria disso? Qualquer pessoa começa a ficar paralisada com tantas tentativas diárias de persuasão.

Então, é melhor conhecer os fatos de cara. A maioria das pessoas acham que os persuasores falam demais, prometem demais, não cumprem suas promessas, só pensam em si mesmos e são gananciosos ou manipuladores. Não dá para tapar o sol com peneira.

O que isso significa para você como persuasor? Significa que deve dizer adeus ao passado e saber acolher o novo. Esqueça as antigas táticas, clichês e estereótipos. Agora não é o momento de apelar para truques e cartas debaixo da manga. Não é hora de pressionar, ficar irritado, intimidar ou implorar. Essas formas de "persuasão" não têm nada de persuasivas. Talvez funcionem no início, mas seus efeitos são apenas temporários e o público fica logo dessensibilizado. Como sociedade, fomos ensinados a ser mais exigentes e menos pacientes.

Em vez de aprender técnicas e estratégias, procure transformar-se em uma pessoa naturalmente persuasiva. Quem é persuasivo é **você**, e não uma tática qualquer empregada por você. Você é o negócio real. Você é persuasivo em função dos seus traços, talentos e características que integrou à sua vida. A persuasão é a habilidade crítica e é aplicável em qualquer situação ou carreira. Se você cultivar sua capacidade natural de persuasão, terá sucesso em qualquer trabalho, ambiente ou negócio.

Em uma viagem de avião, lembro-me de ter conversado com um senhor que havia enfrentado um desafio marcante, mas muito comum. Ele sempre quis ser um empreendedor e ter seu próprio negócio. Ele sabia que ter seu próprio negócio e ser seu próprio patrão eram essenciais para adquirir sua liberdade pessoal e independência financeira. Ele se formou na universidade, onde obteve diploma *cum laude*, e pesquisou muito sobre sua brilhante ideia de negócios. Ele escreveu o plano de negócios perfeito. Todos disseram que sua ideia era brilhante. Parecia impossível cogitar uma falha. Mas ele cometeu um erro vital: acreditar que seu diploma universitário e extensa pesquisa eram suficientes para garantir o sucesso. Ao que tudo indica, estudos mostram que não há uma correlação entre notas na faculdade e ganhos na vida profissional.[8]

Além disso, o homem que se sentou ao meu lado neste voo desconsiderou um elemento crucial (algo que ele havia deixado escapar na pressa de conseguir a "coisa boa", os detalhes práticos do seu negócio) e ficou comprovado que isso foi um grande obstáculo. Ele acreditava que tinha as competências **persuasiva** e **interpessoal**, mas não era isso que seus clientes em potencial achavam. Ele não sabia como se conectar com as pessoas. Ele não conseguia persuadir os outros a acreditar em suas ideias ou serviços. Ele me disse que teve grandes perdas financeiras por causa desse problema. Isso era muito frustrante, pois ele havia se formado, feito tudo direito e queria ser bem-sucedido. Ele havia pensado em todos os detalhes, mas, sem a persuasão, a capacidade de lidar com pessoas ou habilidades de comunicação, nada disso importava. Mesmo que sejamos especialistas na nossa área, talvez nunca encontremos o sucesso desejado, a menos que consigamos desenvolver essas habilidades essenciais. É disso que trataremos neste livro.

Esta negligência é uma tendência comum no mundo corporativo do mundo ocidental e, em especial, no mundo do empreendedorismo. Você sabia que 96% de todos os negócios *start-ups* não duram mais do que cinco anos?[9] Por que isso ocorre? A Small Business Administration do governo norte-americano e o Persuasion Institute (de forma independente) decidiram descobrir o motivo. As duas organizações investiram bastante tempo e dinheiro na tentativa de revelar a raiz do problema e, no final, as duas chegaram à mesma conclusão: **os negócios falham devido à falta de vendas**. Dun e Bradstreet encontraram resultados semelhantes e chamaram esta falha de **"incompetência gerencial"**, ou seja, os indivíduos responsáveis por estes negócios não sabiam o que estavam fazendo. Para ser mais específico, eles descobriram que a principal área de incompetência era vendas e *marketing*.

Os empreendedores que foram malsucedidos não sabiam como persuadir os outros a entrar em ação e utilizar seus produtos ou serviços. Em outras palavras, as vendas conseguem consertar tudo (pressupondo que você tem um produto ou serviço bom a oferecer). Somado a isso, não é segredo para ninguém que a maioria das pessoas que são demitidas ou passam por *downsizing* deixam a empresa devido à sua incapacidade de trabalhar e se comunicar com pessoas. Ou seja, elas perdem o emprego porque falta-lhes as habilidades persuasiva e interpessoal.

"A maior habilidade que uma pessoa pode ter nos negócios é a capacidade de lidar com os outros e influenciar suas ações."
— John Hancock

Ironicamente, muitos dos próprios donos de negócios e executivos da alta gerência que demitem estes indivíduos não sabem o que fazer para melhorar a situação. Eles pensam que estão conseguindo fazer isso, mas muitas vezes adotam a solução errada. Quando indagados sobre os atributos essenciais de ótimos persuasores, eles conseguem identificar habilidades e qualidades importantes, mas, surpreendentemente, esses não são os principais itens da lista. Muitos dizem que tudo se resume a persistência, comunicação, inteligência, aptidão, habilidade interpessoal, conhecimento do produto e organização, mas essas características não explicam por que algumas pessoas são ótimos persuasores e outras não.

TRAÇOS DOS MELHORES PERSUASORES

Quando pedem ao público em geral para identificar os traços e características em comum dos melhores persuasores, as respostas resultantes são interessantes. Algumas são axiomáticas, enquanto outras podem surpreendê-lo:

Atualizado	Ótimo comunicador	Preciso
Erudito	Esforçado	Humilde
Bem-informado	Pontual	Admite os próprios erros
Honesto	Orientado a soluções	
Organizado	Empático	Sincero
Colaborador	Franco	Criativo
Adaptável	Confiável	Temperamento agradável
Bom ouvinte	Amigável	
Capacidade de recuperação rápida	Proativo	Ótima personalidade
	Determinado	Aprendiz contínuo

Esta lista certamente parece maravilhosa. Qualquer um adoraria possuir todos esses talentos ou traços. A notícia chocante é que a maioria dos melhores persuasores **não possuem todos esses talentos ou traços**. O que os clientes definem como um ótimo persuasor, ou o que você pensa que constitui um ótimo persuasor, pode estar longe da realidade. Então, que talentos e traços possuem os melhores persuasores?

Muitas pessoas são como o homem que conheci no avião. Elas têm ótimas intenções, são muito esforçadas em suas carreiras ou negócios, fazem horas extras, mas toda essa energia e esforço não estão sendo bem empregadas. Todo o resto fica sem sentido quando você não tem a mentalidade, a persuasão ou a habilidade interpessoal (QP) certa. Os estudos de K.A. Ericsson mostram que não existe correlação entre sua capacidade de persuadir (desempenho) e sua inteligência (QI).[10] Por que a maioria dos indivíduos não são persuasivos? Para a maioria das pessoas, a capacidade de persuasão **não é inata**. Ela é uma habilidade aprendida. Infelizmente, muitas das melhores instituições de ensino superior não incluem persuasão, vendas ou relações interpessoais no currículo; então, é difícil recorrer à educação formal para ajudar a reforçar essas necessidades de negócios fundamentais, mesmo em um programa de negócios!

No jornal *The Wall Street Journal* apareceu recentemente um artigo sobre a importância do treinamento em persuasão e vendas em programas de MBA. Ele apontou que esse tipo de treinamento costuma acabar como uma nota de rodapé na maioria das escolas de pós-graduação. Como estar pronto para o sucesso, a vida e os negócios sem estar treinado nessas habilidades básicas? A capacidade de vender, comercializar, fechar negócios, comunicar suas ideias com eficácia, compreender o comportamento do cliente, fazer apresentações, influenciar pessoas, conquistar clientes ou levantar fundos é o passaporte para o sucesso. Se você souber persuadir, poderá ser o autor do seu próprio passaporte.[11]

Então, se for investir tempo, energia e esforço no aperfeiçoamento de suas habilidades, procure se concentrar primeiro naquilo que lhe traga melhorias mais rápidas e significativas: suas habilidades de persuasão. Se conseguir aperfeiçoar suas competências persuasivas, seus talentos e aptidões naturais virão à tona e se desenvolverão ainda mais pois sua capacidade persuasiva o ajudará a atrair mais pessoas e mais recursos para si. Quando isso acontecer, você passará a não sentir o peso do seu esforço. Em vez de se matar para conseguir realizar as coisas, você descobrirá que seu trabalho pode ser divertido. Em nossos *workshops* sobre persuasão, pergunto a persuasores e empreendedores se desejam dobrar sua receita. É claro que eles sempre respondem afirmativamente. Mas logo percebem que só conseguirão dobrar sua receita se dobrarem seus esforços ou se duplicarem sua capacidade de persuadir e influenciar.

Por que a maioria dos persuasores não acompanharam a mudança dos tempos? Por que tantos ainda fazem uso de ferramentas antigas que já deveriam ter sido abandonadas? Você é um deles? Quando encontra clientes em potencial, clientes ou empregados, comporta-se como um convidado? Como um inimigo? Como uma mosca? Como alguém que tenta forçar a venda de um produto? Como um ingênuo? Pense bem. A maioria das pessoas acreditam que sejam um convidado bem-vindo, mas a realidade (e as pesquisas) mostra que é mais provável que você seja uma mosca chata. Mas as pessoas nunca revelam isso a você. Os tempos são outros e não conseguimos mais forçar as pessoas a comprar um produto ou serviço. Precisamos ser capazes de ajudá-las a persuadir a si mesmas. Para ser um persuasor eficaz, você precisa levar o público a aceitar a sua forma de pensar.

Quantas vezes você se viu diante de alguém que precisava, queria, gostava e podia comprar seus produtos, serviços ou ideias, mas não estava comprando, simplesmente porque você não conseguiu persuadir essa pessoa? Era um negócio perfeito para as duas partes. O que aconteceu, então?

Todos nós já tivemos a oportunidade de ver ótimos persuasores em ação. Estivemos na presença de especialistas em persuasão que automaticamente atraem a atenção de todos para si. Onde quer que estejam, eles conseguem atrair e influenciar as pessoas através de sua energia radiante e personalidade dinâmica. As pessoas naturalmente querem ser persuadidas por eles. A maioria das pessoas parecem carregar um crachá invisível dizendo "Convença-me! Ajude-me a tomar a decisão certa!" Elas estão pensando: "Há um excesso de informações. Preciso de alguém em que possa confiar, alguém que me oriente para tomar a decisão certa."

Tudo isso nos conduz ao desafio. Onde os melhores persuasores aprendem as habilidades, hábitos e traços que os levam a atingir esta posição? Tais capacidades são adquiridas por osmose? Será que isso está entranhado no persuasor? É possível aprender estas capacidades? A resposta para todas essas perguntas é **sim**; todos estes métodos de aprendizagem fazem parte da fórmula de persuasão.

Como você (1) descobre as habilidades necessárias para se tornar mais persuasivo, (2) começa a incorporar essas habilidades para que elas sejam parte natural da sua maneira de ser e (3) cria o sucesso em massa? Este é o primeiro passo: faça o teste do QI de Persuasão que se encontra no Apêndice B ou *on-line* para obter resultados e análises instantâneas.

Observação Importante

(Para obter mais detalhes sobre suas capacidades persuasivas, visite www.persuasioniq.com e faça a avaliação abrangente de habilidades de persuasão. Isso ajudará você. E também nos ajudará com nossa pesquisa. Estou oferecendo até mesmo o *software* gratuito de persuasão (o preço normal é de US$ 197). Este *software* sistematiza o processo de persuasão. Você está se perguntando o que dizer ou o que fazer em seguida neste processo de persuadir os outros? Que lei de persuasão você deve adotar? Descubra o que os maiores persuasores fazem e dizem, e procure seguir seu exemplo.

Ao obter os resultados do seu QI de Persuasão, você compreenderá melhor seu ponto de partida, saberá os próximos passos a serem adotados e conseguirá progredir mais rápido. Isso dará vida às habilidades, traços e características presentes neste livro. A avaliação do QI de Persuasão se baseia em pesquisas compiladas pelo Persuasion Institute. Reunimos e analisamos informações do mundo inteiro sobre como e por que a persuasão funciona. Como resultado, a avaliação do QI de Persuasão o ajudará a descobrir ponto a ponto e etapa por etapa o que você precisa fazer para se transformar em um ótimo persuasor. Qual é a sua classificação, quais são seus pontos fortes e quais são seus pontos fracos?

VOCÊ ESTÁ PRONTO?

> *"Se não mudarmos a nossa direção, acabaremos por chegar ao nosso objetivo inicial."*
> — **Provérbio chinês**

Neste livro, faço uso das palavras **"persuadir"** e **"influenciar"** para lidar com todas as formas de persuasão. Também procuro alternar entre as palavras produto e serviço para indicar o tópico do persuasor, destacando que a persuasão se aplica a inúmeras situações além das vendas. Em vez de usar cliente em potencial, cliente ou consumidor, costumo empregar a palavra **"público"**.

Não me preocupei em ser politicamente correto, ter tato, nem ser gentil. Não tenho a intenção de adocicar a realidade. Minha tarefa é melhorar sua vida, carreira e renda, ensinando-o habilidades poderosas de persuasão e influência. Serei direto. Direi a verdade, mesmo que isso possa atingi-lo em cheio! Chegou a hora de ultrapassar velhos hábitos. Imagino que já tenha ouvido falar no aprendizado da habilidade de fechar negócios e na descoberta de interesses em comum. Imagino que já tenham dito a você para vender benefícios, e não recursos, ou para responder uma pergunta com outra pergunta, para lidar com objeções, para gerar interesse com WIIFM. Sem a habilidade fundamental de persuasão, contudo, todas essas dicas e truques perderão o sentido. Um novo mundo se apresenta a nós. Chegou a hora de se mexer e fazer um *upgrade* no seu QI de Persuasão. Que tal dominar o mundo da persuasão?

Depois de concluir a avaliação do QI de Persuasão, você descobrirá as áreas a serem aprimoradas para se tornar um ótimo persuasor. O domínio do mundo da persuasão e da influência é como uma prova com consulta. Está lembrado das provas do colégio? Esse era o meu tipo de prova favorito porque todas as respostas estavam diante dos meus olhos.

"O COMPUTADOR ESTÁ ME DIZENDO QUE PRECISO FAZER UM UPGRADE NO MEU CÉREBRO PARA SER COMPATÍVEL COM ESTE NOVO SOFTWARE."

É claro que precisava encontrá-las, mas sabia exatamente onde procurar. Apliquei esta mesma teoria da prova com consulta a este livro. Procurei fornecer nestas páginas toda a orientação e áreas de especialização a serem dominadas para que você consiga melhorar sua vida e sua renda. Você pode elevar seu QI de Persuasão. Ao cultivar essas habilidades e atributos, notará mudanças significativas envolvendo todos os aspectos da sua vida. **Está pronto?** Então, me acompanhe!

CAPÍTULO 2

Resistência à persuasão

Dez obstáculos comuns que limitam seu sucesso persuasivo

O pior momento para aprender uma habilidade de persuasão é quando você precisa dela. Você deve ter o domínio da persuasão antes de precisar dela; caso contrário, isso poderá levá-lo a perder uma oportunidade para sempre. Em todos esses anos de trabalho com persuasão, vendas, influência e liderança, ainda não me deparei com um persuasor perfeito. Encontrei vários persuasores muito hábeis, mas nenhum com total domínio de todo o seu potencial. Isso é compreensível. Já é extremamente difícil pagar as contas em dia, manter os clientes existentes, liderar a organização, identificar clientes em potencial, superar a concorrência e aumentar o conhecimento sobre os produtos. Diante de tantas tarefas, como encontrar tempo para desenvolver uma outra habilidade?

Ironicamente, uma área da persuasão que costuma ser ignorada é exatamente aquela que faria toda a diferença. Você provavelmente já ouviu o ditado: "Uma faca cega é mais perigosa que uma afiada." Dar duro não equivale a trabalhar com inteligência. Suas facas estão afiadas? Você está trabalhando de forma inteligente? Se você estiver afiado nesta área, provavelmente estará trabalhando com mais eficácia de uma forma geral. Faça uma autoavaliação. Você está simplesmente seguindo o fluxo? Ainda utiliza as mesmas ferramentas antigas repetidas vezes, sem ver os resultados esperados? Ou, pior que isso, está cometendo os mesmos *erros* antigos repetidamente? Está fazendo menos do que poderia em função de erros de persuasão comuns dos "tempos de escola"?

"VOCÊ ESTÁ APERTANDO MINHA MÃO HÁ SEIS MINUTOS, DISSE MEU NOME 19 VEZES EM UMA ÚNICA FRASE E REPETIU TODOS OS MEUS GESTOS, INCLUSIVE O APERTO QUE DEI NO NARIZ SÓ PARA TESTÁ-LO. IMAGINO QUE ESTEJA AQUI PARA ME VENDER ALGO."

Algumas de suas atitudes no momento levam as pessoas a resistir a você e à sua mensagem. Minha pesquisa mostra que há dez obstáculos comuns criados por persuasores medíocres que restringem seu sucesso e sua renda. Cada obstáculo é como dirigir em uma cidade com o freio de emergência acionado. Você se pergunta por que seu carro nunca tem muita potência. É simples corrigir esses problemas, mas, uma vez presentes, eles representam uma grande despesa.

OBSTÁCULO Nº 1: O EFEITO DE WOBEGON

O humorista de rádio Garrison Keillor cunhou o termo **"efeito do lago Wobegon"** para descrever a tendência da maioria das pessoas de se ver como sendo melhor do que a média. Em seu livro, *Lake Wobegon Days*, Keillor descreve uma cidade em que "todas as mulheres são fortes, todos os homens são bonitos e todas as crianças estão acima da média."[1]

Assim como o pessoal do lago Wobegon, todos nós temos a tendência natural de nos considerarmos acima da média. É realmente difícil admitir que nos falta algo, especialmente quando se trata de habilidades consideradas básicas ou comuns. Os psicólogos chamam isso de "tendência cognitiva", ou melhor, "efeito melhor do que a média". Isso também é chamado de "O efeito de Wobegon".

Em meus seminários sobre persuasão, negociação ou domínio, às vezes peço aos alunos para listar os 10 principais motivos que os levam a não ser tão bem-sucedidos. Eles encontram uma série de motivos para sua falta de sucesso, mas a noção de que suas próprias limitações podem de alguma forma ser responsáveis por isso raramente aparece na tela de seus radares. Sempre achamos que devemos encobrir nossos pontos fracos para que as coisas pareçam melhores do que realmente são. Mentimos sobre nosso salário, nossa idade e nosso peso.

O efeito de Wobegon tem um impacto muito negativo não apenas sobre nossa capacidade persuasiva mas também sobre nossas vidas. Isso ocorre porque estamos mentindo para nós mesmos. Este é o saldo final. Estamos mentindo para os outros e estamos mentindo para nós mesmos. Estamos investindo em esperanças e sonhos que não se baseiam em uma avaliação franca. Pode parecer agradável enxergar o mundo com lentes cor de rosa por algum tempo, mas, no final, você está se candidatando ao fracasso. Na essência, o efeito de Wobegon nos dá uma falsa sensação de segurança. Quando tomados por esse efeito, ficamos cegos para a realidade e passamos a não enxergar nossa verdadeira posição e aquilo que precisamos melhorar. Essa tendência pode diminuir nossas expectativas sobre nós mesmos e dar uma falsa impressão de que aumentarmos nossa confiança.

> *"Uma hiena não consegue sentir seu próprio mau cheiro."*
> **—Provérbio africano**

Não estou recomendando uma atitude pessimista, mas como você pode esperar definir metas (modestas ou elevadas) quando elas são construídas com base em habilidades e pressuposições falsas? Os melhores persuasores conseguem se ver com um olhar crítico e lidar melhor com os fatos, sejam eles bons ou ruins. Só assim você consegue ter um real progresso.

O efeito de Wobegon se manifesta quando estamos avaliando uma habilidade ou talento que esperamos ter ou quando outros esperam que tenhamos determinada habilidade. Quando há pressão social ou validação social envolvida, atribuímos notas mais altas do que o esperado. Por exemplo, se você trabalhasse em vendas e fosse solicitado a classificar sua capacidade de se conectar com as pessoas ou seu conhecimento sobre o produto, suas possibilidades de avaliar-se acima da média seriam de 90%, embora, matematicamente falando, a validade da sua afirmativa fosse inferior a 50%.² Entre gerentes, 90% se avaliarão como melhores do que a média dos gerentes.³ Tendemos a valorizar demais tudo, sejam notas, aparência física ou a possibilidade de divórcio.⁴

> Para deixar claro a prevalência do efeito de Wobegon, um estudo descobriu que a maioria das pessoas acreditam que são mais _____ do que a média das pessoas.
> - atléticas
> - inteligentes
> - organizadas
> - éticas
> - lógicas
> - interessantes
> - justas
> - atraentes⁵

Entretanto, tudo muda quando as pessoas começam a se avaliar em relação às habilidades que não fazem parte de seu mundo cotidiano. Os indivíduos tendem a se classificar abaixo da média em áreas tais como atuação artística, mecânica, malabarismo, fusão nuclear ou programação de computador - coisas que comumente nosso empregador ou a sociedade em geral não espera que conheçamos ou compreendamos.

Minha pesquisa mostrou que os alunos de persuasão dizem que dominam os cinco pontos fortes principais a seguir, mas, na verdade, se consideram melhores do que realmente são:

1. Habilidade interpessoal/empatia
2. Persistência/determinação
3. Comunicação/escuta
4. Domínio pessoal
5. Habilidade para fechar negócios

Você sofre do mal chamado efeito de Wobegon? O que você tem dito a si mesmo e aos outros que sabe fazer bem quando, na verdade, sabe fazer muito mal - ou, pelo menos, não está acima da média, pois tenta convencer si mesmo e os outros disso? Você aceitou seus resultados no teste do QI de Persuasão ou racionalizou o motivo de seu resultado não ter sido melhor? Até que ponto seus talentos e traços refletem a realidade? Se quiser saber a resposta, visite www.persuasioniq.com e clique nos relatórios gratuitos.

OBSTÁCULO Nº 2: A PAREDE DE TIJOLOS DA RESISTÊNCIA

Você já passou por esta situação alguma vez? Você entra em uma loja varejista e um persuasor bem vestido começa a abordá-lo. Você deseja comprar, mas o vendedor é um pouco agressivo. Você fica constrangido e tem a mesma atitude que muitos dos seus clientes têm para com você. Você mente! Diz algo como "Estou só olhando; volto mais tarde" ou "É muito caro" ou "Preciso falar com minha esposa antes de tomar uma decisão". Na realidade, você está pensando "Não gosto deste cara" ou "Não confio nela" ou "Algo parecia estar errado". No final, você não retorna nunca mais à loja e jamais a recomenda. Além disso, o proprietário da loja e o persuasor jamais saberão o motivo disso. Este é um daqueles tijolos grandes na **parede de tijolos da resistência**.

Este obstáculo é realmente um matador silencioso de persuasão. A maioria das pessoas jamais dirão algo a você como alerta para o fato de que estão se sentindo desta forma. Elas se sentem mais à vontade em mentir pois acreditam que, assim, não magoarão você. Elas fogem e simplesmente não lidam mais com você. O motivo de este obstáculo ser um matador tão cruel é que nem percebemos o que estamos fazendo. Estamos ofendendo as pessoas e nem nos damos conta disso. Talvez você pense que está sendo amigável ou entusiasta, mas tome cuidado. Apesar de a amabilidade e o entusiasmo serem ótimos atributos, se houver muitos indícios de força, decepção, euforia ou venda subjacentes, provavelmente você terá arruinado o negócio.

É difícil lidar com o público. Consumidores cada vez mais espertos criaram uma enorme resistência ao antigo estilo de persuasão; muitas pessoas já criam uma parede de tijolos de resistência antes mesmo de você começar a sua apresentação. Elas pressupõem que você fará o papel do vendedor manipulador antes mesmo de começar a falar. Todas elas estão prontas para resistir a você bem antes do seu discurso.

O que você faz para superar esta tendência? Suas tentativas de persuasão não podem ser ameaçadoras e devem ser bem naturais. Não é hora de querer aparecer. Esta estratégia só incentiva a resistência. E esqueça de vez a alta pressão. Ela não apenas solidifica a parede de tijolos de resistência nesse momento em particular, mas também deixa parede ainda mais alta. Quando as pessoas sentem que agiram sob pressão e foram coagidas a comprar ou fazer algo de que não precisam ou não desejam, elas se aborrecem. E aí elas não voltarão mais a fazer negócios com você. Elas o detestarão por ter "trapaceado", "manipulado", "vendido algo a" ou "forçado" elas de alguma forma. Elas falarão mal de você para todos os amigos e familiares,e até mesmo para desconhecidos! Você pode acabar perdendo esta pessoa e, com tantos boatos, também perderá centenas de outras em potencial.

No momento em que as pessoas perceberem que você está tentando persuadi-las, a parede de tijolos se elevará e ficará mais forte, e elas resistirão a você. Para combater esta tendência, a persuasão e as vendas devem estar sob o radar da consciência.

Veja a seguir erros comuns que levam à criação de enormes tijolos na parede da resistência.

O que você faz	Como o público se sente
Encobre ao máximo os detalhes.	Assoberbado, confuso, estressado.
Faz perguntas desnecessárias o tempo todo.	Hostilizado, incomodado.
Diz "Francamente..."	Persuasor preparando-se para mentir.
Passa tempo demais com a pessoa.	Você não respeita o tempo deles.
Subestima a concorrência.	Falta de confiança.
Exagera nos detalhes.	Desconfiança e maior ceticismo.
Tenta vangloriar-se de suas habilidades impecáveis, conhecimento e experiência.	Chateado, que você é arrogante e egotista, transigente.
Diz "Você está pronto para comprar hoje?"	Você está prestes a abordá-los com táticas ultrapassadas.
Mostra-se amigável e feliz demais.	Você é hipócrita e **falso**.
Diz "Como você está se sentindo hoje?"	"O que você vai tentar me vender agora?"
Emprega truques coercitivos.	Você é manipulado, desagradável, tenso.

Os maiores persuasores cultivaram um sexto sentido quando se trata do aspecto de "empurrar e puxar" da persuasão. Você deve incentivar sem forçar. Convença, mas não crie ciladas. Você precisa sentir e depois prever (com base em conhecimento, instinto, experiência e pistas não verbais) o que pode fazer e como seu público reagirá. Se você tiver este tipo de sensibilidade, que pode ser aprendida, não haverá possibilidade de primeiro dar de cara com a parede de tijolos da resistência.

OBSTÁCULO Nº3: PENSAR COMO UM EMPREGADO

A maioria das pessoas pensam em si mesmas como empregados. Elas calculam seu salário por hora ou o salário anual; elas recebem um valor fixo. A verdade é que **todos** nós somos pagos por nosso desempenho. **Todos** nós trabalhamos por alguma remuneração (bônus), de forma consciente ou não, gostemos ou não. O caminho para o sucesso muitas vezes é bloqueado por nossa incapacidade de assumir total responsabilidade por nossa situação atual.

De fato, recebemos exatamente a quantia que merecemos, ou que outros acham que merecemos. (Lembre-se de que não tentarei encobrir a realidade aqui.) Se não gostamos de nossa renda medíocre, mas não fazemos nada para mudar isso, estamos apenas recebendo exatamente aquilo que concordamos. Se parássemos de reclamar e começássemos a buscar proativamente aumentar nosso conhecimento, habilidades e talentos, teríamos maiores oportunidades e um consequente aumento da renda. É neste sentido que todos trabalhamos por comissão. Recebemos da vida o que atribuímos a ela. Somos recompensados precisamente pelas nossas habilidades, talentos e aptidões.

Pense em sua situação atual e pergunte a si mesmo: "Estou satisfeito? Estou fazendo tudo que posso? Há mais alguma coisa a se fazer?" Quando somos sinceros com nós mesmos, costumamos descobrir que o *status* quo está como tal porque estamos confortáveis ou preguiçosos, e não porque realmente acreditamos que isso seja o ideal. Se você sabe que atingiu um platô e está pronto para mudar, é hora de assumir responsabilidades e iniciar um novo projeto por si só. Você sabe que projeto é este? Construir um *você* melhor. Arregace as mangas, pois você, sozinho, decidirá o valor da sua renda. Quanto você realmente vale? Este valor coincide com o valor do seu contracheque atual?

Acho que as pessoas no mundo inteiro deveriam ser pagas com comissão. Você decide, com base em suas habilidades, mentalidade e talentos, quanto receberá. Ter seu próprio negócio, trabalhar com comissão, desejar incentivos ou bônus com base no desempenho - todas estas vontades implicam um aumento de receita. Depois do segundo ou terceiro ano, a maioria dos profissionais de persuasão com base em comissão faturam mais do que aqueles que começaram ganhando um salário fixo.

Este aumento nos ganhos também vale para empreendedores. Em 2004, por exemplo, a renda média (US$ 141.500) das famílias sustentadas por uma pessoa autônoma era quase o dobro da média (US$ 70.100) de uma família sustentada por alguém que trabalhava para outra pessoa, de acordo com a pesquisa do Federal Reserve de finanças de consumidor.[6] Chegou a hora de ganhar o que você merece.

OBSTÁCULO Nº 4: FALAR DEMAIS

Ser extrovertido, ter o dom da loquacidade ou ter aptidão para jogar conversa fora com alguém que você encontra na rua podem certamente ser usados a seu favor, mas é preciso tomar cuidado. **Como você pode persuadir se fala o tempo todo?** Será muito difícil para o seu público perceber que você gosta de ouvir-se falando mais do que ouvir as considerações das pessoas. Lembre-se de que o foco são **eles**, e não você. Os melhores persuasores utilizam suas habilidades de ouvir e perguntar para levar o público a persuadir a si próprio.

Muitas vezes, quando uma pessoa o procura, ela já sabe o que deseja. Ela já tem algo em mente. Ela só precisa conversar sobre isso com alguém. Que abordagem você acha que terá resultados melhores, de longo prazo: você persuadindo o público ou você ajudando-os a persuadir a si mesmos? É muito melhor quando o seu público sente como se ele tivesse tomado a decisão por si só, sem perceber influências externas. Quando precisar falar, seja sucinto e direto. Uma boa regra prática é não falar mais de **30%** do tempo.

Depois destas orientações gerais, convém frisar que você sempre deve estar preparado para se adaptar e se ajustar ao tipo de personalidade do seu público. Para algumas pessoas, falar 30% do tempo ainda é um grande desafio. Falar apenas o essencial em relação ao assunto em questão e manter as conversas paralelas o mínimo possível, torna-se a melhor atitude para as pessoas que não gostam de jogar conversa fora. Suas tentativas de ser amigável provavelmente os incomodará e pode até mesmo ofendê-los. Algumas pessoas acham que ser amável e amigável demais não é apropriado quando você acaba de conhecer alguém. Cordial e profissional, **sim**, mas arrebatado e ambíguo, **não**. O saldo final é: **não fique íntimo demais tão rápido**.

OBSTÁCULO Nº 5: UMA AVALANCHE DE INFORMAÇÕES

Muitas vezes, quando estamos tentando ser persuasivos, queremos destacar todos os privilégios e vantagens. É natural que isso ocorra. Não seria bom ajudar alguém a enxergar os ganhos em potencial de seu produto ou serviço? Sim, mas há um ponto a ser observado: o seu público só comprará pelos seus próprios motivos e nada mais. Eles não se importam com a razão pela qual você gosta do produto ou serviço. Eles não querem saber se você conhece bem o item; portanto, não encha-os de detalhes. Quanto mais você ressaltar as características desse produto ou serviço, mais o seu público ficará mentalmente desconfiado.

Quando quiser chamar a atenção para as vantagens de um produto ou serviço, o melhor a fazer é **primeiro** revelar os recursos e vantagens que o seu público está procurando. Por que desperdiçar tempo e energia destacando coisas com as quais eles nem se importam? Deixe eles dizerem a você o que procuram e, depois, concentre o diálogo em torno desses poucos pontos-chave. É essencial lembrar-se de que a maioria das pessoas já sabem o que desejam. Na realidade, a mentalidade do seu público costuma procurar motivos para *não* comprar. É um mecanismo de defesa natural. Eles pensam: "Como saber se não estou fazendo algo do qual me arrependerei? O que poderia dar errado?"

Há outra maneira em que a descarga e o fluxo excessivo de informações pode ser como um tiro que sai pela culatra: você pode acabar apresentando algo no qual eles não estão interessados ou algo que eles encaram até mesmo como uma desvantagem. Por que dar a eles motivos para não comprar? Novamente, deixe que eles digam a você o que estão procurando. **Depois** de conversar sobre aquilo que lhes interessa, depois que eles decidirem o que comprar, aí sim você deve preencher as lacunas remanescentes com outras vantagens e características. Não exagere, confundindo-os ou desviando a atenção deles dos pontos mais importantes.

A excessiva persuasão do público está na mesma categoria. Muitas vezes, nossa impaciência em impressionar o público com nosso conhecimento ou sabedoria leva a um **excesso de persuasão**. Quando você persuade demais, dá margem ao público para fazer perguntas ou tomar uma decisão. Você se torna persuasivo, agressivo e desagradável. Você acha realmente que pode convencer alguém interrompendo-o? Pesquisas demonstram que 81% dos persuasores falam mais do que o necessário durante o processo de persuasão. Eles falam demais[7] e provavelmente você fala demais.

Quando você fala demais e não consegue deixar o público fazer perguntas, isso aumenta a espessura da parede de tijolos da resistência. Imagine que estamos comparando a persuasão ao trabalho de um médico. Você precisa ouvir e fazer perguntas antes de poder diagnosticar o problema. O médico não entra na sala de exames e tenta vender para você uma receita médica sem primeiro fazer perguntas nem tentar descobrir o que você realmente precisa. Assim como o médico, você precisa parar para absorver e avaliar tudo que o seu público tem a dizer. Ao monitorar persuasores, descobri que havia uma epidemia constante com **excesso de persuasão** e a **regurgitação** de uma quantidade excessiva de características.

> Faça as seguintes perguntas a si mesmo para determinar se alguma vez você persuadiu demais ou inundou seu público com um excesso de informações:
>
> - Você interrompe o público com sua ansiedade em frisar alguns pontos antes do término do discurso deles?
> - Você está preocupado em vender ou em satisfazer um novo cliente?
> - Você costuma perder o contato visual ou percebe que a pessoa está com os olhos vidrados em você?
> - Eles parecem estar estressados, indiferentes ou agitados?
> - Seu público parece assoberbado ou confuso?
> - Você está concentrado no que precisa dizer em seguida em vez de ouvir?
> - Seu público está dando desculpas e fazendo objeções já abordadas ou que você sabe que não são verdadeiras?
> - Os sinais não verbais deles indicam que estão se preparando para fugir dali?
> - Você está falando de si mesmo em vez de tentar descobrir as necessidades deles?

OBSTÁCULO Nº 6: SER MOTIVADO PELO DESESPERO

Você acha que é bom ser a presa de um animal selvagem? Você está surgindo como um lobo ou um tubarão que sente o cheiro de sangue? Gostaria de ter alguém atrás de você o tempo todo se não fosse para atender os seus interesses? É assim que seu público se sente quando percebe que você está desesperado por sua aceitação. Minha pesquisa mostra que as pessoas conseguem perceber quando um persuasor ou vendedor está desconfortável, nervoso ou tenso. Em outras palavras, se você estiver pouco à vontade, o seu público também não ficará à vontade. Isso é inevitável. Eles perceberão que seu sorriso é falso e, mesmo que não compreendam isso, começarão a ter a impressão de que você é um lobo em pele de cordeiro.

Como saber se você está em um estado de desespero? Você pode reconhecer a mentalidade:

"Preciso conseguir esta venda de qualquer maneira."
"É vital conseguir este negócio ou nada."
"Devo acertar esta negociação hoje; senão, não pagarei as contas."

Em geral, a causa deste desespero é o **medo**. Se você se encontrar no estado de desespero, pergunte a si mesmo de que tem medo. **Qual é a pior coisa que pode acontecer? Será que é tão ruim assim? E se o pior já tiver acontecido?** Você precisa enfrentar os seus medos, pois a persuasão orientada pelo desespero raramente funciona. Mesmo que você consiga o que quer, isso acabará machucando você a longo prazo. O seu público não gostará nada de sentir que foi pressionado por você. Eles ficarão ressentidos, nutrirão sentimentos negativos em relação a você e nunca mais negociarão com você. O desespero leva a decisões ruins, força escolhas indesejadas, reduz as opções e gera arrependimento.

OBSTÁCULO Nº 7: MEDO DA REJEIÇÃO

Na item anterior, conversamos sobre como o desespero se origina do medo. Nesta seção, falaremos sobre o **medo da rejeição** pois ele é um dos medos mais comuns. Entre todas as coisas que podemos temer, a maioria de nós terá um encontro com esse tipo de medo em algum momento. Todos nós sentimos rejeição em pequenas doses diariamente. Mas e quando a persuasão é o nosso sustento? A rejeição parece ter um preço maior. Evitamos a rejeição como se ela fosse uma praga, mas ela interfere na sua renda. Não adianta fugir da rejeição. Deixar nossos medos nos dominarem e nos paralisarem também não resolve nada. Ironicamente, se optamos por fugir ou sucumbir, nada resolve de fato a situação.

Quando não sabemos lidar adequadamente com nossos medos, inadvertidamente acabamos sendo aqueles que contribuem com tijolos para a parede da resistência. Como você se sentiria se estivesse comprando algo e o vendedor parecesse nervoso, tenso e exigente? Ou se ele parecesse ansioso demais pela concretização da venda? Mesmo que esta estranheza não tivesse nenhuma relação com o produto (digamos que o produto seja ótimo), provavelmente você ainda se sentiria desconfortável por estar comprando desta pessoa específica. O medo da rejeição também pode afetar o resultado final, inibindo você até mesmo de se aproximar das pessoas. Se você se sente tão impotente pelo medo da rejeição que acaba desistindo de tentar persuadir, **acaba de selar o seu próprio destino.**

Então, por mais que detestemos e temamos a rejeição, ela persistirá. Como os melhores persuasores lidam com isto? Como os melhores persuasores reagem para que o medo da rejeição não paralise-os nem prejudique o seu desempenho?

A primeira coisa a lembrar é que, mesmo que o público acabe concluindo que o seu produto ou serviço não é a melhor opção, isso não quer dizer que eles estão rejeitando você como pessoa. Em geral, compreendemos este conceito em um nível superficial, mas peço que você reflita melhor sobre o assunto. Os melhores persuasores pensam sobre a realidade da situação de forma racional, não emocional: "Esta pessoa acabou de me conhecer. Ela não sabe nada a meu respeito. Não sabe nada sobre minha formação, interesses pessoais, esperanças ou sonhos. Ela não está me rejeitando como pessoa." Depois de estabelecer este conceito, naturalmente você pensará que a rejeição do seu público não tem relação com seu próprio valor ou potencial. Isso é totalmente irrelevante para o problema em questão. Não permita se sentir inferior, constrangido ou deprimido com base na opinião de outra pessoa.

A capacidade de recuperar-se rapidamente depois de passar por uma situação de rejeição em qualquer nível é essencial no mundo da persuasão. Os maiores persuasores têm a capacidade de apagar a negatividade de suas mentes quando bem entendem e começar tudo de novo em uma questão de minutos. É interessante observar esta tendência, pois a maioria de nós ficamos presos à negatividade e utilizamos isso para alimentar nossas feridas ou dar desculpas por semanas, meses e até mesmo anos. Outra forma de acelerar a recuperação pós-rejeição é perceber que os seus piores medos provavelmente não são nem realistas. Digamos que você tenha deixado escapar um ótimo negócio. Independentemente do que você disse ou fez, foi o cliente quem deu a palavra final. Em outras palavras, você foi **rejeitado**. Será que sua vida realmente acabou? O público passou a detestar a sua ousadia? Eles xingarão você e passarão a perseguir sua família? Eles picharão o escritório com comentários escandalosos e ofensivos? É claro que não. Na verdade, o fato é que não deu certo desta vez. Em uma questão de minutos ou horas, eles já terão esquecido isso e você deve fazer o mesmo.

OBSTÁCULO Nº 8: NÃO TER PREPARO

Outra razão pela qual o nosso poder de persuasão enfraquece é que ficamos com preguiça e não dedicamos tempo suficiente para o preparo. Depois de adquirir uma certa experiência, pressupomos que conseguiremos sempre lidar bem com a situação. Na verdade, talvez você consiga fazer isso de vez em quando, mas estou aqui para dizer a você que esta é uma prática ruim.

Quando você perceber que está se sentindo desta forma, significa que chegou a hora de fazer um inventário pessoal. Primeiro, você vai parecer pouco profissional, casual demais ou muito relaxado. Todas estas percepções dão a impressão de falta de interesse, o que leva seu público a sentir como se o encontro não fosse importante para você. Se pretende ser persuasivo, faça a sua parte. Além disso, se você não der atenção para detalhes essenciais, acabará correndo o risco de parecer desinformado. Como seu público pode levá-lo a sério se você não leva eles, nem a situação a sério?

Os melhores persuasores possuem preparo em quatro áreas. Eles:

1. Conhecem bem seu produto ou serviço.
2. Conhecem seu público, suas necessidades e desejos.
3. Possuem diversos dispositivos na caixa de ferramentas para oferecer como opções e alternativas para os que querem persuadir.
4. Sabem como personalizar sua apresentação.

OBSTÁCULO Nº 9: PREJULGAR E FAZER PRESSUPOSIÇÕES

Pare para pensar se você já se pegou dizendo coisas do tipo: "Olha só que cara estranho. Está na cara que ele não vai comprar nada", "Já estou percebendo que ela não vai gostar do que estou oferecendo", "Eles não parecem tão inteligentes assim" ou "Não posso mudar a opinião deles". Fazemos isso o tempo todo. Qualificamos nosso público ou clientes com base em uma quantidade mínima de informações, pela sua aparência, ou pior, sem **fundamento nenhum**. O problema neste tipo de qualificação é que tomamos decisões antes mesmo de tentar persuadir e, assim, acabamos perdendo vendas, negócios ou clientes porque já decidimos que nossa persuasão não funcionaria. Este é um dos erros mais desastrosos que você pode cometer, pois uma pessoa não pode julgar um livro só pela capa. Muitas vezes, descobrimos que as pessoas com menor possibilidade de serem candidatos em potencial são aquelas que se tornarão uma parte importante dos seus negócios.

O seu público percebe quando eles não importam de fato para você. Se o barco ainda não estivesse afundando, a sua falta de interesse certamente levaria o barco a afundar mais rápido. Todo dia e em todo momento, dedique tempo e a atenção merecidos por seu público. Não seria uma vergonha perder um negócio porque você julgou mal alguém e, mais tarde, ficou sabendo que esta pessoa procurou um concorrente e fez uma encomenda grande dos produtos que você tinha a oferecer? Além disso, mesmo que os produtos que você tem a oferecer não atendam aos interesses deste cliente, certamente ele conhece alguém que precisa deles. Se você tiver tratado bem esse cliente, ele poderá recomendá-lo para outras pessoas. Finalmente, independentemente de seu sucesso ser consistente ou não, toda vez que você interage com alguém, está ganhando experiência valiosa e aperfeiçoando suas habilidades. Desta forma, você começa a se tornar um excelente persuasor.

OBSTÁCULO Nº 10: PRESSUPOR QUE HABILIDADES PARA FECHAR NEGÓCIOS SÃO A MÁGICA QUE CURA TUDO.

As habilidades para fechar negócios eram muito valorizadas vinte anos atrás. Disseram que o domínio das habilidades para fechar negócios era o mais importante. Se você não conseguisse persuadir uma quantidade suficiente de pessoas, precisaria aprender mais sobre as habilidades para fechar negócios. Atualmente, é evidente que continua sendo bom possuir algumas habilidades para fechar negócios na sua caixa de ferramentas de persuasão, mas será que você não deve passar mais tempo se mostrando aberto ao público do que propriamente tentando fechar negócios com eles? Na verdade, os melhores persuasores nem precisam usar técnicas para fechar negócios. Isso ocorre porque o seu público está pronto para comprar antes mesmo da conversa ter chegado ao fim. É preciso ter a capacidade de se conectar com o público, ser sincero e criar empatia, além de mostrar que está pensando no que é melhor para eles. Ao lidar com um cliente em potencial, você deve passar mais tempo tentando se conectar a ele, criando empatia e revelando suas necessidades e desejos, em vez de partir logo para o fechamento da venda.

O público está cansado de ouvir aquelas velhas frases. Você conhece bem as famosas frases que vendedores costumam usar, tais como:

- "Na verdade,..."
- "Pode confiar em mim."
- "Ninguém melhor do que eu para dizer isso."
- "Em confidência..."
- "Darei o tratamento certo."
- "Pode me ligar a qualquer hora."
- ""Todo mundo usa isto."
- "Ficou ótimo em você."
- "Vou procurar para você."
- "Sou seu amigo."
- "Acho que este é o último em estoque."
- "Ficou perfeito."

"Só existe uma forma de levar uma pessoa a fazer alguma coisa. É levando a outra pessoa a desejar fazer algo."
— **Dale Carnegie**

A persuasão do público para adquirir um produto, serviço ou ideia ocorre durante o processo todo de persuasão, e não apenas no final do encontro. Na realidade, estudos mostram que a maneira pela qual você abre sua apresentação é muito mais importante do que a forma como você a fecha. Pesquisas também mostram que o fechamento de negócios em um tom ruim não apenas ofende o cliente, mas também perde sua eficácia com o tempo. E, dentre os casos que funcionam, mais da metade do público persuadido mais tarde sofre o remorso do comprador, e muitos querem devolver o produto pois sentem que foram pressionados a comprá-lo.

Quando as habilidades para fechar negócios são usadas no momento errado, no lugar errado ou com a pessoa errada, mais um tijolo é adicionado à parede da resistência. Quando as pessoas percebem que estão prestes a fazer um mau negócio, a parede começa a aumentar em espessura e altura.

"PERSUA*DIDOS*" INFLUENCIAM PERSUA*SORES*

> *"Se você não compreende a si próprio, não pode compreender mais ninguém."*
> — Nikki Giovanni

Neste capítulo, procuramos compreender os obstáculos e erros existentes no mundo da maioria dos persuasores. Agora quero analisar o lado negativo disso. Analisaremos o que se passa na mente do público e revelaremos tudo que as pesquisas do Persuasion Institute apontam sobre as preferências dos **"persuadidos"** em relação aos persua*sores*. Note que a maioria destas qualidades se baseiam na emoção. Você levou o público a se sentir bem consigo mesmo ou ficar à vontade na sua presença. Aqui não há menção a preço, qualidade ou garantias. Os traços a seguir impedem a formação da parede de tijolos da resistência.

1. **"Ele cumpria suas promessas."** Promessas feitas durante o processo de persuasão são cumpridas. Persuasores são francos e realistas ao fazer promessas, ou seja, eles não criam falsas esperanças ou expectativas. Eles "prometem menos e cumprem mais", e não o contrário!
2. **"Ela é realmente confiável."** Persuasores bem-sucedidos sabem como dar a devida atenção ao público, de maneira proativa, fazendo tudo que está a seu alcance para resolver problemas ou tranquilizá-los. Eles são confiáveis; nada os detém em seu propósito de cumprir a tarefa ou de receber um retorno de chamada.
3. **"É claro que ele foi muito bem treinado."** Persuasores de sucesso conhecem todos os aspectos do produto, inclusive seus pontos fortes e fracos, e sua posição em relação à concorrência. Um ótimo persuasor é sempre um *expert* no produto, serviço ou ideia que está vendendo.
4. **"Ela era muito sincera, muito autêntica."** Os verdadeiros persuasores não agem simplesmente em troca de uma boa comissão. Eles de fato se importam com o público e procuram ter em mente o interesse desse público.
5. **"Considero-o um amigo."** Vale a pena dedicar um tempo à construção de empatia. Persuasores agradáveis, afáveis, solícitos e amigáveis atendem às exigências. Eles sabem que as pessoas compram de pessoas que elas gostam.
6. **"Ela nunca discutia conosco."** Uma boa persuasora não é aquela que se impõe discutindo com os clientes em potencial. Ela não é

consumida pela própria necessidade de estar com a razão; ela sabe que não conseguirá persuadir demonstrando que seu público está errado, mal-informado ou desinformado.

7. **"Ele apresenta soluções que dão certo!"** Ao ajudar o público a visualizar o próprio sucesso, o persuasor consegue atrair o público para junto de si. Isso ilustra como um produto ou serviço pode atrair o cliente.
8. **"Ela sempre assume 100% da responsabilidade."** Aconteça o que acontecer, uma excelente persuasora aceita total responsabilidade pelos resultados. Diante de desafios, ela lida com esses desafios, em vez de inventar desculpas.
9. **"Sei que ele realmente apóia seus produtos."** Persuasores bem-sucedidos adoram o que oferecem. Eles sabem que não podem fazer alguém acreditar em seus produtos mais do que eles mesmos.
10. **"Ela é sincera."** O posicionamento de uma ótima persuasora sempre fica claro. Ela é sempre sincera consigo mesma e com os outros. Por causa da sua forte posição, ela é amiga, conselheira e advogada do público.
11. **"Ele realmente é divertido; suas visitas são sempre acolhidas com prazer."** Os persuasores vencedores são divertidos e têm um papo agradável. Eles ajudam as pessoas a se sentirem bem consigo mesmas e leva-as a sorrir. Eles têm muito carisma, adoram estar cercados de pessoas e dão vida a qualquer ambiente.

O sol e o vento: uma fábula

O sol e o vento estavam sempre discutindo para saber qual dos dois era o mais poderoso. O vento achava que era mais forte devido ao seu poder destrutivo em tornados e furacões. Ele queria que o sol admitisse que ele era mais forte, mas o sol manteve sua própria opinião e não se convenceu do contrário.

Um dia, o sol decidiu resolver a questão de uma vez por todas. Foi então que ele convidou o vento para participar de uma competição. O sol escolheu bem o tipo de competição. Ele apontou para um senhor que caminhava pela estrada e desafiou o vento a usar o seu poder para fazer o caminhante tirar o casaco. O vento achou que seria fácil vencer a competição e começou a soprar. Para sua surpresa, a cada golpe de vento, o homem se embrulhava mais no agasalho. O vento soprou mais forte e o homem se manteve firme. Quanto mais forte o vento soprava, mais o homem resistia.

Os sopros poderosos do vento chegaram a derrubar o homem no chão, mas ele não largou o casaco. Finalmente, o vento desistiu e desafiou o sol a vencê-lo, fazendo com que o homem tirasse o casaco. O sol sorriu e brilhou com todo o seu esplendor sobre o homem. O homem sentiu o calor do sol e o suor na sua testa. O sol continuou a liberar calor e raios de sol sobre o homem. Finalmente, o homem tirou o casaco. O sol havia ganho a competição.

Moral da estória: Se você forçar, eles resistirão. Sua meta é ajudar outras pessoas a terem vontade de fazer o que você deseja que elas façam e que gostem de fazer isso.

PROCURE SEMPRE APERFEIÇOAR-SE

"Grandes dúvidas, muita sabedoria; pequenas dúvidas, pouca sabedoria."
— **Provérbio chinês**

Quando avaliamos com franqueza os nossos métodos de persuasão, muitas vezes descobrimos que aquilo que achamos que devemos aperfeiçoar e o que de fato precisamos aperfeiçoar são coisas distintas. Na verdade, mesmo em nossas áreas de especialização, sempre há lugar para o aperfeiçoamento. Nunca conheci um ótimo profissional da persuasão que sentisse que já dominava todas as habilidades. Os melhores persuasores estão sempre abertos a novas ideias e estão sempre dispostos a buscar formas de aperfeiçoar até mesmo as habilidades mais básicas. Lembre-se de que o sucesso começa com a aprendizagem e o domínio dos fundamentos. Se deseja se tornar um persuasor melhor, primeiro domine os fundamentos. Trate de conhecer muito bem estes fundamentos e cultive a capacidade de executá-los de forma impecável. Depois, quando achar que já domina os fundamentos, vá adicionando aos poucos novas ferramentas à sua caixa de ferramentas. Seja qual for a habilidade focada em determinado momento, procure sempre ser profissional e esforçar-se para ser sempre o melhor no que faz. Agora, vamos falar sobre os dez traços, hábitos e características dos melhores persuasores.

CAPÍTULO 3

Habilidade de QP 1

Programação mental dos melhores persuasores

O diferencial psicológico conquistado pelos melhores persuasores não deve ser enfatizado demais. Como os melhores persuasores preparam suas mentes para o sucesso? Qual é o seu processo mental antes, durante e depois do ciclo de persuasão? Este aspecto mental é um dos traços mais importantes (e em geral negligenciados) do sucesso.

Quase todo mundo deseja realizar seus sonhos, conquistar mais, tornar-se uma pessoa melhor ou buscar metas mais grandiosas e melhores. E, em geral, sabemos exatamente o que precisamos fazer para que tudo isso ocorra. Então, por que não fazemos o que é preciso fazer? Por que deixamos nossos sonhos e aspirações irem por água abaixo?

O sucesso não chegará automaticamente se você apenas escrever suas metas e tiver somente um desejo de concretizá-las. Isso também ocorre porque talvez você esteja negligenciando um detalhe vital: o sucesso só é possível quando ele é primeiro concebido mentalmente. Somos orientados o tempo todo a sermos positivos, a mudar de postura, a termos uma boa atitude. Na verdade, somos tão bombardeados com estas mensagens que elas podem facilmente ser ignoradas. Simplesmente apagamos mensagens **"pense positivo"** e dizemos "Tudo bem. Já ouvi isso antes. Vamos ao que interessa."

Neste capítulo, abordaremos muito mais do que simplesmente as atitudes positivas - chamo isso de "programação mental". Este treinamento da mente ou autopersuasão é o que traz o diferencial psicológico aos melhores persuasores. É verdade que "você só atingirá isto se a mente acreditar nisso." Ao "programar" nossas mentes, determinamos nosso futuro. É simples assim. Pense nas suas metas mais elevadas, nas suas maiores aspirações. No fundo, você acredita que pode atingi-las? Realmente? Se não consegue visualizar seu sucesso, é pouco provável que você vivencie isso na vida real. Estamos sempre pensando e processando informações, e nossos pensamentos podem nos aproximar de nossas metas ou nos afastar de nossos sonhos. Não temos escolha. É essencial que nossa "programação mental" esteja sempre alinhada a nosso favor.

Os melhores persuasores precisam esquecer os erros do passado e se concentrar no potencial futuro. Tenha a certeza de que você pode reprogramar-se para fazer isso. Todos nós tentamos ocultar nossos erros e falhas, mas se tentar enterrá-los, logo eles retornarão como fantasmas para atormentá-lo. Identifique os seus sentimentos e onde eles estão levando você. Aprenda a lidar sozinho com esses sentimentos, pensamentos e emoções. Não enterre-os; compreenda-os, domine-os e ajuste-os.

O primeiro passo para ajustar suas "configurações" mentais é verificar onde você se encontra agora e onde pode se aperfeiçoar. Em geral, desligamos a nossa mente para assuntos e tópicos que nos deixam desconfortáveis. Mas quando estamos em um estado de negação, nada pode mudar. É hora de assoprar a poeira dos arquivos **"Precisa de Aperfeiçoamento"** que você deixou jogado nos cantos escuros da sua mente. Desencavar isso é como recomeçar a praticar exercícios físicos pela primeira vez após anos. No começo, isso será desconfortável, ou até mesmo doloroso. Mas isso é necessário para que você volte a ficar em forma. Em última instância, você se sentirá bem melhor por ter conseguido lidar com seus problemas. As coisas que um dia foram tão difíceis acabarão se tornando fáceis.

Os melhores persuasores compartilham um **"diferencial psicológico"** ou uma **"programação mental"** que costuma ser encontrada em atletas de elite. Veja a seguir alguns exemplos de traços em comum entre atletas e excelentes persuasores. Ambos:

- Mantêm a autodisciplina.
- São capazes de recuperar-se rapidamente depois de uma perda.

- Estão sempre aprendendo e crescendo.
- Estão em contínuo aperfeiçoamento - podem fazer perguntas pessoais difíceis depois de uma perda.
- Praticam constantemente os fundamentos.
- Determinam os problemas que causaram os erros, lidam com eles e seguem em frente.
- Ficam mais fortes diante da concorrência agressiva - eles são fortalecidos pela adversidade.
- Visualizam o sucesso/ensaio mental da vitória.
- Substituem pensamentos negativos por pensamentos positivos.
- Gostam da pressão mental/psicológica do jogo.
- Têm a capacidade de mudar sua forma de sentir.
- Têm a autoimagem e a autoestima altas.

Criei duas fórmulas que ajudam a ilustrar a importância da mentalidade ou programação mental. Se os seus pensamentos são definidos no piloto automático, seja ele negativo ou apenas neutro, todo o treinamento e ferramentas do mundo não darão conta de gerar ótimos resultados. Multiplique qualquer valor por zero e qual será o resultado? **Zero**. O sucesso exponencial que é possível não ocorrerá. Ferramentas, experiência e treinamento de nada adiantarão se sua mentalidade estiver definida em zero ou até mesmo abaixo de zero.

Equação do sucesso

(Ferramentas + Treinamento + Experiência) x Mentalidade = Sucesso/Riqueza

(100 + 100 + 100) x 0 = 0 (Fracasso)

© 2008 Persuasion Institute

Eis outra forma de pensar sobre a mentalidade em termos de "programação". Você pode comprar o computador mais incrível. Ele pode ser *top* de linha, com o *chip* de processamento mais rápido do mercado. Digamos que ele venha acompanhado de vários itens adicionais, sem gastos extras, tais como: teclado ergométrico, *mouse* sem fio e monitor com tela plana de 32 polegadas e autofalantes embutidos. Você tem uma mesa perfeita para acomodá-lo e está pronto para fazer sua aquisição. Mas sem o *software* certo, todas estas características externas fascinantes serão de pouca serventia. De que adianta o *hardware* parado em um canto, enchendo de poeira, se não existe *software* para ser rodado no computador?

A PROGRAMAÇÃO MENTAL EFICAZ É A SUA FUNDAÇÃO

Sempre que consideramos um projeto importante em sua forma final, precisamos reconhecer as etapas necessárias para concretizá-lo. O mesmo vale para tornar-se um excelente persuasor. Assim como na construção de uma casa ou de um arranha-céu, você não pode contar com a casualidade. Ao construir sua casa, você não iria simplesmente juntar umas tábuas, comprar cimento e começar a construir. Você partiria de uma representação visual do produto acabado. Você transformaria isso em uma planta. Depois, seguiria rigorosamente as etapas necessárias para garantir a construção de uma casa segura, funcional e bonita, começando pela fundação. Certifique-se de que sua programação mental seja executada com cimento, e não areia. Certifique-se de que a fundação resista às tempestades fadadas a ocorrer.

MOMENTO DE SONHAR ALTO

Quais são os seus maiores sonhos, aqueles que você ousa sonhar mas que não parecem realistas? Há algo de errado em sonhar alto? Adoro o que Henry David Thoreau disse sobre isto: "Se você sonhou acordado, seu trabalho não pode ser em vão; não há nada de errado com o sonho. Só falta colocar a fundação embaixo dele." Claro que não há nada de errado em sonhar alto. Na realidade, *devemos* sonhar alto. Não desista dos seus sonhos; permita que eles se tornem castelos cheios de detalhes. Isso o ajudará a continuar motivado e empolgado sobre o futuro. Sua tarefa é colocar a fundação sob seus sonhos e transformá-los em realidade.

> *"Todos os nossos sonhos podem se tornar realidade, desde que tenhamos a coragem de segui-los."*
> — **Walt Disney**

Sua fundação é o aspecto mental do jogo da persuasão. É uma habilidade essencial para todos os persuasores bem-sucedidos, mas ela funciona bem em qualquer área. Você não conseguirá concretizar suas metas e sonhos enquanto não acreditar que pode alcançá-los. As melhores técnicas e ferramentas de influência do mundo só surtirão efeito se você primeiro **acreditar em si próprio** e no potencial futuro.

Infelizmente, mesmo que nossas metas sejam grandiosas, a maioria das pessoas tenderá a querer nos derrubar. Quando você conta os seus sonhos para as pessoas, revela o que deseja conquistar na vida, talvez elas tendam a desestimulá-lo. Você conhece pessoas assim? Com a programação mental certa, você sabe em que direção deseja seguir e o que deseja alcançar. Então, não importarão eventuais comentários negativos ou depreciativos feitos por outras pessoas. Nada será capaz de destruir os seus sonhos por mais que eles tentem. A mentalidade certa envolve a disposição para saber o que você deseja e criar um plano para obter isso. Quando a sua psique (mentalidade) está alinhada, você sempre segue o seu coração.

Como usar a programação mental com eficácia? O primeiro passo é transformar a sua energia emocional em desejos específicos. Provavelmente você não irá muito longe se nem ao menos o seu desejo estiver em primeiro lugar. Ao abraçar o que está mais próximo do seu coração, você libertará o que há de melhor em sua energia, imaginação e potencial. E, assim como a sensação de alguém que encontra o mapa da mina, você será tomado por uma onda de maior produtividade como nunca antes visto em sua vida. Este desejo ardente permitirá que você transforme aptidões medíocres em sucessos impressionantes... muito além do que imaginava ser possível.

Depois de localizar um desejo específico em sua mente, deixe-o cozinhando em fogo baixo na mente subconsciente por algum tempo. Muitos persuasores excelentes exercitam a "programação" um pouco antes de dormir. À medida que a mente consciente se aquieta, a mente subconsciente começa a funcionar. Você pode aproveitar esta transição para transferir seus pensamentos e desejos para a mente subconsciente se ocupar deles. Quando sentir que já está cochilando, tente reunir os sentimentos e emoções que acompanharão seu sucesso. Imagine claramente os eventos, as pessoas e os lugares que o conduzirão aonde você quer chegar. A mente subconsciente não consegue distinguir o que é real do que é nitidamente imaginado. Ela aceitará as sugestões positivas e negativas recebidas, especialmente se elas estiverem acompanhadas de e reforçadas pelos sentimentos, emoções e detalhes vívidos relevantes. Você pode programar sua mente de forma poderosa para acreditar que determinadas coisas realmente aconteceram. Quando sua mente aceita previamente suas vitórias como já conquistadas, já é meio caminho andado. Você ficará surpreso com a quantidade de estímulos, instintos e intuições que começarão a emergir. Quando menos achar, estará pensando, conversando e se comportando de forma mais positiva e produtiva. Em suma, toda a sua energia estará voltada para a concretização das suas metas.

Você precisa compreender que as suas mentes consciente e subconsciente precisam estar em sintonia. O subconsciente aceitará o que você sente como verdade. A mente subconsciente é real. Como tal, você precisa programá-la. Você deve verificar se há algo em sua programação anterior que está afetando seu sucesso futuro. Compreenda que, quando pensamentos negativos surgem em sua mente, eles sempre têm um efeito sobre seu futuro e sobre o que você conquistará. Sua tarefa é mudar todos esses pensamentos para atender aos seus sonhos, metas e aspirações de maneira positiva. Então, vejamos o que é necessário para fortalecer sua fundação. O que os melhores persuasores estão fazendo para ter uma base forte para o sucesso?

INGREDIENTE Nº 1 DA FUNDAÇÃO: DIREÇÃO DO PENSAMENTO

Já falei bastante sobre a necessidade da programação mental positiva e das etapas iniciais para conseguir colocar esta ferramenta poderosa em prática. Os melhores persuasores adquirem o controle sobre seus destinos pois controlam e direcionam seus pensamentos. Levando-se em conta que nossas ações são orientadas pela emoção, e que nossas emoções são orientadas pelo pensamento, precisamos colocar nossos pensamentos no rumo certo. São eles que determinam tudo! Para que você sempre se lembre desta realidade poderosa, guarde o acrônimo PEA:

Pensamentos → Emoções → Ações

Tudo começa pelos seus pensamentos. Os seus pensamentos levam às emoções e suas emoções levam às ações diárias.

Faça uma análise sincera da sua vida neste momento. Onde você se encontra? Este lugar é a soma total dos seus pensamentos durante uma vida inteira. Para onde os seus pensamentos o levaram até aqui? Para onde eles o levarão amanhã, na semana que vem ou no ano que vem? É natural que surjam pensamentos negativos na sua mente de vez em quando. Assim que eles aparecerem, trate de afastá-los. Não ofereça diversão a eles. Eles são destrutivos. Algumas pessoas usam uma pulseira de borracha para apertar o pulso toda vez que um pensamento negativo surge na mente. A dor associada a esta técnica afasta o pensamento negativo rapidamente. Se não quiser experimentar a pulseira de borracha, que tal me enviar um cheque de US$ 2 mil toda vez que tiver um pensamento negativo? Tenho certeza de que isso começaria a dar certo para você bem rápido, pois provavelmente isso lhe custa muito! São os seus pensamentos que programam a sua mente subconsciente.

"Um homem é aquilo que ele pensa o dia inteiro."
— **Ralph Waldo Emerson**

Sua mente subconsciente é o centro de todas as suas emoções. Quando o subconsciente aceita uma ideia, ele começa a executá-la. E depois o subconsciente usa suas ideias, conhecimento, energia e sabedoria para descobrir a solução. Mas isso pode ocorrer em uma fração de segundos ou pode levar dias, semanas ou até mais tempo. Entretanto, sua mente continua trabalhando para encontrar uma solução. Você precisa compreender que, ao programar sua mente, deve se perguntar: "Programo sugestões negativas em minha mente?" Se você estiver dizendo a si mesmo que não pode fazer algo, você estará certo. Quando esta voz interior diz que você não pode fazer algo, é importante que você substitua o pensamento ou diminua o volume ou a intensidade da voz negativa. Assim, você conseguirá mudá-la para "Eu posso fazer isso", "Vou vencer" e "Há muito para todos". A alteração da percepção da sua voz interior fará diferença e é isso que vale. Isso ocorre porque sua mente subconsciente sempre aceitará o que você programa ela para pensar. O resultado final é que você é o que pensa, e você tem o poder de escolher o que pensa. Ninguém pode fazer isso por você. Os melhores persuasores fazem este treinamento mental diariamente, enquanto a maioria dos persuasores pensa que já ouviram tudo isso antes e estão no caminho certo.

Se vamos extinguir nossos pensamentos negativos, precisamos substituí-los por pensamentos novos, positivos. Ao exercitar a programação mental, note que ideias novas e inspiradoras surgirão por si só de forma intuitiva e instintiva. Defina metas e alvos específicos para manter seus pensamentos centrados nisso - este tipo de foco acolhe e aumenta sua força interna que acaba de ser descoberta. É claro que sua mente lógica combaterá você em relação a esses novos pensamentos, mas, no final, sua nova programação vencerá. Adoro o que Napoleon Hill disse sobre este assunto: "Todo homem é o que é em função do pensamento dominante que ele permite que ocupe sua mente. Os pensamentos que um homem coloca deliberadamente em sua própria mente e incentiva, mostrando-se solidário, e com os quais mescla uma ou mais emoções, constituem as forças motivadoras que direcionam e controlam todos os seus movimentos, ações e feitos."[1]

Faça a si mesmo as seguintes perguntas: Qual é o meu pensamento dominante? Que pensamentos específicos devo deliberadamente colocar em minha mente? Que pensamentos estão sabotando o meu sucesso? Como meus pensamentos racionais e conscientes se unem às minhas emoções para se completarem e se fortalecerem?

INGREDIENTE Nº 2 DA FUNDAÇÃO: CRENÇAS SINCRONIZADAS

Nossas crenças ou sistemas de crenças estão intimamente relacionados ao direcionamento dos nossos pensamentos. Assim como os aviões possuem sistemas de orientação para direcioná-los, nós também temos sistemas que orientam e moldam nossos pensamentos, ações e crenças. Sem essas influências, perderemos o destino pretendido, assim como um avião que não entra em contato com a torre de controle nunca conseguirá aterrissar.

E se você tivesse duas torres de controle dizendo aos pilotos o que fazer? Os resultados seriam catastróficos. O que muitos de nós não percebemos é que estamos sintonizados a múltiplos sistemas de orientação simultaneamente. Por exemplo, valorizamos o que dizem nossos pais, cônjuge e amigos íntimos, e ficamos atentos a regras da comunidade, da sociedade e muitas vezes da religião. Como tantas influências podem entrar em conflito entre si, precisamos priorizar quem ou o que comanda nosso sistema de crenças. Se não conseguirmos sincronizar essas influências, ficaremos vagando pela vida, sempre errando o alvo devido à nossa incapacidade de sincronizar nossas crenças. Os melhores persuasores atingem seus alvos com mais frequência devido a um sistema de crenças bem sincronizado.

Talvez um exercício muito útil seja indicar as principais crenças que estão moldando a sua vida e determinar se algumas delas estão ou não em conflito entre si. Considere os seguintes conflitos de interesse possíveis:

A busca por riqueza	"O dinheiro é a raiz de todos os males"
Segurança no emprego	Liberdade empreendedora

Esforço para chegar ao topo profissional	"A família vem em primeiro lugar"
Adorar comer	Corpo saudável
Aventureiro	Bem organizado
Você só vive uma vez	Contenção, moderação
Mais tempo livre	Busca de independência financeira
Diminuir as dívidas	Começar a investir
Negócios bem-sucedidos	Pais bem-sucedidos
Espiritual	Rico

Depois de identificar as crenças que moldam a sua vida, você precisará determinar que crenças representam verdades pessoais para você e que crenças simplesmente adquiriu por osmose social e cultural. Em um estudo mais minucioso, em geral identificamos que grande parte daquilo em que acreditamos não é fruto de nossa própria busca atenta. Em vez disso, estas crenças chegam até nós através da imitação do que a sociedade ensina que é apropriado e daquilo ao qual fomos expostos em casa, na escola ou no trabalho. Para conseguirmos verdadeiramente mudar, crescer e prosperar, precisamos estar conscientes das regras que criamos para nós mesmos, sua origem e em que se baseiam. Todas essas regras são úteis para você? Ou elas estão sabotando você? Está na hora de você assumir a responsabilidade pelas suas crenças.

INGREDIENTE Nº 3 DA FUNDAÇÃO: CONFRONTANDO O MEDO

A disposição para confrontar seus medos é essencial para a programação mental. Os melhores persuasores dominam os seus medos. Você será tentado a enterrar seus medos, mas, dessa forma, corre o risco deles voltarem para assustá-lo. É muito melhor lidar com os medos diretamente, especialmente levando em conta que, seja o que for que mais temamos, isso nunca é tão ruim quanto pensamos. Nascemos com apenas dois medos: **medo de cair** e **medo de ruídos altos**. Um recém-nascido não tem medo de mais nada. Todos os outros medos são aprendidos. A boa notícia é que, se conseguimos aprender a ter medos, também podemos desaprendê-los.

Como desaprender um medo que já está tão entranhado? Você precisa enfrentá-lo. Isso mesmo - você precisa intencionalmente colocar-se na situação em que é confrontado com isso e não há como fugir. Para dominarmos qualquer habilidade nova, precisamos de muita prática. Não há outra saída. Digamos que você tem um medo terrível de falar em público. Se quiser ser um palestrante brilhante, precisará praticar muito a oratória. Precisa forçar-se a fazer apresentações para as outras pessoas repetidas vezes. O comediante Jerry Seinfeld brinca com isso, dizendo que as pessoas têm mais medo de falar em público do que de morrer. Ele diz que as pessoas preferem ser o defunto no caixão do que fazer um sermão para velório! Na verdade, em geral descobrimos que, quando enfrentamos diretamente um medo, ele não parece tão ruim assim. A maioria dos nossos medos são dúvidas exageradas ou se baseiam em coisas irreais. Como você poderá se dar conta disso se não enfrenta os seus medos?

A preocupação está intimamente relacionada ao medo. Apesar de "preocupar-se" poder parecer uma emoção menos intensa do que "temer", ela também deve ser evitada como a praga. A preocupação leva-o a desperdiçar energia (sem necessidade), desvia-o de suas metas, quebra o ritmo e cria um obstáculo para você. Ela também é um convite a pensamentos negativos que podem desfazer toda a programação mental excelente que você desenvolveu até aqui. Pesquisas revelam que 92% de nossas preocupações nunca desaparecerão ou não podem ser mudadas.[2] Por que desperdiçar tempo e energia com coisas com as quais temos poucas chances de nos confrontarmos? É muito melhor lidar com as realidades à sua frente do que com obstáculos imaginários.

Finalmente, mesmo que você tenha passado por experiências dolorosas no passado (e quem não as teve?), seu futuro sempre lhe reserva uma nova chance. Não se permita ficar imobilizado por erros do passado. Você se encontra em condições melhores em função do conhecimento e da experiência que adquiriu com esses erros. Sei que gostaria de poder ver o futuro para certificar-se de que não se encontre novamente em uma situação tão confusa, mas infelizmente não existem bolas de cristal. A programação mental cuidadosa e eficaz é a sua melhor bola de cristal. Depois de programar a mente para atingir suas verdadeiras metas, você precisará aprender a confiar. Tenha confiança de que tudo irá se encaixar e adote o melhor curso de ação. O dr. Martin Luther King Jr. disse: "Dê o primeiro passo com confiança. Você não precisa ver a escada inteira. Basta dar o primeiro passo."

INGREDIENTE Nº 4 DA FUNDAÇÃO: VISUALIZAÇÃO VIBRANTE, EM CORES

Não me importo de repetir isso quantas vezes for preciso: a mente subconsciente não consegue distinguir a realidade do que é claramente fruto da imaginação. De uma forma bem real, o seu futuro é prenunciado por sua capacidade de visualizar. Quanto mais claras e detalhadas forem suas imagens do futuro, maior será a probabilidade de isso estar presente no seu resultado real. Se o sucesso já existe na sua mente, significa que você já atingiu as suas metas mentalmente. Sua mente subconsciente trabalhará para transformar seu plano mental em realidade. Lembre-se sempre do ditado: **O verdadeiro vencedor já é vitorioso antes mesmo de vencer.**

Outra forma em que a visualização vibrante, em cores, é um fator importante é nossa mente não é um recurso finito que um dia acabará. Ela não é como uma unidade de disco rígido do computador ou um dispositivo de armazenamento compacto. Talvez nosso tempo, energia ou dinheiro sejam limitados, mas não estamos limitados à nossa capacidade imaginativa. E os melhores persuasores sabem que você pode programar o seu pensamento. Planejaremos melhor o uso do nosso tempo porque temos paixão pelo que fazemos. Encontraremos reservas maiores de energia porque a programação certa trará vigor ao nosso passo e aquecerá o nosso coração. Nossos recursos financeiros expandirão pois ficaremos mais produtivos. Segundo o ex-campeão de boxe Muhammad Ali: "Um homem sem imaginação não tem asas." Sua visualização vibrante e clara lhe garantirá as asas necessárias para vencer qualquer obstáculo. E como ela não tem limites, a imaginação só fica gasta quando você deixa de utilizá-la.

INGREDIENTE Nº 5 DA FUNDAÇÃO: ENCONTRANDO O SEU PROPÓSITO

Acredito realmente que todos nós temos nobreza interior. Acredito que cada um tem dentro de si livros ainda não escritos, negócios ainda não iniciados, ideias brilhantes, invenções fantásticas, ideias generosas e energias não aproveitadas. Mas, às vezes, é difícil saber exatamente qual é o nosso propósito. Podemos desempenhar vários papéis - marido ou esposa, pai ou mãe, membro do conselho escolar, *coach*, empregado ou advogado comunitário. Como saber quais funções nos trarão mais alegria e satisfação? Em primeiro lugar e acima de tudo, a maioria de nós concordaria que investir em relacionamentos com família e amigos que nos tragam amor e realização é o mais importante. Isso é parte essencial da saúde e do bem-estar emocionais. Além desta base fundamental, contudo, o que mais dá sentido à sua vida? Qual é o seu propósito e paixão na vida? Onde residem seus interesses, dádivas e talentos? Qual é a sua missão na vida?

Ouse sonhar alto. Tenha um propósito que torne o seu despertar a cada manhã uma tarefa prazerosa. Saiba que você se tornará o que deseja ser e obterá aquilo com que sonha. Não crie um propósito sem vida ou que não o empolgue. Muitas pessoas já sabem exatamente qual é o propósito delas. Se você ainda não sabe o seu, está mais que na hora de descobrir!!! Os melhores persuasores acessaram seu propósito e estão utilizando-o. É preciso compreender que, para muitas pessoas, o processo de autodescoberta é como o ato de esculpir. No início, você tem apenas a visão de uma grande rocha e não sabe bem que obra-prima reside ali dentro. Você sabe que existe algo lá, mas ainda não sabe como irá extraí-lo.

Para ajudar a ativar seus pensamentos sobre este assunto, criei algumas perguntas e exercícios. O objetivo é provocar o pensamento e estimular o surgimento de novas ideias ao descobrir exatamente qual é o seu propósito. As respostas podem surgir logo ou levar dias, semanas e até meses para se revelarem. Seja persistente e as respostas acabarão aparecendo:

1. Você tem 95 anos de idade e teve uma vida maravilhosa. Conseguiu realizar tudo que desejava e mais do que poderia esperar. **Como será lembrado?**

   Pergunta 1 sobre propósito: o que dirá sobre isto no seu sermão? Escreva o seu elogio.

2. Imagine que você encontrou uma lâmpada em uma praia deserta. Você a esfrega e um gênio aparece magicamente, permitindo um único desejo. No entanto, há uma condição: o seu desejo deve melhorar o mundo. **Como você pode transformar o mundo em um lugar melhor?**

   Pergunta 2 sobre propósito: Qual é o seu desejo? Como você transformará o mundo em um lugar melhor?

3. Você já quis tentar várias coisas na vida. O medo da falha e da crítica, contudo, parecem sempre ter impedido você de prosseguir. As perguntas irritantes "E se eu falhar?" e "O que os outros vão pensar?" sempre o detiveram em seu caminho.

   Pergunta 3 sobre propósito: Se você soubesse que seria bem-sucedido (se soubesse que não havia possibilidade de falha), o que faria se tivesse a garantia do sucesso?

4. Você recebe uma ligação telefônica de um advogado informando que um tio falecido deixou para você US$ 20 milhões. Você não precisará mais trabalhar pelo resto da vida. Como aproveitará o seu tempo? O que fará da sua vida?

   Pergunta 4 sobre propósito: De que forma você utilizaria os recursos financeiros recém-obtidos e o seu tempo livre?

INGREDIENTE Nº 6 DA FUNDAÇÃO: AUTOESTIMA

Os melhores persuasores têm uma autoestima saudável. Estudos mostram que a autoestima elevada exerce muita influência sobre o seu sucesso e a sua capacidade de persuadir, liderar e influenciar. Quando a sua autoestima (a avaliação do quanto você gosta de si mesmo) não está saudável, ela tende a disparar ansiedade, preocupação e medo. O egotismo e o orgulho (aparentemente autoestima elevada) costumam revelar baixa autoestima. Quando as pessoas apresentam este comportamento exterior, esta é uma falsa fachada para convencer a todos (inclusive a si mesmos) de que são poderosos e importantes. Em outras palavras, aqueles que parecem ter autoestima mais alta em geral a têm mais baixa. A verdade é que, quando temos a **autoestima saudável**, não precisamos provar nosso valor para ninguém. O valor é inato e não tem nada a ver com as conquistas e realizações externas, mesmo que tenham sido grandes feitos.

E quanto à baixa autoestima? Minha pesquisa mostrou que 85% dos norte-americanos classificam sua autoimagem como boa a excelente, uma estatística que evidencia claramente o efeito de Wobegon. Em geral, tentamos negar que lutamos contra a autoestima, mesmo quando isso é evidente para as outras pessoas. O fato é que todos nós sofremos de baixa autoestima em algum aspecto das nossas vidas. O fundamental é perceber que este é um foco improdutivo, pois é difícil para nós sermos objetivos nesse assunto. Costumamos fazer comparações irracionais e ilógicas, como se estivéssemos classificando nossos pontos fracos em relação aos pontos fortes das outras pessoas.

Achamos que não nos comparamos às qualidades que consideramos tão altas nos outros e, assim, procuramos coisas inadequadas nos outros para nos sentirmos melhor com nós mesmos. Um estudo descobriu que a maioria das pessoas com baixa autoestima não costuma se ver como perdedores incompetentes sem valor. Em vez disso, eles se avaliam de forma neutra, em vez de atribuir uma avaliação positiva ou negativa.[3]

A breve lista de sintomas que podem ser atribuídos à baixa autoestima inclui:

- Incapacidade de confiar
- Fofoca
- Mentalidade da escassez
- Fuga da rejeição
- Ressentimento com outros
- Comportamento agressivo
- Preocupação em saber quem está certo
- Não disposto a correr riscos
- Comparação de si mesmo com os outros

- Incapacidade de aceitar críticas
- Defensiva
- Fuga de falhas (riscos) em potencial
- Tendência a menosprezar os outros
- Procrastinação
- Incapacidade de aceitar elogios
- Fica ofendido facilmente

Como a autoestima afeta a persuasão? A autoestima é como um reflexo do que está se passando dentro da pessoa. Se você tiver dificuldade em manter um nível saudável e equilibrado de autorrespeito, também terá dificuldade em persuadir outras pessoas. Você precisa persuadir a si mesmo primeiro! Somente quando você estiver realmente feliz e à vontade consigo mesmo é que conseguirá influenciar os outros. Descobrirá que a felicidade o tornará generoso, otimista, aberto e uma pessoa mais agradável.

Mas como elevar sua autoestima e parar de tratar mal a si mesmo? O melhor conselho que posso dar é que você observe a conversa que tem consigo mesmo e pare de se comparar com os outros. Somos constantemente bombardeados com mensagens de propagandas nos dizendo como deve ser a nossa aparência, como devemos nos vestir, que perfume usar, o que devemos comer e que carro devemos dirigir. Nunca conseguimos corresponder a estes padrões porque eles são falsas esperanças ou expectativas. Não podemos esperar que imagens e descrições exageradas e enganosas sejam nossos guias. Pare de usar varas de condão de medição simulada. *Você* é responsável pela sua vida. É *você* quem decide o que é importante na sua vida. É *você* quem decide quem ou o que deve ser.

INGREDIENTE Nº 7 DA FUNDAÇÃO: HÁBITOS SAUDÁVEIS

Sua vida é um acúmulo de todos os seus hábitos. Sua capacidade de se tornar um excelente persuasor depende dos seus hábitos e escolhas. Vejamos, por exemplo, algumas situações comuns da vida. Com o passar dos anos, vamos ganhando mais alguns quilos, mas queremos emagrecer logo em uma questão de dias. Da mesma forma, passamos anos nos endividando, mas queremos ficar financeiramente independentes da noite para o dia. Decidimos participar de uma maratona, faltando apenas um mês para a data da corrida. Queremos ser o melhor na prova, mas só dispomos de uma hora para dar a virada final nos estudos. Começamos a pensar na aposentadoria quando faltam apenas cinco anos para pararmos de trabalhar. Há tantas coisas na vida que queremos conseguir em tão pouco tempo e exercendo o mínimo de esforço possível, mas o sucesso raramente acontece desta forma. **O sucesso é um processo**, e não uma solução rápida. O progresso ocorre em etapas e a fundação precisa ser assentada.

Então, chegou a hora de verificar seus hábitos para confirmar a existência de maus hábitos e compreender que mais de 90% de nosso comportamento normal se baseia em rotinas e hábitos.[4] Você absorveu seus hábitos em algum lugar (muitas vezes nem se deu conta disso) e nem sabe ao certo o motivo. Os melhores persuasores dedicaram tempo e energia à análise de todos os seus hábitos, bons e ruins. Falamos anteriormente sobre crenças. As crenças influenciam os hábitos. Essas crenças são aprendidas com a sociedade e com seus pais. Costuma levar um tempo para as consequências de nossos hábitos aparecerem. Lembre-se de que a superação de uma dívida, o ganho de peso e outros vícios são processos que evoluem lentamente.

> *"Quase um metro de gelo não se forma em apenas um dia.congelante."*
> – **Provérbio chinês**

Este é o segredo de persuasores excelentes: em vez de tentar acabar com todos os seus maus hábitos de uma só vez, experimente substituir cada um por algo diferente. Escolha outras atividades agradáveis e que lhe tragam realização, mas que também sejam mais produtivas.

Pergunte a si mesmo:

- Aonde os seus hábitos estão conduzindo você?
- Que hábitos estão restringindo sua vida?
- (Escolha um mau hábito.) Há quanto tempo você tenta combater este hábito?
- Por que você começou a ter este hábito?
- Quais são as consequências de longo prazo deste hábito?
- Como você substituirá este hábito?

INGREDIENTE Nº 8 DA FUNDAÇÃO: RESPONSABILIDADE

Apesar de todo o nosso planejamento e preparo, certamente surgirão desafios imprevistos. O resultado dependerá da sua disposição para assumir responsabilidade por seu sucesso, em vez de culpar as outras pessoas, eventos e circunstâncias por suas falhas. Você não pode continuar aguardando, esperando ou desejando que as circunstâncias externas mudem. Será preciso receber uma chamada no meio da noite com uma notícia ruim para fazê-lo mudar de comportamento? Os melhores persuasores assumem **100%** da responsabilidade por seu destino. Será que você está esperando um milagre, como, por exemplo, ganhar na loteria, receber uma herança ou ser o mais novo multimilionário da Publisher's Clearinghouse para mudar sua vida e sua renda? É hora de parar de desejar e esperar. Os solavancos pelo caminho são inevitáveis, mas você nunca chegará ao seu destino se não estiver disposto a permanecer no comando do volante do seu carro e a contornar os percalços da vida. A diferença entre a catástrofe e o triunfo reside no fato de você estar ou não usando o cinto de segurança, preparado e disposto a vencer as dificuldades. Se estiver pronto, esses solavancos se transformarão em pontos de apoio. Apesar do desconforto da estrada, você acabará atingindo um ponto mais alto e melhor.

Identifiquei três áreas críticas sobre as quais você não pode deixar de assumir responsabilidade:

1. Pare de racionalizar e entre em ação

Você continua na posição neutra? Está usando apenas a primeira marcha? Seu carro não está levando-o aonde você precisa ir? Você resiste em deixar sua zona de conforto? Você sabe o que deseja, mas não entra em ação. A maior parte do tempo, esta inação se deve a um jogo do qual participamos chamado "racionalização". Verifique se você joga algum dos seguintes jogos da mente com você mesmo:

- Estou sem tempo agora.
- Vou fazer isto assim que terminar (x, y ou z).
- Cuidarei disto assim que conseguir economizar mais um pouco.
- Não posso assumir novos projetos antes de dar conta do que tenho à minha frente.
- Meu cônjuge não está entusiasmado com a ideia.
- Estou tão cansado(a).
- Preciso esperar a situação melhorar.
- Farei isto quando perder nove quilos e me sentir melhor com minha aparência.
- Não por onde ou como começar.
- Não conheço ninguém que possa me orientar ou responder minhas dúvidas.
- Só cuidarei disto quando tiver um plano perfeito.
- Já tentei fazer isto antes.
- É caro demais.
- Isto não funciona.

Quando usamos estas desculpas, mesmo que só digamos isso para nós mesmos, elas começam a ganhar certa validade, e começamos a contar demais com elas. Usamos as desculpas para perdoar nossa permanência na zona de conforto, em vez de prestar mais atenção a elas e realmente fazer algo para mudar a situação. A racionalização só serve para incentivar a inação; então, pare com esta conversa de "Gostaria, posso, devo" e faça algo para assumir responsabilidade. Quando você expande sua zona de conforto, expande a si mesmo.

As zonas de conforto costumam ser expandidas através da visão e do desconforto. Precisamos lidar com o desconhecido e o desconfortável. O irônico é que é exatamente por isso que você conseguirá crescer tanto, enfrentando estes novos desafios. Você desejará fazer o possível para equilibrar e neutralizar o desconforto. Será motivado a vencer os obstáculos para que encontre o conforto novamente. E, ao redefinir a linha de chegada repetidas vezes, isso contribuirá para o seu crescimento e você poderá atingir alturas incríveis. Nunca se permita ficar acomodado demais.

2. Pare de culpar tudo e todos, menos você mesmo

Os melhores persuasores assumem total responsabilidade por tudo que ocorre em suas vidas. Em geral, é mais fácil encontrar falhas nos outros do que em nós mesmos. Sem perceber, ficamos aprisionados ao jogo cuja meta é achar um culpado porque isso desvia nosso senso de responsabilidade. Quando colocamos a culpa nas outras pessoas, em episódios ou nas circunstâncias, conseguimos nos libertar da culpa que sentimos por não fazer aquilo que sabemos que deveríamos ter feito. Também usamos a culpa para diminuir a sensação de frustração e decepção quando as coisas não saem da maneira que esperávamos. Nos iludimos acreditando que a aparente zona de conforto proporcionada pela delegação da culpa a outros tornará a situação melhor.

Copyright 2005 by Randy Glasbergen.
www.glasbergen.com

"NÃO CULPO OS OUTROS PELOS MEUS ERROS.
SEMPRE CULPO AS MESMAS PESSOAS!"

A verdade é que colocar a culpa fora de si mesmo só pacifica a situação temporariamente e contribui pouco para corrigir os problemas que estão incomodando você. No final, você se sentirá pior porque, como a situação não foi encarada de frente, os mesmos problemas voltarão a assustá-lo e atormentá-lo. Elbert Hubbard disse certa vez: "Sempre foi um mistério para mim por que as pessoas passam tanto tempo intencionalmente se enganando, criando álibis para encobrir suas fraquezas. Se empregassem o tempo de maneira diferente, isso curaria as fraquezas e, portanto, álibis e desculpas se tornariam desnecessários."

"Uma pessoa só é considerada derrotada quando começa a culpar os outros."
— **Coach** John Wooden

Estas são algumas das formas mais comuns pelas quais ouço as pessoas usando a culpa como desculpa para seus problemas:

- Se tivesse disponíveis melhores ferramentas.
- Meu treinamento não me preparou para isto.
- A economia está atravessando um momento difícil.
- O setor está lento neste momento.
- Fiquei preso à pior situação.
- Meu chefe não gosta de mim.
- O custo de vida está alto demais.
- Meu cônjuge não me compreende.
- Ninguém me apóia.
- Eles simplesmente não compreendem.

3. Comece a reconhecer e assumir suas próprias "falhas"

Às vezes, apesar do melhor planejamento e do maior esforço, as coisas parecem estar se desintegrando ao nosso redor. Nada sai como desejamos. Como reagimos? Como os melhores persuasores reagem? A maioria de nós racionalizamos por que o projeto tomou determinado rumo ou tentamos minimizar a importância das falhas. Não queremos lidar com a realidade de que talvez a situação tenha chegado a tal ponto por causa de uma falha nossa. Mas os melhores persuasores não apenas reconhecem onde houve uma falha, como também estão dispostos a assumir os seus próprios erros. Por mais assustador que possa parecer, esta atitude traz os melhores benefícios de longo prazo. Como você pode aprender com erros e falhas se você nem mesmo admite que os cometeu? O mais importante é perceber que, apesar de falharmos muito, isso não nos torna pessoas fracassadas. Sistemas falham, ou planos dão errado, mas as pessoas por trás deles não são um fracasso. Elas só precisam descobrir como ajustar o sistema.

> *"A queda em uma vala o torna mais sábio."*
> — **Provérbio chinês**

Falhas e imprevistos farão de você um sucesso ou um fracasso. Isso pode levá-lo a se lamentar ou a crescer. Isso pode distender o seu potencial ou levá-lo à estagnação. mas uma falha ou um imprevisto é apenas um evento; isso não define a pessoa que está enfrentando essa situação. Uma falha resulta de sua incapacidade de aprender com seus erros e de não usar esse aprendizado valioso para investir no seu futuro. Fique certo de que o universo irá testá-lo para verificar se suas metas e sonhos são meros entusiasmos passageiros ou um desejo verdadeiro e ardente. Ninguém escapa disso. Não fique se perguntando: "Por que justo comigo?" Pergunte a si mesmo: "Por que não eu? O que preciso aprender?" Adquirimos muita experiência através de nossas dificuldades e obstáculos. Precisamos aprender desta forma pois isso é essencial para o sucesso.

Coisas negativas e ruins acontecem na vida de todo mundo. Resta saber como você lida com estes eventos. O que você aprenderá com essas experiências? Os melhores persuasores sabem como prosseguir e tornar a experiência seguinte algo melhor.

Alguns motivos pelos quais pessoas inteligentes falham:

- Falta de motivação
- Falta de controle de impulso
- Falta de perseverança
- Medo de falhar
- Procrastinação
- Incapacidade de adiar gratificação
- Autoconfiança de menos ou demais[5]

A falha não ocorre da noite para o dia. Você não falha de uma só vez. Pequenas coisas que ocorrem diariamente levam você a falhar. A falha e a negligência ocorrem com o tempo. A negligência se agrava de forma expressiva. É como os juros que se agravam com novos juros. Você nem percebe que as dívidas aumentaram. Com o tempo, a falha se torna um problema de grande proporção. Não ignore o problema inicial. É como um pequeno machucado que, se não for tratado, pode se transformar em uma infecção e levá-lo a perder um membro.

Mesmo as pessoas mais bem-sucedidas já passaram pela experiência de ver seus planos e esforços fracassarem. Só há um caminho para você realmente descobrir como fazer a coisa certa: ir à luta, arregaçar as mangas e cometer alguns erros. A vida não é como um caderno de exercícios que também apresenta as soluções com as respostas certas. Você precisa aprender fazendo e correndo o risco de cometer erros que serão inevitáveis mas são uma parte necessária da sua **curva de aprendizagem**. Quando você consegue aprender e crescer a partir de suas falhas, elas deixam de ser falhas. Em vez disso, passam a ser blocos constituintes essenciais do seu salto para o sucesso.

Então, como ajustar sua atitude sobre suas "falhas"? Um grande passo na direção certa seria parar de estender-se em aspectos negativos e começar a pensar em soluções. Só porque você falhou no passado não significa que você falhará no futuro. Além disso, é bom sempre se lembrar do fato de que costumamos ser muito exigentes com nós mesmos. Ninguém acerta totalmente na primeira tentativa. Adoro o que o *coach* de futebol norte-americano M.H. Alderson disse: "Se você não for bem-sucedido na primeira vez, saiba que está dentro da média."

INGREDIENTE Nº 9 DA FUNDAÇÃO: A VERDADEIRA FELICIDADE

Os melhores persuasores que conheci e entrevistei são pessoas felizes. Eles amam e apreciam a vida. Eles são muito bem-sucedidos. Eles atraem as pessoas para si. **Como a sociedade define o sucesso?** Por fama, fortuna, conquistas ou riqueza material. Note que todas essas mensurações são externas. Nenhum destes aspectos está relacionado à paz interior ou ao propósito da pessoa na vida. Achamos que seremos felizes quando finalmente conquistarmos fortuna, diploma universitário, aposentadoria, promoção ou a melhor posição no mercado.

A verdade é que nenhuma dessas coisas nos deixará realmente felizes por muito tempo. Inúmeros estudos comparam a felicidade de crianças versus adultos. Por que será que as crianças riem **400 vezes por dia** enquanto os adultos riem apenas **15 vezes por dia**?[6] É evidente que as crianças não estão sorrindo nem dando risadas por causa do seu *status* importante ou em função de suas conquistas impressionantes. Elas encontram prazer e alegria nas **coisas simples** - e pelo simples fato de existirem. Elas não estão tão preocupadas em impressionar os outros ou em subir a escada do sucesso. Qual é a **sua** definição de felicidade?

Seria ótimo se todos conseguissem verificar no que de fato estão se concentrando. Que pena seria descobrir, no final de uma vida longa, que corremos atrás dos sonhos errados.

> *"O sucesso está gerando o que você deseja; felicidade é desejar o que você obtém."*
> — **Dale Carnegie**

Estas são algumas das maneiras pelas quais sua vida melhora quando você está feliz:

- Você enxerga o mundo como um local mais seguro.
- Você se abre mais em relação aos seus sentimentos.
- Você toma decisões mais rápido.
- Você reduz o estresse, o medo, a intimidação, o constrangimento e a raiva.
- Você avalia as pessoas com um maior senso de justiça.
- Você passa a ter relacionamentos melhores.
- A vida lhe traz maior satisfação.
- Sua autoimagem fica mais positiva.
- Sua atitude se torna mais amigável para com os outros.
- Você aumenta sua renda.
- Seus relacionamentos melhoram.
- Você aprende a persuadir melhor.

Atualmente, existem mais invenções, mais maneiras de economizarmos tempo e energia, mas estamos menos felizes. Há dois motivos principais para esta tendência. O primeiro é que sentimos tensão e infelicidade com nossas metas conflitantes. Em outras palavras, temos metas e aspirações na vida que estão em conflito entre si; portanto, isso gera enorme tensão e infelicidade pessoal. Compreender que você possui metas conflitantes já é meio caminho andado. A maioria das pessoas ficam tensas, desconfortáveis e infelizes com essas questões e se perguntam por quê.

Victor Frankl, um renomado psiquiatra que sobreviveu ao terror e à brutalidade dos campos de concentração nazistas, disse o seguinte no conhecido livro *Em Busca de Sentido*: "A **felicidade** é uma **condição** e não um destino. A felicidade não pode ser perseguida. Quanto mais focamos a felicidade, mais nos distanciamos da nossa meta. Se há um motivo para a felicidade, ela acontece naturalmente. Ela é resultado do propósito e significado que atribuímos à vida."*

Esta é uma declaração de profunda sabedoria, proferida por alguém que vivenciou aquilo que há de mais próximo do inferno na Terra. O que mais podemos aprender através do *insight* do dr. Frankl? Como a felicidade e a infelicidade são estados da mente, ambos podem ser tornar hábitos. Cá estamos nós falando novamente sobre a programação metal. A maior parte da infelicidade, como tal, é simplesmente nossa própria interpretação de influências em nossas vidas que são extremamente nocivas ao nosso bem-estar mental, emocional ou físico. Você se lembra da época em que estava realmente feliz, quando não via a hora de se levantar a cada manhã e iniciar um novo dia? É bem provável que você sentisse uma segurança interior sobre o que estava fazendo e sobre seu destino. A felicidade em geral inclui um progresso constante em direção a uma meta ou objetivo empolgante. Sejam quais forem os fatores externos na sua vida (onde mora, que carro dirige, quanto ganha, etc.), você se sentirá feliz quando sentir um senso de propósito e direção.

APROVEITANDO O PODER DA SUA MENTE

Neste capítulo, abordamos diversos dos elementos básicos que os melhores persuasores utilizam para desbloquear o poder da programação mental em suas vidas. À medida que implementar estas novas ideias e estratégias, você perceberá uma grande mudança na sua forma de pensar, em suas atitudes, comportamentos e renda. Talvez descubra até que algumas de suas metas e desejos mudaram. O uso da programação mental aguçará o seu foco, tornará seus investimentos em tempo e energia mais produtivos, e aumentará sua eficácia geral. Mas lembre-se sempre: **você só poderá atingir a felicidade se conseguir enxergá-la**. Você só conseguirá se tornar isto se sua mente acreditar nisto! Gostaria de saber sua classificação mental em comparação a milionários? Gostaria de conhecer seus pontos fortes e fracos? Faça o teste de QI de milionário em www.millionaireiq.com. Lembre-se de que sucesso e riqueza fazem parte de um teste de um livro em aberto. Se você deseja ter independência financeira, precisa pensar, agir e fazer o que milionários fazem.

---

* Nota da tradutora: Tradução livre deste trecho do livro *Man's Search for Meaning*, de Victor Frankl. O livro já foi traduzido para o português: *Em Busca de Sentido* (Editora Vozes, 2008).

A raposa e as uvas: uma fábula

Num dia quente de verão, uma raposa passeava por um pomar. Com sede e calor, sua atenção foi capturada por um cacho de uvas. Mas as frutas tentadoras estavam em um vinhedo, penduradas em um galho alto. A raposa pensou: "Que delícia. Era disso que eu precisava para matar minha sede e meu apetite." E, de um salto, a raposa tentou, sem sucesso, alcançar as uvas. Ela contou a até três e deu outro grande salto. Ela fez várias tentativas, sem sucesso. Exausta e frustrada, a raposa acabou desistindo, dizendo: "Aposto que estas uvas estão verdes."

Moral da estória: Talvez você não consiga concretizar seus sonhos logo, mas não desista, nem pense que não valeu a pena tentar, o que é ainda pior. Continue tentando. Encontre novas formas ir atrás do que deseja.

CAPÍTULO 4

Habilidade de QP 2

Compreendendo o pensamento do seu público

Os melhores persuasores percebem e sabem instintivamente o que outras pessoas estão pensando e sentindo. Imagine se você pudesse entrar na mente do seu público? Como eles realmente se sentem em relação a você? Não ajudaria imensamente se você soubesse os questionamentos e preocupações que andam rondando suas mentes? E se você soubesse quais são seus principais motivadores, seus verdadeiros sentimentos?

Leva um tempo para desenvolver este **"sexto sentido"**. Até mesmo o persuasor mais experiente precisa analisar melhor esta habilidade. Por quê? Descobrimos que menos de 8% dos persuasores já dominaram, usaram ou mesmo compreenderam sua importância. Eles costumam tentar adivinhar e pressupor os desejos e as necessidades das pessoas. Às vezes eles acertam, mas é claro que isso significa que estão errados a maior parte do tempo.

É essencial compreender a natureza humana para maximizar seu maior potencial de persuasão. Você já se perguntou como a mente funciona? Por que agimos de determinada forma? Por que muitas pessoas fazem o oposto do que é melhor para elas? Os melhores persuasores conseguem identificar padrões na natureza humana e personalizar sua capacidade de persuadir consistentemente. O comportamento humano pode ser previsível; há certos disparadores ou reações automáticas comuns a qualquer pessoa. Os melhores persuasores compreendem o processo de tomada de decisão e a psicologia do consumidor. Quando você sai para comprar xampu, há tantas opções que você precisa desenvolver atalhos no seu processo de tomada de decisão. Você decide com base em cor, cheiro, recomendação, preço ou até mesmo composição do produto? Em geral, você segue seu instinto em vez de comparar todas as opções. Quando você pergunta a alguém porque comprou algo, posso garantir que a resposta desta pessoa e o seu verdadeiro motivo costumam ser duas coisas diferentes.

A maior parte da persuasão opera abaixo do nível do pensamento consciente. Portanto, para compreender a persuasão, você precisa compreender a psique humana. Esse conhecimento o capacita a melhorar suas aptidões persuasivas. Um excelente persuasor consegue ajudar uma pessoa a enxergar a inconsistência do seu estado atual e o que ela precisa fazer para atingir o estado desejado. Isso amplia sua eficácia em relacionamentos, melhora suas habilidades como mãe/pai, melhora sua capacidade de liderança e ajuda-o a vender sua imagem e suas ideias. Em suma, isso maximiza sua influência.

Seja paciente consigo mesmo no seu empenho para implementar os princípios e técnicas esboçados neste capítulo. Lembre-se de que não se trata de guardar alguns truques debaixo da manga. Desejo que você consiga dominar estas habilidades a tal ponto que elas se tornem parte natural de você. Quero que você se sinta proprietário delas. Procure dominar essas habilidades e você notará como as pessoas ao seu redor se sentirão à vontade e você se tornará mais persuasivo. Você conseguirá codificar e compreender as necessidades e preocupações das pessoas de forma natural e não ameaçadora. As pessoas nem perceberão que você está tentando persuadi-las. Sentirão que estão conversando naturalmente com alguém que é defensor delas.

Parece tão fácil, não é mesmo? Como os melhores persuasores conseguem ignorar todo o escrutínio, ceticismo, cinismo e desconfiança das pessoas atualmente? E como conseguem fazer isso de maneira não agressiva e compassiva? Este é o segredo: há dois caminhos para a persuasão - o **consciente** e o **subconsciente**. Nos dois caminhos, você pode persuadir os outros a pensar da mesma forma que você, mas cada caminho utiliza meios bem distintos de processamento de informações. No caminho consciente, o público faz um esforço consciente e ativo para compreender, definir e processar um argumento. Este tipo de pessoa é um tomador de decisões intelectual. Ela só quer saber dos fatos e não precisa de "opiniões ambíguas". É melhor ser direto e não resistir ao desejo desta pessoa de ir direto ao ponto. Se tentar tornar o discurso mais atraente, você incomodará e frustrará a pessoa e acabará perdendo seu poder de persuasão junto a ela.

No caminho subconsciente, por outro lado, o ouvinte passa pouco ou nenhum tempo processando as informações. Estas pessoas reagem mais a instintos, intuição e outros disparadores baseados na emoção. Elas só querem sentir que estão certas em relação ao que fazem. Elas são tomadores de decisão emotivos. O segredo da melhor persuasão é compreender como equilibrar o uso da lógica e da emoção.

MENTE LÓGICA VS. INSTINTO EMOCIONAL

Um de nossos maiores desafios é que nós, assim como nosso público, pensamos que somos criaturas lógicas. Mas, a maior parte do tempo, não sabemos o motivo de nossas ações. Na verdade, até 95% da persuasão e da influência envolvem um disparador subconsciente.[1] Esta tendência significa que inclinações como "Isto parece certo", "Confio nesta pessoa" ou "Não gosto desta pessoa" se baseiam em reações emotivas subconscientes. Estes 95% de pensamento e conhecimento emocional ocorre na mente inconsciente, sem nossa consciência. Além disso, nossa consciência da realidade é

> **Você tem alguns destes disparadores de subconsciente?**
>
> - Um cheiro que lhe traz uma lembrança da infância.
> - Uma música que aumenta seu nível de adrenalina.
> - Algo que o incomoda e você não sabe o motivo.
> - Uma cor que o deixa com fome.
> - Uma palavra que o deixa tenso.
> - Gostar de alguém que você acaba de conhecer sem um motivo aparente.
> - Determinadas palavras, frases ou gestos que o deixam subconscientemente desconfortável.
> - O tom de voz de alguém que leve a um imediato interesse (ou antagonismo).

o resultado dos neurônios de nosso cérebro que processam todas as informações ao nosso redor de maneira inconsciente.²

Na verdade, existe um pouco dos dois lados (lógico e emocional) em todos nós. Talvez um desses lados seja mais dominante em cada um de nós, mas os dois estão presentes. Os melhores persuasores sabem que a persuasão ideal apela para a lógica e para o instinto. Para a grande maioria das pessoas, a **emoção** é o motivador mais poderoso, mas, em termos gerais, o componente lógico ainda é essencial. Por quê? Pois, passado o momento de extrema energia emocional, o público precisa de algo concreto (lógico) ao qual recorrer. A euforia do momento é temporária e surte pouco efeito a longo prazo. O componente lógico da sua abordagem lhe permite manter o impulso bem depois do encontro persuasivo. A emoção nos inspira a entrar em ação, mas é a lógica que justifica essas ações.

Então, como este conceito está associado ao caminho consciente *versus* subconsciente para se chegar à persuasão? Para a maioria das pessoas, o lado emocional tem mais peso. Até mesmo a pessoa mais analítica e intelectual possui um pêndulo emocional que pode tender mais para um lado e nos dominar. Os melhores persuasores conseguem integrar os dois lados da equação para melhor servir o tipo de personalidade em questão. **Como fazem isto?** O Persuasion Institute buscou e pesquisou informações sobre os melhores persuasores para descobrir como eles conseguiram este equilíbrio e que recursos foram utilizados. Descobrimos que os persuasores bem-sucedidos utilizavam com frequência todos os itens a seguir (seja qual for sua orientação lógica *versus* emocional) ao tentar persuadir os outros:

Emocional	Lógico
Depoimentos	Evidência
Estórias	Estatísticas
Analogias	Estudos
Imagens	Gráficos
Metáforas	Tabelas

AS EMOÇÕES SEMPRE DOMINARÃO A CENA

"Se quiser persuadir, desperte o interesse e não o intelecto."
— Benjamin Franklin

Quero mostrar a você alguns exemplos de quando este raciocínio claro e lógico no mundo continua não coincidindo com o lado emocional das pessoas. Você sabia que 80% de todos os novos produtos fracassam ou nem mesmo chegam perto das previsões de sucesso?[3] Grandes corporações gastam bilhões em grupos de foco para verificar se seu produto ou serviço é viável. Depois, mesmo quando os participantes dos grupos de foco ficam convencidos com a ideia de adquirir um produto, o acompanhamento do processo mostra que apenas uma pequena minoria de fato compra o produto. A lógica levou os participantes do grupo de foco a pensar que seria uma boa ideia, mas no local onde as vendas realmente ocorrem, o produto ou serviço parece não ter inspirado o suficiente para as pessoas efetuarem a compra.

Vejamos alguns casos específicos de negócios. Você reparou que o conceito de vídeofone nunca realmente emplacou? Pensando de forma lógica, fazia sentido conseguir ver as pessoas de quem gostávamos ao conversar com elas. Emocionalmente, não estávamos prontos para encarar pessoas nos vendo pela manhã, testemunhando que não estávamos prestando atenção nelas ou nos pegar fazendo caretas para elas.

E quanto à "geladeira transparente" que possibilitaria uma enorme economia em custos de energia? Esta foi uma grande ideia - uma porta de geladeira transparente que permitia ver o que você desejava antes de pegar algo, sem precisar deixar a porta aberta enquanto você pensava no que gostaria de pegar. Em termos lógicos, fazia sentido, mas emocionalmente a geladeira transparente nos deixava um pouco vulneráveis. Quem poderia imaginar que a geladeira seria tão pessoal quando um armário de remédios? Simplesmente não desejamos que outros vejam a alface estragada que ainda não jogamos no lixo, o suco que derramamos há três meses ainda não limpamos ou sete caixas do sorvete Ben and Jerry que ainda estão no *freezer*, mesmo depois de termos anunciado que perderíamos 9 kg até o Ano Novo.

Lembra-se de quando a Intel lançou um *chip* com defeito? Em termos estatísticos, isso só representou 0,00001 de todos os computadores. Em termos lógicos, os consumidores não precisavam se preocupar com isso. Mas, em termos emocionais, o fato de existir uma chance de ter um *chip* com defeito em um novo computador era insuportável.

Meu exemplo preferido é o da Coca-Cola, que lançou o novo sabor Coke na década de 1980. Antes, a Coke estava confortável na posição de líder do mercado de refrigerantes a base de cola. Até aquele ponto, a Pepsi nem era concorrente. Depois, algo estranho aconteceu na década de 1980 que levou ao repentino declínio das ações da Coca-Cola no mercado. Neste período, a Pepsi ganhou 1 % de ações no mercado em relação à Coca-Cola, embora a Coke tenha investido US$ 100 milhões a mais em propaganda anual do que a Pepsi. A Pepsi lançou o "Desafio Pepsi", em que testes de sabor com os olhos vendados mostraram que 57% dos consumidores prefeririam a Pepsi, em relação à Coke. A Coca-Cola concluiu que provavelmente isso ocorreu porque a Pepsi era mais doce; então, eles decidiram mudar a fórmula da Coke para torná-la mais doce. A Coke testou este novo refrigerante e descobriu em seus próprios testes de sabor com olhos vendados que consistentemente superava a "antiga Coke". Diante desta resposta, parecia não restar mais dúvida. O resto da estória você já deve saber. Os clientes ficaram furiosos e exigiram que a Coca-Cola resgatasse o antigo sabor - até mesmo aqueles que disseram preferir "a nova Coke" do que "a antiga Coke" nos testes de sabor com os olhos vendados!

O COO (*chief operating officer*) da Coca-Cola, Donald Keough, disse:

"Há algo inesperado nesta estória que agradará aos humanistas e provavelmente ainda surpreenderá os professores de Harvard por muito tempo. Trata-se do simples fato de que todo o tempo, dinheiro e habilidade investidos em pesquisas de consumo sobre a nova Coca-Cola não conseguiram medir ou revelar o profundo e contínuo vínculo emocional que tantas pessoas sentiam pela Coca-Cola original.

A **paixão** pela Coca-Cola original (e esta é a palavra que melhor descreve isto - paixão) foi algo que nos pegou de surpresa... Trata-se de um mistério maravilhoso dos EUA, um enigma adorável dos EUA e é tão difícil medir isso quanto medir amor, orgulho ou patriotismo."

O resultado final é que isso tocou fundo nas ligações emocionais das pessoas, apesar das previsões de preferência pela cola com sabor mais doce.

POR QUE A EMOÇÃO, E NÃO A LÓGICA, DOMINA NOSSA TOMADA DE DECISÃO

"Ao tomar uma decisão, as pessoas não se baseiam em fatos. Elas preferem ter uma boa emoção que satisfaça a alma do que doze fatos."
— **Robert Keith Leavitt**

Reconhecendo de cara que há exceções a qualquer regra, quero conversar um pouco mais sobre o fato de sermos criaturas movidas essencialmente pelas emoções. **Por que isto ocorre?** Afinal, temos os poderes de raciocínio mais sofisticados de todo o reino animal. Quais são os principais motivos que nos levam a optar por não pensar?

Primeiro, a quantidade de informações disponíveis é tão grande que não tentamos digerir isso. Você já ouviu falar no ditado: **"Uma mente confusa diz não?"** Marqueteiros deliberadamente verificam se sua propaganda está clara, direta e sucinta. Quando há informação demais, ou se a pessoa leva mais de alguns segundos para processar a mensagem, o velho cérebro começa a ler apenas um conjunto confuso e ignora o resto.

Outro motivo que nos leva a não pensar demais nas coisas é que a maior parte de nossas decisões simplesmente não são tão importantes para merecer tamanho esforço. Consciente e subconscientemente, escolhemos de forma seletiva o que confirmaremos e o que ignoraremos. Este sistema de filtragem interno foi chamado de **atenção seletiva** ou **evitação seletiva**.

As pessoas também podem ignorar certas informações quando isso é contra aquilo em que elas querem acreditar. A mente humana tem uma grande necessidade de estar sempre certa. As pessoas irão ignorar argumentos conflitantes ou vozes opostos às suas próprias ideias ou valores. Muitas pessoas chegarão a distorcer informações que sejam contrárias ao que elas buscam. Por outro lado, quando você encontra ideias convergentes, significa que pode contar com a total atenção, apoio e interesse do seu público. Em um estudo, 21 alunos prepararam discursos que foram escritos do ponto de vista lógico ou emocional. Os discursos foram apresentados, gravados e, depois, avaliados por outros alunos da faculdade. O interessante é que não havia consistência real nas descobertas, exceto pelo fato de que os discursos com uma mensagem com a qual o avaliador concordava eram classificados de maneira mais racional (mesmo quando pretendiam ser emocionais), enquanto os discursos com os quais o avaliador discordava eram considerados mais emocionais (embora alguns deles visassem ser lógicos). Parecia que o fato de um discurso ser considerado lógico ou emocional dependia do ouvinte. Os pesquisadores também concluíram que, como regra geral, as pessoas pareciam inaptas a fazer uma distinção com consistência entre apelos à lógica e à emoção.[4]

Portanto, quer percebamos ou não, adoramos atalhos para o pensamento. Pense em uma vez em que você comprou um produto, mas não fez muitas pesquisas sobre ele nem leu as últimas classificações dos clientes. A maioria de nós fazemos isso o tempo todo. Contamos com os conselhos do persuasor, compramos a marca mais conhecida ou trazemos um amigo para que dê sua opinião. Embora nunca admitamos isso, às vezes chegamos a comprar um item apenas por causa da cor ou da embalagem.

Há outras situações em que pegamos atalhos mentais, e não apenas quando estamos querendo realizar uma compra. Quando decidimos que gostamos de alguém, não saímos por aí verificando a formação da pessoa. Se ponderássemos sempre sobre todas as decisões, estaríamos constantemente assoberbados e nunca conseguiríamos fazer nada. Os negócios têm muita consciência deste fato. Eles conseguem tirar vantagem do fato de estarmos todos ocupados e preocupados com outras coisas. Os melhores persuasores também utilizam isso a seu favor.

DENTRO DO MUNDO DE OBJEÇÕES E CONSIDERAÇÕES

Quando você se tornar um ótimo persuasor, passará a enxergar as objeções de maneira diferente da maioria das pessoas. Passará até mesmo a gostar das objeções e de lidar com elas. **Por quê?** Você perceberá que, quando as pessoas falam sobre objeções, isso indica que elas estão mentalmente interessadas e emocionalmente envolvidas na sua proposta, seja ela qual for, mesmo que elas estejam céticas. **Interessado** e **envolvido** - o que mais um persuasor poderia querer de seu público? Talvez seja surpreendedor mas, quando não há objeções durante o processo de persuasão, o índice de sucesso do persuasor cai sensivelmente.[5] É bem melhor saber de cara as objeções do que deixá-las agravarem-se.

Os melhores persuasores não consideram as objeções ou as considerações do público como antagônicas. Em vez disso, eles encaram isso como parte do jogo de persuasão. O seu público naturalmente adiará ao máximo o momento da decisão - o momento em que precisam dizer sim ou não. Este adiamento pode ser usado a seu favor. O diálogo e a troca de ideias criam um seguidor, cliente ou consumidor de longo prazo. Os melhores persuasores conseguem até mesmo perceber e solucionar objeções antes de ouvi-las. Por melhor que você seja, sempre haverá objeções. Na verdade, as objeções bem manipuladas conseguem ajudá-lo a persuadir.

Sua capacidade persuasiva depende muito da forma como você lida com objeções e considerações. Você pode lidar ainda melhor com isso conhece as objeções mais comuns. Há milhares de desculpas. Você também ouvirá todo tipo de desculpa. Mas, na realidade, só existem sete obstáculos reais.

Obstáculos

Todas as desculpas e objeções podem ser condensadas em uma ou mais destas sete objeções em potencial:

1. **Medo de falhar** - "Posso fazer isto?" (Eles não têm confiança em suas aptidões, temem o que os outros irão pensar se eles não forem bem-sucedidos etc.)
2. **Falta de apoio** - Cônjuge, parentes ou amigos não oferecem apoio ou se mostram condescendentes (Eles ainda dizem: Você não vai conseguir; isto é uma enganação; isto não vai funcionar.)
3. **Não pode assumir compromissos** - Eles não têm tempo ou vivem em conflitos com obrigações existentes (por exemplo, preocupações com os filhos/querem mais informações).
4. **Motivação** - O desconforto da situação atual do cliente em potencial não é suficiente para inspirar mudança (por exemplo, perder peso depois, corrigir isto amanhã, etc.).
5. **Preocupações funcionais** - "Isto realmente funcionará? Isto resolverá meu problema? Existe algo melhor? Isto atenderá minhas necessidades?" (por exemplo: Há um produto melhor no mercado? Isto resolverá meu problema?)

6. **Disparador psicológico** - "Isto não me parece certo. Posso confiar nesta pessoa? Minha intuição diz que devo fugir." (O persuasor fez ou disse algo errado.)
7. **Preocupações financeiras** - Eles temem que não possam pagar por isso ou que fiquem em uma situação financeira apertada se tentarem fazer isso. "Será que vale a pena fazer o investimento?" (O risco é maior do que a recompensa?)

Quando você compreende que todas as objeções se originam de uma ou mais destas sete áreas principais, fica mais fácil identificar a raiz do desconforto do seu público. Assim, você consegue atender suas objeções de maneira profissional, atenciosa e não ameaçadora. Muitos persuasores (sem perceber isso) mostram tensão, desconforto ou irritação quando alguém traz uma objeção. Em geral, esta conduta não percebida ocorre pois a objeção instiga as próprias inseguranças do persuasor (muitas vezes, medo de falhar ou medo da rejeição). O persuasor pensa consigo mesmo: "Eu já não falei sobre isto antes? Estou ficando perito em dar explicações! Por que esta pessoa ainda não se convenceu? Por que estou detonando este encontro persuasivo? Será que pareço um idiota?" Apesar de esta reação ser compreensível, ela só piora a situação. O público perceberá que você não está à vontade e se sentirá ainda mais desconfortável. Não dispare ainda mais alarmes do que os já existentes!

Uma postura calma e natural abre a porta para a persuasão e consegue mantê-la aberta diante de objeções. Lembre-se: o público não pode se sentir à vontade quando você não está à vontade. Eles não podem ficar relaxados quando você não está relaxado. Eles não podem ficar entusiasmados se você mesmo não demonstra entusiasmo. De forma bem realista, você precisa criar o que eles desejam sentir.

Agora que sabemos a origem das objeções, vamos falar sobre o momento ideal para tratá-las. Você pode reprimir muita energia negativa quando sabe que o público está "bem qualificado". **O que quero dizer com isto?** Qualificar o público é quando você define logo no início exatamente como você utilizarão o tempo que terão juntos e o que você deseja alcançar. Você delineia claramente o que espera obter com o encontro. Basicamente, você está "qualificando" o tempo que passarão juntos e como ele será utilizado. Os melhores persuasores são ótimos qualificadores. Eles não desperdiçam tempo. A **qualificação** é uma abordagem excelente pois ela desarma o público. Você disse a eles exatamente o que espera; então, eles podem relaxar. Eles não serão pegos de surpresa quando você começar a fazer perguntas pois compreenderão o motivo dessas perguntas.

Quanto mais você aperfeiçoar sua capacidade de lidar com objeções, mais persuasivo você será. O segredo da ótima persuasão é antecipar todas as objeções, problemas ou considerações antes de ficar sabendo delas por outras pessoas. Os melhores persuasores são sempre capazes de atingir três objetivos críticos durante o processo de objeção:

1. Eles sabem fazer a **distinção** entre uma **objeção real** e uma **reação automática**. Nossos estudos mostram que a maioria das objeções não devem ser levadas ao pé da letra, pois há outras questões envolvidas.
2. Eles **ouvem atentamente** a objeção inteira antes de tentar encontrar uma solução. Eles mantêm a calma. Testes comprovam que fatos expostos com calma são mais eficazes para levar as pessoas a mudar de ideia do que declarações em que as pessoas se deixam levar pelas emoções.
3. Os melhores persuasores **nunca são arrogantes** ou **condescendentes**. Eles dão espaço para o público salvar a própria pele. As pessoas muitas vezes mudam de ideia e acabam concordando com você quando têm espaço para fazer isso.

Outra forma interessante de lidar com objeções é tratar de cada um das sete áreas principais durante sua apresentação, antes disso se tornar um grande problema na mente do público. Desta forma, você consegue impedir qualquer resistência em potencial antes de sua ocorrência. Como resultado, não existem objeções principais a serem deixadas para eles abordarem. Estudos demonstram que persuasores foram quatro vezes mais bem-sucedidos ao lidar com objeções durante o processo de persuasão, em vez de aguardar até o final.[6] Adicionalmente, não há nada mais desenergizador para os esforços persuasivos do que prolongar dúvidas e preocupações que permanecem sem solução na mente do público.

E quanto às questões levantadas pelo público depois da sua apresentação? Há três desafios neste cenário. Primeiro, quando você se encontra nesta situação, provavelmente não "qualificou" seu público o suficiente, ou seja, o público não foi preparado adequadamente para a forma de aproveitar o tempo ao seu lado. Segundo, provavelmente você não coletou informações suficientes deles para antecipar com precisão suas preocupações logo no início. Os melhores persuasores lidam com os problemas enquanto eles ainda são sementes; assim, eles nunca se tornam plantas enraizadas na mente do público. Terceiro, se o público começa a questioná-lo demais, você corre o risco de ser colocado na defensiva. Essa defesa da sua posição muda suas funções e enfraquece sua postura persuasiva. E, o que é ainda pior, se você mostra o menor sinal de posição defensiva, isso pode gerar mais dúvidas na mente do público do que a preocupação original.

O velho, o menino e o burro: uma fábula

Iam um velho, um menino e um burro para a feira. Os três andando bem devagar. Passou um fazendeiro e comentou: "Seus bobos! Andando tanto quando podiam ser levados pelo burro." O velho, então, montou o menino no burro e foi ele mesmo puxando o cabresto. Passaram outras pessoas e disseram: "Que absurdo! O velho tão velho andando e o menino no bem bom!" O menino desmontou, o velho subiu e o menino conduziu o burro. Outros passaram e disseram:"Que horror! Um menino tão pequeno andando e o velho descansando em cima do burro." O velho, então, pôs o menino com ele em cima do burro e lá foram eles para a feira. Mas, pessoas que também iam pelo caminho, resmungaram: "Você não tem vergonha de sobrecarregar o pobre burro?" O velho e o menino desceram do burro e ficaram pensando no que fazer. Eles cortaram um tronco, amarraram os pés do burro nele e passaram a carregar nos ombros o tronco com o burro amarrado. Aí, todos os que passavam riam deles e diziam: "Mas que burrice! Afinal, para que serve um burro?" Finalmente, eles chegaram até uma ponte. Foi aí que uma das patas do burro se soltou, deu uma chute e fez com que o menino derrubasse a extremidade do tronco que ele carregava. Na luta para se livrar daquela situação, o burro acidentalmente caiu da ponte e, como seus pés estavam amarrados, morreu afogado.

Moral da estória: quem quer agradar todo mundo, no final não agrada ninguém.

adaptado de:
http://www.comexsystem.com.br/vilmabel/slides/Fabula-Velho-menino-burro.pps

PRECIFICAÇÃO E A PERCEPÇÃO DO VALOR

Você notou que as preocupações financeiras apareceram por último na lista de sete objeções em potencial, apresentada antes? O custo costuma ser a primeira objeção apontada, mas em geral esta não é a verdadeira causa da rejeição de um produto ou serviço. Esteja você vendendo um produto físico real para consumidores ou uma ideia para seu filho adolescente teimoso, há sempre um preço envolvido. Este valor pode ser um preço financeiro, um preço emocional ou um comprometimento de tempo. Nesta seção, empregarei o termo "preço" com conotação financeira, mas lembre-se de que estes princípios têm aplicação universal. Falei antes sobre como estamos constantemente pegando atalhos mentais. Uma das formas de fazer isso é através de comparações. Em vez de dedicar tempo e energia para refletir melhor, fazemos uma rápida comparação de preço "lado a lado" para verificar a semelhança entre os produtos. A fórmula básica que seu público sempre busca é: "Como conseguir o melhor produto pelo menor preço?" Todos nós fazemos a mesma coisa. Faz parte da natureza humana. É essencial ter consciência desta tendência pois, como persuasor, você tem muito controle sobre onde o público define seus paradigmas.

Lembre-se de que há um relacionamento custo/valor. Não se trata apenas de oferecer o preço mais baixo. Muitos persuasores têm a tendência de brigar pelo preço, acreditando equivocadamente que o menor preço ou a oferta mais econômica sempre levará ao fechamento do negócio .O fato é que preço raramente é o principal fator por trás de uma decisão de compra. Na realidade, **68%** dos respondentes pesquisados pelo Persuasion Institute admitiram que o custo não foi o fator decisivo e, inversamente, quando indagados sobre os fatores mais importantes, menos de 10% citou considerações relacionadas ao preço. O saldo final é que as pessoas desejam encontrar valor. O que parece ser caro em um contexto é econômico em outro. Por exemplo, US$ 200 não é nada quando você tem um retorno de US$ 500 em valor agregado. O negócio se torna, então, insensato. Se você pensar bem, não faz o menor sentido comprar algo apenas porque tem um bom preço. E se for algo que não é desejável, útil ou necessário? Você compraria apenas pelo preço e por nenhum outro motivo? Quando você consegue ajudar as pessoas a enxergarem como o seu produto melhorará suas vidas e ajuda-as a sair da condição atual e atingir a situação desejada, o preço costuma ser o elemento de menor importância.

O PODER DAS PERGUNTAS

Uma das principais diferenças entre persuasores comuns e persuasores muito bem-sucedidos é o seu tempo de fala e o número de perguntas que fazem. Descobrimos que os melhores persuasores fazem **2,7** mais perguntas ao público do que a maioria dos persuasores. Pense um pouco nesta estatística. Um persuasor comum fará **seis perguntas**; um excelente persuasor fará **dezesseis**. E, por mais surpreendente que isso possa parecer, o persuasores muito bem-sucedidos realmente falam **menos** do que seus colegas menos bem-sucedidos. **Por que isto ocorre?** Os melhores persuasores fazem várias perguntas e depois deixam o público falar. A pessoa que faz as perguntas detém o controle; a pessoa que fala o tempo todo não. Você pode controlar e orientar a discussão através de perguntas. Assim que o público começa a submetê-lo a um interrogatório, significa que o jogo foi invertido e que você, portanto, perdeu o controle.

Reflita sobre os três cenários de pergunta-e-resposta a seguir e verá claramente que o indivíduo que faz as perguntas detém o controle, enquanto, talvez surpreendentemente, aquele que fala o tempo todo não detém controle: 1º) Um empregador fazendo entrevista para um cargo em aberto; 2º) Um médico fazendo o diagnóstico de um paciente; e 3º) Um advogado fazendo perguntas a uma testemunha. Observe que, em cada um destes exemplos, o indivíduo que faz as perguntas está de alguma forma desempenhando uma função de confiança ou consultiva. Situação semelhante ocorre quando alguém o procura em busca de um produto ou serviço específico para atender às suas necessidades. Quando você é o "entrevistador", você coleta todas as informações necessárias para melhor orientar o seu público e, ao mesmo tempo, mantém o controle sobre o desenrolar da conversa. O mais importante é que você lidera até o final, até a conclusão almejada, em que o público começa a participar mais. E eles vão adorar isso porque foram eles que falaram o tempo todo. Consequentemente, eles terão basicamente persuadido a eles mesmos. Você atuou simplesmente como um ótimo **ouvinte**, **catalisador** e **advogado preocupado**!

Outro motivo para o uso de perguntas ser eficaz é que ele ajuda a reprimir a tendência natural de muitos persuasores de precisar falar demais. No Capítulo 2, discutimos sobre como falar demais é um dos erros mais grosseiros no processo persuasivo. Nada tem maior poder de acabar com sua capacidade persuasiva do que sua incapacidade de parar de tagarelar. O público deseja fazer um bom negócio ou resolver um problema; eles não estão interessados em ouvir o seu discurso sobre a linha completa de produtos. O público pode até escutá-lo por educação, mas se você monopolizar a conversa, falando sobre todo tipo de assunto que não tem nada a ver com suas necessidades e desejos, sua mente começará a divagar e pensar no seu próximo compromisso. Desta forma, toda a esperança de persuasão bem-sucedida estará perdida antes mesmo de você ter solicitado isso. A sobrecarga de informações só serve para assoberbar o seu público.

Um último motivo pelo qual as perguntas são tão úteis no processo de persuasão é que elas envolvem o seu público. Os melhores persuasores estimulam o pensamento e nos envolvem. Sempre que ouvimos uma pergunta, instintivamente começamos a buscar uma resposta. É uma resposta automática. Mesmo que não digamos realmente a resposta, pensamos sobre ela em nossas mentes. Ao aplicar este princípio nos seus encontros persuasivos, primeiro sempre envolva o público com perguntas "fáceis". Deixe que perguntas gerais precedam perguntas específicas. Você deseja que o público se sinta à vontade e relaxado. As pessoas são incentivadas por respostas que sabem que estão certas, que não colocam-nas em evidência e que não geram ansiedade.

Quando alguém busca conselhos ou informações, quer comprar algo ou quer mudar sua vida de alguma forma, tudo se resume a um esforço para melhorar sua situação atual. A principal questão é uma necessidade emocional. O produto real em si é apenas um meio para se chegar a um fim; ele não representa a própria solução. A satisfação emocional oferecida pelo produto, contudo, é a solução. É por isso que é tão essencial fazer perguntas. É tolo fazer um julgamento de valor sobre as intenções do público antes de ter uma oportunidade de fazer perguntas a eles e descobrir os seus fatores motivadores (ou seja, o que realmente os impulsiona). O comprador em potencial talvez queira comprar o seu produto, mas por que ele ou ela deseja este produto? São estas informações que realmente importam para você conseguir persuadir.

Os melhores persuasores sabem que, quando alguém está avaliando o seu produto ou serviço, está buscando motivos pelos quais não deveria adquiri-lo. Este é um mecanismo de defesa natural. Mas quando a pessoa se compromete, mental ou emocionalmente, com a ideia de que esta é a decisão certa, ela começa a buscar motivos pelos quais *deve* prosseguir com o negócio. Quando investimos muito tempo e energia para assumir um comprometimento, queremos nos sentir validados em nossa decisão. Como isto se aplica a você como persuasor? Quando você conseguir ajudar o público a perceber o desequilíbrio existente entre o seu estado atual e o estado desejado, e quando eles se sentirem motivados a agir, você precisará atuar rápido para mantê-los comprometidos. Eles buscarão reforço positivo para se sentirem seguros na nova situação de equilíbrio instaurada. Se você não mantiver este ritmo, o entusiasmo e a energia diminuirão gradualmente, surgirão dúvidas sobre a decisão deles e eles retornarão ao estado anterior da zona de conforto.

Os melhores persuasores utilizam perguntas abertas. Essas perguntas permitem ao público expressar seus sentimentos e preocupações. O público deseja sentir que você está sempre disposto a atender aos interesses deles. Perguntas abertas também revelam mais informações. Perguntas que só exigem resposta "sim" ou "não" simplesmente não o levam a ter vontade de prosseguir. Lembre-se de que você está reunindo informações para saber melhor como sugerir a alternativa que atenda às necessidades e desejos das duas partes. Você precisa do máximo de informações para apresentar uma situação ganha-ganha. Aí vão alguns bons exemplos de perguntas abertas usadas por excelentes persuasores para ajudar a envolver o público:

- Quando você começou...?
- Onde encontrou...?
- Qual é a sua opinião sobre...?
- Já pensou em...?
- Como se sente em relação a...?

COMO O ESTADO DE HUMOR PODE AFETAR A PERSUASÃO

O estado de humor afeta o nosso pensamento, julgamento e disposição para dizer sim. Quando a pessoa a ser persuadida está de bom humor, ela está mais propensa a aceitar a sua oferta. O oposto também é verdadeiro. Se a pessoa está de mau humor, sua probabilidade de recusar a proposta é bem maior. Esta é uma grande vantagem para você quando se trata de persuadir. Os melhores persuasores criam o estado de espírito certo. Os melhores persuasores de fato colocam a pessoa em um estado de felicidade. Quando nos sentimos felizes, tendemos a ter pensamentos felizes a recuperar ideias e experiências felizes da memória. Em oposição, quando estamos negativos, tendemos a ter pensamentos tristes e a recuperar informações negativas da memória.

Se você conseguir influenciar o estado de humor, poderá minimizar as chances de encontrar objeções e resistência. **Como influenciar o humor?** A coisa mais importante é verificar se você mesmo está de bom humor. Mesmo que o público esteja de bom humor no início, se você estiver de mau humor, rapidamente poderá deixá-los de baixo astral (mesmo que tente esconder isso). Assim, suas possibilidades de persuasão bem-sucedida serão bem menores.

Um estudo específico demonstrou o quanto o estado de humor e as atitudes das pessoas ao nosso redor influenciam nossas respostas. Três indivíduos se sentaram para fazer uma refeição juntos. Dois deles sabiam que estavam participando de um estudo e o terceiro deles não sabia que estava sendo avaliado para saber até que ponto os companheiros mudariam sua opinião a respeito da comida. Os dois amigos se comportaram de forma muito desagradável. Em outra ocasião, este mesmo indivíduo voltou ao mesmo local e comeu o mesmo tipo de comida. A única diferença era que as companhias eram outras. Desta vez, as companhias eram divertidas, interessantes e agradáveis. Qual foi a diferença na avaliação dele sobre a comida? Você adivinhou: a primeira avaliação foi negativa, enquanto a segunda foi positiva, apesar de a comida ser idêntica nas duas situações.[7]

Há evidências de âmbito geral de que o humor é um fator importante na persuasão. Até mesmo métodos simples para elevar o humor como fazer um bom lanche ou escutar uma música agradável têm mostrado que são eficazes para persuadir as pessoas.[8] Um entrevistador que está de bom humor tende a dar notas melhores aos candidatos ao emprego.[9] O estado de espírito alegre também aumenta a criatividade, o que é essencial para os melhores persuasores.[10] Consumidores que estão de bom humor estarão mais conscientes das qualidades positivas em produtos ou experiências com os quais se deparem.[11] E, como qualquer criança já descobriu, os pais que estão de bom humor tendem a ser mais lenientes.

Apenas para reforçar o ponto em questão, destacarei mais um estudo. O estudo foi conduzido em um quarto de hotel sem janelas e sem qualquer outro meio pelo qual o hóspede pudesse saber como estava o tempo lá fora. Quando o hóspede solicitou o serviço de quarto, o atendente descreveu o tempo como frio e chuvoso, frio e ensolarado, quente e chuvoso, ou quente e ensolarado. Até que ponto você acha que estes relatos agradáveis ou não-tão-agradáveis afetaram o valor da gorjeta do atendente? É interessante observar que parece não ter feito diferença o fato de o dia estar quente ou frio, mas quando foi mencionado que o dia estava ensolarado, as gorjetas aumentaram em 26,65%![12]

SABENDO COMO FECHAR NEGÓCIOS DA MANEIRA CERTA

Persuasores podem aprender algumas coisas no mundo das vendas. (Lembre-se de que **todos** nós participamos de situações de vendas.) No capítulo anterior, mencionei que as habilidades de fechamento de negócios não era a salvação para persuasão, mas a capacidade de fechar negócios é uma habilidade que a pessoa pode aprender a usar da maneira certa e no momento certo. Em sua grande maioria, os persuasores utilizam as habilidades de fechamento de negócios e chamada à ação de forma equivocada. Esta falta de implementação adequada gera desconforto e tensão entre um persuasor e seu público. A ideia de fechar negócios foi associada durante muito tempo à aplicação de pressão para levar uma pessoa a comprar algo. Esta definição de capacidade de fechar de negócios não faz o menor sentido e não há mais espaço para ela no ambiente de negócios atual. Na verdade, se você me mostrar uma pessoa que utiliza táticas agressivas e de alta pressão para fechar vendas, eu lhe mostrarei uma pessoa cuja capacidade de persuadir é tão fraca que ela não tem outra escolha senão apelar para tais medidas como substituto da habilidade profissional.

A maior parte do tempo, a habilidade de fechar negócios é usada ao extremo ou mal empregada. Quando ela é usada da maneira certa e com moderação, pode ter um efeito poderoso pois ajuda os outros a tomar uma decisão de forma oportuna. O segredo é usar o fechamento de negócios da maneira certa em qualquer aspecto da persuasão. É assim que você consegue a resposta afirmativa. Não é hora de ficar ambíguo ou hesitar. Noto que, com muitos persuasores, é como se eles estivessem observando uma pessoa atraente para um provável encontro. Eles farão qualquer coisa, conversarão sobre qualquer assunto, em vez de ir direto ao ponto. Um detalhe interessante é que 95% dos membros do público se dizem incomodados com toda a conversa paralela e o fato de não irem direto ao ponto durante o processo de fechamento de negócios.[13]

Os melhores persuasores sabem como ler e interpretar os sinais de compra do seu público. É como os medidores do carro. Você precisa aprender como ler os medidores e o seu significado. Da mesma forma, o seu público indicará quando e onde você deve solicitá-los a negociar com você. A maioria dos persuasores estão tão absorvidos por seu conhecimento do produto ou serviço que são incapazes de enxergar qualquer sinal de compra. Quando você domina a arte da persuasão, contudo, consegue decifrar a linguagem corporal do seu público, suas perguntas e seu contato visual quando eles estão prontos para comprar. Quando você perde estes sinais e o seu tiro passa de raspão na janela da oportunidade, os olhos do público ficam arregalados e você perde a capacidade de persuadir. Em vez de uma situação ganha-ganha, você instaura uma situação perde-perde. Na essência, você acaba convencendo-os a não efetuar a compra.

MANTENHA-SE FIEL

A maioria das pesquisas mostram que, em média, são necessárias **cinco tentativas** para conseguirmos realizar uma venda. Esta tendência explica por que os melhores persuasores têm uma incrível resistência. Eles precisam afastar a rejeição e seguir em frente com muita persistência para poder se manter no rumo certo. Estudos mostram que a maioria dos persuasores costumam desistir depois de uma ou duas tentativas. Os melhores persuasores sabem quando manter o contato e quando se separar como amigos. Mas você ficaria surpreso com a quantidade de vendas que são concretizadas porque um persuasor aborda um cliente em potencial **mais uma vez**. Levando em conta esta tendência, é ainda mais surpreendente que mais de 80% do pessoal de vendas continue desistindo de tentar abordar os clientes em potencial novamente depois da primeira rejeição.

Quando ouvimos o primeiro **"não"**, aceitamos isso porque pressupomos que a pessoa já refletiu sobre o assunto e chegou a uma conclusão com base em informações. Na verdade, essa pessoa em geral não pensou no assunto. As pessoas se esquecem ou ficam distraídas. É por isso que vale a pena repetir e persistir em um cenário de persuasão. Em geral, as pessoas não estão rejeitando você pois simplesmente não tiveram tempo de realmente pensar na proposta.

No setor de vendas, mesmo entre os profissionais mais competentes, a taxa de fechamento de vendas de **20%** é considerada **excelente**. A pergunta é: a maioria das pessoas são persistentes o suficiente para fazer dez tentativas para obter dois ganhadores? Ou, se ainda não são experientes na arte de vendas e persuasão, são persistentes o suficiente para fazer 100 tentativas e obter um ganhador? A resposta é **não**. A maioria das pessoas não estão preparadas para fazer isso. Diante da primeira recusa, elas ficam abaladas. Mas simplesmente não é assim que o jogo funciona, contudo. Então, a primeira parte da persistência é conscientizar-se de que você ouvirá muitas pessoas dizerem não antes de ouvir um sim.

AS DOZES LEIS DA PERSUASÃO

Os melhores persuasores conhecem e compreendem a mentalidade do cliente e a psicologia da objeção. Eles sabem que a maior parte da persuasão envolve um disparador subconsciente. Identifiquei doze leis da persuasão que funcionam abaixo do radar. Conhecer estas leis é sua etapa final para preparar-se para lidar com qualquer tipo de objeção que encontre pela frente. Quando você compreender essas leis, compreenderá a natureza humana e, ao compreender a natureza humana, compreenderá por que o seu público está fazendo objeções. Compreenderá quais são os problemas reais por trás da objeção em nível superficial e saberá como reagir de maneira positiva, acolhedora e útil. O domínio destas leis subconscientes e a capacidade de enxergar como elas determinam o comportamento humano ajudará você a ser mais persuasivo. Esse domínio é essencial para qualquer pessoa que deseje ser um persuasor habilidoso. Para obter uma visão geral das doze leis da persuasão do meu livro *Maximum Influence*, visite www.persuasioniq.com.

CAPÍTULO 5

Habilidade de QP 3

Empatia instantânea e sincronização social

Sempre ouvimos falar no conselho: **"Nunca julgue um livro pela capa"**. **É mesmo?** Mas as pessoas julgam umas às outras o tempo todo. De forma intencional ou não, as pessoas estão constantemente julgando e rotulando os outros, compartimentando-os em **caixas**. Há diversas caixas - direto, estranho, esquisito, inteligente, denso, antisocial, poderoso, chato e assim por diante. Mas veja o que minha pesquisa mostrou: quando você cria uma percepção positiva, tem 85% de chance de persuasão. Mas, com uma percepção negativa, sua chance diminui para apenas 15%.

Um ótimo persuasor consegue se conectar com qualquer pessoa em trinta segundos ou menos. Levamos apenas alguns segundos para formar as primeiras impressões, mas elas duram uma vida inteira. Esta é uma habilidade essencial a ser desenvolvida pois o cimento seca rápido. Como saber se você está fazendo estes segundos iniciais valerem a pena? Este primeiro julgamento ou opinião sobre você é vital para o seu sucesso. Neste mundo onde tudo muda muito rápido, provavelmente você não terá uma segunda chance - **você precisa fazer acontecer na primeira vez!!!**

Alguma vez você se deparou com uma pessoa totalmente desconhecida e se deu bem com ela de cara? Vocês tinham tanto assunto para conversar e sentiram como se já se conhecessem antes. Parecia um encontro perfeito. Você se sentiu tão à vontade com esta pessoa que poderia conversar com ela sobre qualquer coisa. Provavelmente você até perdeu a noção do tempo. Vocês dois estavam em **sintonia**. Parecia que as ideias dos dois estavam sincronizadas e vocês apreciavam a companhia um do outro. Isso se chama **empatia**.

Empatia equivale a estar pensando do mesmo modo que a outra pessoa. Empatia é a chave para a confiança mútua. Com empatia, podemos até diferir da outra pessoa em termos de opiniões, mas ainda sentir uma forte ligação. Empatia pode até mesmo existir entre duas pessoas que têm pouco em comum.

Muitos persuasores não sabem dizer se estão conseguindo se conectar com os outros. Eles acham que estão fazendo tudo certo, que estão construindo a empatia estereotipada: procuram ser amigáveis, entusiastas ou engraçados. Mas, a realidade é que, na maioria dos casos, eles não estão criando empatia e não conseguem se conectar com o público. Estudos mostram que **75%** das pessoas não gostam deste tipo de "conversa para boi dormir", mas 99% delas não fazem nada para mudar a situação incômoda.[1] É como a estória do vendedor ruim. Ele se faz passar por amigo e conta piadas sem graça, acreditando que todos o adoram. Provavelmente você já encontrou um desses por aí. O que fez ao conhecer esta pessoa? Se você é

© Randy Glasbergen.
www.glasbergen.com

"SE QUISER SER UM ÓTIMO VENDEDOR COMO EU, VOCÊ PRECISA DE CHARME, CARISMA E UM TALENTO NATURAL PARA FAZER COM QUE AS PESSOAS GOSTEM DE VOCÊ. POR QUE VOCÊ NÃO USA A SUA CABEÇA DURA PARA CONSEGUIR ISTO, SEU TOLO?!"

como a maioria das pessoas, conseguiu suportar com educação o encontro, deu alguma desculpa para livrar-se dele e jurou que nunca mais cairia na conversa dele. Constatação da realidade: esta pessoa chata pode ser você.

A coelha que tinha vários amigos: uma fábula

Era uma vez uma coelha que era muito popular entre os outros animais - todos queriam ser seus amigos. Uma dia, ela ouviu cães de caça se aproximando e esperava conseguir escapar deles com a ajuda dos seus vários amigos. Ela se dirigiu ao cavalo e pediu para ele levá-la para longe dos cães de caça na sua garupa. Mas ele se recusou, dizendo que tinha um trabalho importante a ser realizado para o seu mestre. E disse: "Mas tenho certeza de que todos os seus outros amigos aparecerão para ajudá-la." A coelha então pediu ajuda ao touro, na esperança de que ele pudesse afugentar os cães de caça com seus chifres afiados. O touro respondeu: "Sinto muito, mas tenho um compromisso. Mas tenho certeza de que o nosso amigo bode fará o que você deseja." O bode temia que pudesse ficar machucado. A coelha estava certa de que o carneiro era a pessoa certa para ajudá-la. Então, ela foi falar com o carneiro e lhe contou a história. O carneiro respondeu: "Fica para a próxima vez, minha amiga. Prefiro não interferir pois sabe-se bem que os cães de caça comem ovelhas e coelhos." Como última esperança, a coelha pediu ajuda ao porco, que lamentou não poder ajudá-la. Ele não queria assumir toda a responsabilidade. A esta altura, os cães de caça já estavam perto e a coelha decidiu fugir. Ela teve a sorte de conseguir escapar dos cães de caça.

Moral da estória: Todos agirão como seus amigos até você precisar de ajuda. Todos parecerão gostar de você até você solicitar os negócios deles.

CRIANDO UMA EMPATIA INSTANTÂNEA

Persuasores ultrapassados têm a tendência a entrar em uma sala e observar tudo que se encontra na parede ou na mesa para ter o que falar sobre isso. Depois, eles jogam conversa fora para tentar se conectar a um cliente em potencial. Houve um tempo em que esta técnica funcionava. Entretanto, vivemos em um mundo diferente do que vivíamos décadas atrás. Agora é momento da essência. Como o seu público não dispõe de muito tempo, você precisa ir direto ao ponto. A maioria das pessoas não aprecia conversas inúteis. Pesquisas indicam que a maioria das pessoas não gostam de conversas espontâneas imprevistas; muitas até acham isso ofensivo. As pessoas compram daqueles que compreendem seus desejos e necessidades. Durante minhas pesquisas para este livro, alguns gerentes me disseram que tinham retirado algumas coisas do escritório (troféus, tacos de golfe, fotos, peixes) para evitar que vendedores chatos pudessem forçá-los a conversar sobre o assunto, mais uma vez.

Como você sabe se está conseguindo se conectar? Você quer ser amigável, mas não falso. Quer envolver o público, mas não ser incômodo. Você é entusiasta, mas não arrogante. Se conseguir aproveitar o poder do seu "radar de empatia", será capaz de desvendar pistas não verbais, detectar mensagens não ditas e decifrar os verdadeiros sentimentos por trás de expressões faciais, linguagem corporal e atitudes. Em vez de conduzi-los por uma rotina rígida e pré-formulada, o seu radar o habilitará a monitorar a receptividade do público no seu percurso. Os melhores persuasores personalizam cada apresentação. Ao trazer a individualidade para cada encontro, você traz uma vitalidade incrível para o relacionamento e aumenta muito a probabilidade de que o público se sinta conectado a você. Sempre que precisamos da colaboração de outra pessoa, seja porque se trata de um novo produto, ou simplesmente porque precisamos de conselhos sobre um problema pessoal, nos colocamos em uma posição vulnerável. Ao fazer isso, reconhecemos que precisamos de ajuda. Quando nos encontramos neste estado, em geral conseguimos perceber se a pessoa que está tentando nos persuadir está interessada em servir aos nossos interesses ou não.

> *"Não é tarefa do seu cliente lembrar-se de você. É sua obrigação e responsabilidade garantir que eles não tenham a possibilidade de esquecer você."*
> — **Patricia Fripp**

Sabemos que, quando encontramos alguém pela primeira vez, somos julgados pelo nosso histórico anterior, expectativas comunicadas (o que as pessoas disseram a nosso respeito?), nossa linguagem corporal, nosso tom de voz e nossa escolha de palavras. Portanto, estar consciente da impressão que você causa nos outros é crucial para o seu sucesso. Somos mestres em criar categorias para as pessoas quando decidimos se elas merecem ou não nossa confiança ou negociar conosco. Para demonstrar isso, vejamos um estudo realizado com alunos em que eles assistiram a um videoclipe de 2 segundos de um professor. Depois, foi entregue uma pesquisa de opinião a dois grupos: à turma que tinha terminado o semestre com o professor e aos alunos que só o conheciam do videoclipe de 2 segundos. As avaliações da eficácia foram muito semelhantes entre os dois grupos.[2] Em outras palavras, o grupo que só viu o professor por 2 segundos teve a mesma opinião que o grupo que teve aulas com ele durante o semestre inteiro. Estranho, não é?

Tendemos a fazer julgamentos rapidamente e esse julgamento fácil costuma estar certo. Quando você conhece uma pessoa, ela tende a incluí-lo na mesma categoria de alguém conhecido.[3] As características positivas ou negativas da pessoa que se parece com você tendem a ser transferidas para você (seja isso justo ou não). O resultado final é que o público sabe muito bem avaliar você nos primeiros segundos do encontro. Os melhores persuasores sabem como criar mágica nestes primeiros poucos segundos e essas impressões duram uma vida inteira.

A antiga abordagem da persuasão enfatizava muito o resultado final: conseguir fechar um negócio, fechar uma venda. Na época, era mais importante realizar a venda do que construir um relacionamento verdadeiro e duradouro com uma pessoa real. O problema de ser tão orientado ao fechamento de vendas é que um encontro persuasivo não é um acordo imutável, unilateral. O **"persuadido"** não é uma massa sem cérebro que aceitará tudo que você diz, sem questionar. Ele é um ser humano, que vive, respira; isso significa que a troca é bilateral. Você precisa estabelecer empatia desde cedo, dando uma primeira impressão boa e duradoura e **também** precisa manter a empatia.

Muitos persuasores não sabem como manter a empatia durante a troca. Eles sabem como quebrar o gelo e ajudar o público a se sentir à vontade, mas quando se trata de "falar de negócios", de repente seu comportamento muda. Seu estilo jovial e despreocupado pode se transformar em uma seriedade intensa quando eles chegam ao "resultado final". Quando ocorre esta transformação, o que o público deve pensar? A pessoa com quem eles se divertiram nos últimos dez minutos agora se transformou em alguém totalmente diferente. Qual deles é a pessoa real?

Há uma correlação interessante entre processos judiciais e a capacidade de um médico ser querido pelas pessoas. As estatísticas de processos por negligência mostram que pacientes que se sentiram forçados a se apressar, tratados com desrespeito ou ignorados (tudo isso atinge sua estima) são os mais propensos a processar os médicos.[4] Evidências mostram que as pessoas **não** processam médicos dos quais elas gostam. Esta correlação também vale para você, para seus produtos, serviços e atendimento a clientes antigos.

Os melhores persuasores não se concentram nos encontros persuasivos em termos do "chute" inicial e do "fechamento" final. Eles mantêm a empatia e a conexão, pois conseguem manter a troca no mesmo nível, em termos de emoção e lógica. Pense no seu público como um amigo que você reencontrará e com quem fará negócios novamente. Não se permita deixar levar por nenhuma mudança brusca de humor; seja flexível e mostre-se disposto a se adaptar aos diferentes estados de espírito e emocionais pelos quais seu público possa passar.

> Talvez seja útil saber um pouco melhor como o seu público se sente. Pense nas seguintes emoções que são comuns durante um encontro persuasivo e procure compreender que você pode manter a empatia mostrando-se apoiador, solidário e compreensivo:
>
> - Indiferença
> - Ceticismo
> - Suspeita
> - Inquisição
> - Desconfiança
> - Medo
> - Nervosismo
> - Interesse
>
> - Curiosidade
> - Entusiasmo
> - Surpresa
> - Ansiedade
> - Preocupação
> - Confusão
> - Inconstância
> - Empolgação

A NECESSIDADE DE APRENDER A ESCUTAR

"Escutar é aprender, e compreender é inspirar."
— **Provérbio chinês**

Uma das melhores formas de estabelecer e manter empatia é ser um bom ouvinte, aprender a escutar. A maioria de nós consegue **ouvir**, mas não sabe como **escutar**. A capacidade de escutar é uma daquelas habilidades que tanto abordamos mas para a qual ainda torcemos o nariz. (O mesmo efeito de Wobegon em ação!) Achamos que sabemos tudo a seu respeito e, assim, já sabemos fazer bem isso. Infelizmente, isso está longe de ser verdade. Estudos mostram que a incapacidade de escutar com eficácia ainda é responsável por **60%** dos **mal-entendidos**.[5] Até mesmo profissionais da persuasão (talvez os mais propensos a se considerarem *experts* em escuta) apresentam taxas alarmantes de incapacidade de ser um bom ouvinte. Quando compradores corporativos foram solicitados a avaliar os representantes de outras empresas, mais de **50%** sentiram que os representantes falavam demais e que não estavam em sintonia com o comprador. E, quando fizeram perguntas, não escolheram as perguntas certas. Quando

Sabemos que há um relacionamento positivo entre a escuta eficaz e a capacidade de se adaptar ao público e persuadi-lo. Os melhores ouvintes são ótimos persuasores. A pessoa que domina a capacidade de ouvir:

- Permite uma melhor participação do público.
- Agrega impacto à mensagem.
- Ajuda o público a se sentir compreendido.
- Ajuda o público a compreender a mensagem.
- Oferece *feedback* valioso para ajustar a apresentação.

chegou o resultado final (que indicaria se eles eram ou não persuasivos), apenas 1% dos entrevistados responderam afirmativamente.[6]

Outro conceito errado é a crença de que os melhores persuasores são pessoas com ótimo relacionamento interpessoal ou extrovertidos. **Isso é um equívoco!** Pesquisas mais recentes mostram que os introvertidos persuadem melhor do que os extrovertidos. **Por quê?** Porque eles escutam mais, fazem mais perguntas e descobrem o que o público precisa. A maioria dos extrovertidos, por outro lado, tendem a desconcertar o público com uma lista infinita de recursos e benefícios, na esperança de que alguém faça um truque. Os introvertidos simplesmente estão melhor equipados para perceber os desejos e as necessidades do público. Os extrovertidos deixam a impressão de que são vendedores antiquados, enquanto os introvertidos se apresentam como consultores requisitados.

Por que somos péssimos ouvintes? Grande parte do problema reside no fato de que falamos demais. Achamos que estamos ajudando ao dar explicações longas e detalhadas. Talvez isso seja adequado em algumas ocasiões, mas, em geral, o lado emocional do seu público começa a ser ignorado. Sejamos francos: somos egoístas e estamos sempre voltados para nossos próprios interesses e absorvidos em nós mesmos. Então, falamos demais porque gostamos de nos sentir importantes, bem-informados e úteis. Mas continuamos focados em nós mesmos, de forma subconsciente. Neste ínterim, a atenção e o foco do encontro não estão no público e, assim, eles começam a se dispersar.

Agora pense no oposto: se você falar menos e investir toda a sua energia e atenção na tarefa de fazer com que o público se sinta bem, importante e compreendido (se eles sentirem que, naquele instante, o seu mundo realmente gira em torno deles), aí, meu amigo, você estará construindo uma empatia sólida e lealdade para o resto da vida. Lembre-se de que eles não precisam de uma sobrecarga de informações. Eles precisam se sentir como se fossem sua maior prioridade. Eles desejam sentir confiança em sua capacidade de encontrar a solução para o desafio deles, a peça que faltava no quebra-cabeças. Você não poderá fornecer esta peça perdida do quebra-cabeças se não souber que peça é essa, e não saberá que peça é essa se não estiver escutando. Dizem que: **"Não podemos aprender nada com a boca aberta."**

"Adote como hábito o domínio da escuta e deixe o cliente dominar a fala."
— Brian Tracy

Então, como você aperfeiçoa suas habilidades de escuta? Primeiro, considere a escuta como uma experiência que envolve o ser por completo - ouça não apenas com seus ouvidos, mas também com o coração, a mente e os olhos. O que esta pessoa está realmente dizendo a você? Leve tudo isso em conta. Não se prenda somente às palavras dela, mas ao pacote inteiro, ou seja, ao tom de voz, à linguagem corporal, às suas esperanças e medos.

Estudos conduzidos pelo Persuasion Institute descobriram distinções essenciais entre as habilidades de escuta dos persuasores excelentes e aquelas dos persuasores comuns. Compare e contraste as habilidades a seguir e descubra formas de aperfeiçoar isso.

Persuasor excelente	**Persuasor comum**
■ Paciente	■ Ansioso para passar para o próximo tópico.
■ Deixa o público falar por ele.	■ Tira conclusões, faz pressuposições.
■ Verifica se o público compreende.	■ Concorda rápido demais.
■ Faz perguntas esclarecedoras.	■ Prossegue sem buscar esclarecimento.
■ Deixa o público completar pensamentos, frases.	■ Interrompe, corta o público em meio do discurso.
■ Escuta com atenção.	■ Faz previsões erradas do que o público dirá em seguida.

■ Esforço bilateral de cooperação	■ Oferece uma solução predeterminada, unilateral.
■ Disposto a ouvir tudo.	■ Ouve de maneira seletiva.
■ Resiste a distrações.	■ Deixa a mente divagar, distrai-se facilmente.
■ Faz anotações.	■ Não mostra interesse no relacionamento de longo prazo.
■ Oferece apoio verbal e não verbal.	■ Não procura mostrar apoio.
■ Percebe quando há preocupação, frustração.	■ Não está em sintonia com o público.
■ Não se deixa levar pelas emoções, mantém a calma.	■ Deixa as próprias emoções interferirem no julgamento.
■ Sabe fazer silêncio.	■ Fala demais.
■ Não é crítico.	■ Crítico.
■ Utiliza seu conhecimento de forma útil.	■ Utiliza seu conhecimento de forma arrogante.

"A incapacidade de ouvir com precisão e eficácia custou a este país bilhões e bilhões de dólares anualmente."
— **Dan Kennedy**

Fui o facilitador em exercícios, seminários e treinamentos para monitorar a capacidade de escuta eficaz. Apresento uma situação ganha-ganha para os persuasores. Começamos com um papel bem fácil, com uma solução bem fácil. Para chegar ao cenário ganha-ganha, basta que todos os integrantes do meu público escutem e façam perguntas. Mesmo assim, 95% destas pessoas ficam aborrecidas, fazem provocações e geram um clima tenso entre si. A resposta é tão óbvia que estava diante do seu nariz, mas nenhum deles conseguiu enxergá-la porque não estava escutando. Eles estavam tão concentrados em si mesmos e em vencer que se perderam no caminho. Todos nós podemos desenvolver nossa capacidade de escutar.

COMO SABER SE VOCÊ ESTÁ REALMENTE SE CONECTANDO

Já falei sobre obstáculos comuns à construção da empatia e como você pode saber ao certo que **não** está conseguindo se conectar. Mas como saber se você está se conectando, especialmente quando seu público não diz isso a você? Um dos sinais mais evidentes de uma boa conexão é quando a defensiva e o ceticismo iniciais começam a se dissolver. O clima fica mais relaxado e o público começa a relaxar. Eles começam a voluntariamente contribuir com pensamentos e sentimentos pessoais sem que você precise puxar isso deles. A abertura aumenta e a resistência diminui. Há mais contato visual e mais linguagem corporal espontânea. Poderíamos resumir melhor isso dizendo que as coisas começam a "se acertar". A troca é natural, sincera, positiva e alegre. É como se estivéssemos conversando com um velho amigo.

Um dos mitos sobre a criação de empatia com as pessoas é que você precisa concordar com todos sob todos os aspectos. Empatia e concordância são coisas diferentes. Quando você tem empatia, sem dúvida você concorda com a pessoa em vários pontos, mas isso é casual e não essencial. Sua capacidade de se conectar com pessoas não pode ser condicional. Para que você seja um persuasor poderoso, sua capacidade de persuasão não pode ter contingências. Você deve ser persuasivo com quem quer que seja. Isso significa que deve aceitar as pessoas como elas são e continuar respeitando-as, escutando-as e se importando com elas. Alguns podem pensar que fui longe demais ao dizer que a concordância é casual. É possível ter empatia com uma pessoa com a qual você não concorda em nada? Pense em seus amigos e na sua família. Provavelmente se lembrará de alguém de que gosta muito e com o qual se dá muito bem, apesar de vocês discordarem quando o assunto é finanças, política ou religião.

COMO SE CONECTAR ÀS PESSOAS

Agora vamos falar sobre como os melhores persuasores se conectam às pessoas - o que eles realmente fazem. Pesquisas do Persuasion Institute revelam fatores essenciais que estão presentes quando o público sente a maior conexão com seu persuasor. Analise a lista a seguir e verifique se você pode adicionar alguns destes itens ao seu repertório de persuasão.

- Você não faz julgamentos nem tem expectativas preconcebidas.
- Você é positivo e otimista, logo no início e durante o encontro.
- Está claro que você está lá para servir, cooperar e ajudar.
- Você é respeitoso.
- Sua linguagem corporal é aberta e amigável (contato visual, gestos, sorriso, etc.)
- Seu tom de voz é acolhedor e amigável.
- Sua escolha de linguagem e palavras é cuidadosa.
- Você fala de maneira natural e relaxada, mas ainda mantém a energia e o entusiasmo.
- Você incute no público a esperança e o otimismo.
- Você sempre parece à vontade e autêntico em sua conduta; nunca soa artificial.

Há muito o que dizer sobre linguagem corporal e outras formas de comunicação não verbal. Será que isso faz realmente diferença? Faz toda a diferença. Cada gesto que você faz tem o poder de atrair ou repelir o público. Nada é neutro. Se de fato existe uma maneira de aumentar sua capacidade persuasiva e ajudar o público a se sentir mais à vontade ao se conectar com você, por que não usar isso a seu favor? Albert Mehrabian, especialista na compreensão da comunicação, delineia três maneiras diferentes pelas quais somos percebidos:

1. **Visualmente** - linguagem corporal, aparência - **55%**
2. **Vocalmente** - o tom em que suas palavras são ditas - **38%**
3. **Verbalmente** - as próprias palavras proferidas - **7%** [8]

Como pode ver, nossa autorrepresentação visual, inclusive a linguagem corporal, tem função primordial na determinação de como seremos percebidos pelos outros. A maioria dos estudos mostra que a maior parte da nossa comunicação é **não verbal**, e que as pessoas costumam dar maior importância à nossa comunicação não verbal do que às nossas palavras (isso explica o ditado: "Ações falam mais alto do que palavras"). A maioria de nós simplesmente não tem consciência da potência da nossa comunicação não verbal. Não percebemos ela oferece um baú de tesouros com várias possibilidades. Você sabia que os músculos faciais podem gerar mais de 250.000 expressões diferentes?[9] E, mesmo que tivéssemos consciência disso, saber como utilizar as informações é outra história.

Você já teve a oportunidade de se ver em um vídeo e detestar a experiência? A maioria do persuasores não tem consciência de seu comportamento não verbal. Uma boa forma de aumentar sua consciência é praticar na frente de um espelho ou, melhor ainda, gravar a si mesmo. Colocar-se no lugar do público e observar-se sob a perspectiva do outro lhe proporcionará um aprendizado bem maior do que qualquer outro método.

Ter prática em linguagem corporal não é apenas importante para determinar a impressão que você causa como um persuasor; isso também o ajuda a detectar quando o público está mentindo. Isso ocorre porque é muito difícil para alguém controlar toda a sua comunicação não verbal quando esse alguém está sendo falso. Vejamos uma breve lista de alguns sinais enganosos:

- Contato visual forçado
- Contato visual inconstante
- Hesitação
- Fala inconstante
- Passa a mão no rosto
- Usa muitos marcadores de pausas no discurso

Persuasores experientes compreendem o comportamento não verbal. Essa compreensão ajuda você a dar sentido aos sinais de interesse ou aquisição por parte do público. Eles estão prontos para aceitar a oferta ou continuam resistindo a você e à sua mensagem? Os estudos comprovam, e os melhores persuasores sabem, que as expressões faciais, olhar-se muito no espelho, mudanças na expressão dos olhos e perguntas específicas feitas ao público determinam se o público está sendo persuadido ou se está pronto para comprar. Passe algum tempo com eles para dominar a habilidade de reconhecer esses sinais. Isso é essencial para a grande persuasão. O seu público está dizendo a você que está pronto para sair. Você está escutando ou continua na mesma lengalenga?

Você terá mais possibilidades de se conectar melhor e, portanto, de persuadir melhor, quando conseguir identificar com eficácia os sentimentos e emoções do seu público. Carregamos nossa psicologia dentro e sobre os nossos corpos. Gostemos ou não, nossos corpos refletem o que está acontecendo dentro de nós. Ser capaz de discernir o estado psicológico e emocional do seu público através da observação ajuda-o a saber o que dizer e o que fazer em seguida. A comunicação não verbal do público o ajuda a saber como ajustar, monitorar e aperfeiçoar o ciclo persuasivo.

O simples ato de dar um aperto de mãos em alguém é muito significativo. Às vezes, este é o seu único contato físico com o público, e este é um sinal comum de respeito. Ele pode comunicar força, fraqueza, indiferença, acolhimento, consideração ou até mesmo desrespeito. O seu público escolherá e julgará todos os aspectos do seu aperto de mão. Eles estão julgando você quanto a:

- Tempo de contato visual
- Continuidade do aperto
- Duração do aperto
- Tipo de aperto
- Nível de umidade/secura das mãos
- Profundidade da interconexão
- Postura
- Uso da outra mão[10]

Podemos decodificar uma mensagem não verbal a uma enorme velocidade e com incrível precisão. A comunicação não verbal é decodificada no sistema límbico do nosso cérebro, onde expressões e reações emocionais autênticas são controladas. Estas atividades fazem parte da nossa mente subconsciente. Como tal, nossa comunicação não verbal transmite nosso estado emocional, nossos sentimentos e até mesmo nossa tensão. Lembre-se de que 95% de toda a persuasão é subconsciente. Nós apenas sentimos isso. A mesma tendência vale para a comunicação não verbal: **é apenas algo que nós percebemos**.

Como detectar confiança, tensão, desconforto ou mesmo medo? Nossos sentimentos e reações à comunicação não verbal costumam ficar abaixo do radar e, em geral, ocorrem em uma fração de segundos. Microexpressões surgem no seu rosto e desaparecem rapidamente. Essas expressões aparecem instantaneamente como reação a um evento emocionalmente provocante e é quase impossível reprimi-las. Elas revelam a verdadeira emoção ou sentimento de uma pessoa.[11] Também é interessante notar que, se você pedir para uma pessoa imitar ou compor seu rosto a fim de parecer-se com determinada emoção, ela vivenciará esse sentimento. Estudos mostram que estas mudanças nas expressões faciais também correspondem às mudanças precisas na atividade fisiológica que se parece com a emoção ou o sentimento real.[12]

RECONHECENDO TIPOS DE PERSONALIDADE

Grande parte da conexão a pessoas e da construção de empatia se resume a identificar os tipos de personalidades com os quais você está lidando. Para tipos de personalidades parecidas com a sua, provavelmente você estabelecerá conexão e empatia com certa rapidez e facilidade. Mas e quanto às personalidades que diferem totalmente da sua? Já falamos sobre isso anteriormente - para ser um excelente persuasor, você precisa ter a habilidade de se adaptar a cada indivíduo, seja qual for sua origem. Independentemente de você simpatizar ou não com alguém, você está tentando influenciá-lo e ajudá-lo a tomar uma decisão com maior facilidade. Você faz isso "harmonizando-se" com a personalidade desta pessoa. Se você conseguir apresentar um estilo com o qual ela se sinta à vontade, será mais persuasivo. Caso contrário, você pode dizer tudo certo, fazer tudo "como manda o figurino" e mesmo assim não agradá-la. Tenho a certeza de que você se recorda de uma situação em que você não comprou simplesmente porque não gostou do persuasor e nada mais. Somos criaturas emocionais e queremos gostar da pessoa que está nos persuadindo. A meta é persuadir outros da forma como eles desejam ser persuadidos, e não da forma como você gosta de ser persuadido.

Aprendi com os melhores persuasores que a arte de adaptar-se às pessoas com quem você trabalha lhe possibilita sentir o estilo **delas**. Acostume-se com o estilo, as preferências, os desejos e as expectativas das pessoas antes de tentar persuadir. Isto pode ser feito através da observação no primeiro encontro, em outras visitas e à medida que vocês se conhecem melhor.

Psicólogos e outros cientistas sociais desenvolveram muitas classificações diferentes para avaliar e analisar personalidades. Se você conseguir perceber traços de alguns dos tipos mais comuns de personalidades, isso poderá lhe dar pistas de como conhecer melhor seus colegas de trabalho. Veja alguns exemplos de como diversas escolas de ciências sociais categorizam os quatro tipos básicos de personalidades:

Grupo 1	Grupo 2	Grupo 3	Grupo 4
Amarelo	Branco	Azul	Vermelho[13]
Apoiador	Reflexivo	Emotivo	Orientador[14]
Tartaruga	Esquilo	Apressado	Coruja[15]
Amigável	Analítico	Expressivo	Condutor[16]
Apoiador/despojado	Conservador/contido	Fácil adaptação/trato	Controlador/cativante[17]
Gregário	Pensador	Socializador	Orientador[18]
Perceptivo	Sensório	Sensorial	Julgador[19]

Constante	Consciente	Influenciador	Dominador[20]
Amigável	Sistemático	Social	Positivo[21]
Confiante	Melancólico	Fleumático	Colérico[22]

Apesar de detestarmos ser separados em categorias, todos nós pertencemos a um tipo de personalidade distinta ou, no mínimo, a uma **orientação** de personalidade - nossa conduta a maior parte do tempo em termos de como agimos e reagimos à maioria dos estímulos. Isso significa que somos criaturas bem previsíveis. Para o melhor persuasor, é essencial se tornar um aprendiz da natureza humana para ser capaz de prever a orientação de personalidade das pessoas.

Esteja sempre em busca de atitudes, traços e comportamentos em cada estilo. Um ótimo persuasor sabe que existe uma grande diferença entre os seguintes estilos:

- Expressivo vs. passivo
- Amigo vs. inimigo
- Superioridade vs. inferioridade
- Impositivo vs. receptivo
- Controlador vs. submisso
- Decidido vs. indeciso
- Casual vs. profissional
- Animado vs. apático
- Resultados vs. relacionamento
- Manipulador vs. sincero
- Acessível vs. reservado
- Empolgante vs. chato
- Impaciente vs. tolerante
- Capcioso vs. honesto

O HUMOR PODE AJUDÁ-LO A SE CONECTAR A QUALQUER PESSOA

O ator John Cleese disse certa vez: "Se conseguir fazer você rir comigo, significa que você gosta mais de mim e, assim, está mais aberto às minhas ideias. E se conseguir persuadi-lo a rir do que estou tentando transmitir, ao rir disso você reconhece a sua verdade." Compreender o valor do humor em um contexto persuasivo permite a você alavancar muito. Sua tarefa não é apenas perceber profunda influência do humor, mas também desenvolver as habilidades necessárias para ser capaz de usá-lo de maneira poderosa e ética. Quanto mais você incorporar o humor em suas apresentações, mais notará que quase sempre há espaço para o humor.

Pesquisas mostram que o humor pode ter todos os seguintes efeitos:

- Cria um ambiente positivo.
- Aumenta a atenção e o envolvimento do público.
- Torna as apresentações mais memoráveis.
- Diverte e energiza.
- Torna persuasores mais simpáticos.
- Ajuda a estabelecer empatia e conexão com o público.
- Aumenta a receptividade do público.
- Torna o público mais confiável.
- Desarma a negatividade, o ceticismo e a resistência.
- Desvia atenção do público do excesso de análise.

Os melhores persuasores naturalmente desenvolvem empatia ao fazer uso do humor. Sempre soube que o humor tinha algum efeito sobre a empatia, mas minhas pesquisas têm revelado que o efeito vai além de todas as minhas expectativas. Em última instância, sua meta como persuasor é dar ao público a motivação necessária para dar o próximo passo. Você deseja que eles encontrem uma nova perspectiva que inspire-os e traga-lhes esperança. Pense no seu humor como algo que tem um efeito terapêutico capaz de oferecer ao público o fortificante que eles precisam para confrontar seus desafios. Dwight D. Eisenhower disse: "O riso pode aliviar a tensão, atenuar a dor da decepção e fortalecer o espírito para enfrentar as tarefas tremendas que sempre teremos pela frente." É pouco provável que seu público se sinta zangado, deprimido, ansioso, culpado ou ressentido enquanto estiver apreciando o seu lado humorístico. O seu humor pode ter um efeito dominó de boa vontade e instilar emoções positivas no público. Se você conseguir ajudar membros do público a se sentirem mais felizes, em troca você abrirá as portas trancadas da persuasão e da influência. O humor também aumenta a energia e a produtividade, que alimentam ainda mais as emoções positivas do público.

Mas deve-ser ter cautela ao empregar o humor. Se ele for usado de forma inadequada, poderá ser ofensivo e levar o público a ficar contra você. O humor só deve ser usado como uma interrupção agradável, mas moderada. Uma regra prática importante: se você não costuma ter jeito para contar piadas, não tente fazê-los rir quando estiver em uma situação persuasiva. Certifique-se de que seu material seja bom. Um humor sem graça acaba sendo não apenas ineficaz, mas também irritante. Modifique seu humor para adequá-lo ao seu público. Quando o público se sentir à vontade com você, eles ficarão em maior sintonia com sua mensagem e estarão mais propensos a permanecer atentos. Não se desespere se ninguém rir. Na verdade, muitas pessoas não rirão, mas estarão sorrindo por dentro. Se o seu público estiver sorrindo, física ou mentalmente, significa que você conseguiu fazer um bom trabalho para aumentar sua capacidade de persuadi-los.

Este humor vital para persuasores não apenas conecta você ao público, mas também aumenta a atenção das pessoas em você e na sua mensagem.[23] O humor pode aperfeiçoar ou depreciar sua mensagem. Pesquisas mostram que o humor relevante para a sua mensagem funciona (dependendo da forma como a mensagem é articulada), mas quando ele é irrelevante, interrompe a sua mensagem.[24]

O humor coloca o público em um bom estado de espírito. Quando o público tem uma boa disposição, é menos provável que ele discorde de você.[25] Quando você desenvolve empatia com o público, eles passam a gostar mais de você.[26] O humor também aumenta a confiança.[27]

A habilidade de utilizar o humor pode ser aprendida e dominada, mas somente através de prática consistente. Às vezes, você pode falhar, mas não desista até conseguir aproveitar o poder de fazer outros rirem. Assim, todos sempre se sentirão bem quando estiverem na sua presença. E eles também passarão a levar mais a sério o que você tem a dizer. O humor o habilitará a motivar e influenciar os outros de forma produtiva, positiva. **Humor é empatia.** Por exemplo, você deve ter notado que utilizei as histórias em quadrinhos de Randy Glasbergen em todos os capítulos para despertar um sorriso. Os quadrinhos dele são tão fáceis de utilizar e podem criar esta conexão instantânea nas suas apresentações. Visite www.glasbergen.com para obter mais informações sobre como utilizá-los - e para obter mais quadrinhos.

ESPELHAMENTO E PROCURA POR ALGUÉM SEMELHANTE: A CIÊNCIA DA SINCRONIZAÇÃO

Faz parte da natureza humana espelhar-se em alguém semelhante ou "sincronizar" com pessoas que tenham alguma coisa em comum conosco.[28] Fazemos isso sem pensar. Isso ocorre tão rápido e de forma tão subconsciente que, sem um *replay*, é improvável que alguém perceba que fez isso.[29] E se você tivesse consciência disso? Será que poderia usar isso para ajudá-lo a ser ainda mais persuasivo? Pesquisas apontam que sim. Quando você se espelha no seu público, cria empatia com ele.

O espelhamento opera em um nível subconsciente e demonstra que as partes estão começando a sincronizar e criar empatia. As pessoas

Você pode desenvolver empatia ao espelhar seu público nas seguintes áreas:

- Estado emocional
- Nível de energia
- Linguagem
- Nível de respiração
- Padrões e inflexões da voz
- Estado de espírito

estão inclinadas a seguir e obedecer aqueles que percebem como semelhantes a elas. Se mudam a postura, elas também acabam fazendo o mesmo. Se cruzam as pernas, você também deve cruzar as suas pernas. Se sorriem, você também sorri. Quando você se espelha nelas, em nível subconsciente eles sentem que você tem muito mais em comum com eles do que de fato tem. **Por que isto ocorre?** Ele gosta de você porque você é como ele. Ele percebe você da mesma maneira que percebe a si próprio. Ao espelhar-se em alguém semelhante, você deseja que o público diga de maneira subconsciente: "Parece que já conheço você há anos." O espelhamento acelera o processo de conexão e comunicação eficaz com qualquer pessoa.

É claro que é fundamental que o espelhamento e a procura por alguém semelhante pareçam naturais. Os melhores persuasores sabem como espelhar ou refletir as ações do público, sem imitá-las. Se as pessoas acharem que você está imitando elas, poderão se sentir ridicularizadas e ofendidas. Elas o considerarão falso e não confiarão mais em você. Em vez de imitar diretamente, simplesmente espelhe-se em ou encontre alguém com tom de voz e comportamento geral semelhante ao seu alvo em potencial. Você pode espelhar-se com segurança em aspectos tais como linguagem, postura, gestos e humor. A realidade é que o **espelhamento** é o melhor profeta da empatia.[30]

HABILIDADE INTERPESSOAL: O SEGREDO DA EMPATIA SÓLIDA

Este princípio pode parecer extremamente óbvio, mas trata-se de mais uma daquelas áreas de habilidades em que achamos que somos peritos, quando, na verdade, ainda não dominamos. Descobrimos que **96%** dos pesquisados se classificam como melhores do que realmente são em termos de habilidades interpessoais. Lembre-se de que o fator que mais leva pessoas a perderem o emprego é sua incapacidade de trabalhar bem com os outros. Igualmente, vários estudos apontam que apenas

15% do sucesso no trabalho e no gerenciamento se deve à inteligência ou ao treinamento técnico, enquanto os outros **85%** se devem à aptidão para lidar com pessoas com sucesso. Roger Ailes, consultor de relações públicas dos presidentes Ronald Reagan e George H. W. Bush, falou o seguinte sobre o assunto: "Seria ótimo se você conseguisse dominar apenas um elemento da comunicação interpessoal que é o mais poderoso de todos... estou falando da **qualidade de ser afável**. Chamo isso de bala mágica, pois, quando o público gosta de você, eles perdoam quase todos os seus outros erros. Mas, quando não gostam de você, mesmo que faça tudo conforme o figurino, isso não adiantará."

Há livros inteiros dedicados ao assunto; então, aqui gostaria de destacar apenas alguns dos conceitos básicos que os melhores persuasores dominam.

1. **Mostrar consideração** – Mostrar consideração significa apresentar uma atitude amigável sincera e boa vontade para com os principais interesses da outra pessoa. Significa agir com consideração, polidez e civilidade. Esta é a base de todas as interações e gera uma atitude de consideração também por parte do outro.

2. **Ser positivo** – As pessoas querem estar na companhia daqueles que são positivos e otimistas. Concentre-se no que é positivo e traga esperança para o público. Mensagens de esperança revelam o melhor nas pessoas e criam uma imagem positiva sobre você e seu cargo.

3. **Lembrar-se de nomes** – Uma das formas mais rápidas de criar uma ligação imediata com as pessoas é lembrar-se do **nome delas**. Nos primeiros dez segundos da conversa, procure falar com o público usando os nomes das pessoas. Isso indica ao público que você se importa com eles e valoriza-os como pessoas. Pesquisas também mostram que isso aumenta a sua capacidade persuasiva.

4. **Sorrir** – Um sorriso ajuda a causar uma ótima primeira impressão e demonstra felicidade, aceitação e confiança. Seu sorriso mostra que você está satisfeito em estar bem ali, conversando com aquela pessoa. Como resultado, o público fica mais interessado em estar na sua companhia.

5. **Construir uma relação de respeito** – Quanto mais o público respeitá-lo, mais persuasivo você será. A construção do respeito costuma levar algum tempo, mas você pode facilitar bastante esse processo. Lembre-se de que a forma como você leva uma pessoa a se sentir em relação a si mesma exerce forte influência sobre a maneira como ela se sente em relação a você.

COMO A APARÊNCIA PODE FORTALECER OU ENFRAQUECER A EMPATIA

Goste você ou não, a aparência seguramente afeta sua capacidade de obter e manter a empatia. Sua aparência física, suas roupas, os itens que se encontram no seu escritório e seus acessórios pessoais fazem parte da sua aparência. A aparência reside em coisas simples que a maioria das pessoas negligenciam, tais como estar em forma e ficar atento ao peso, escolher roupas que lhe caiam bem, prestar atenção nos acessórios (como joias, óculos, brincos etc.) ou estar com o cabelo arrumado. Um estudo da Universidade de Pittsburgh mostra que também existe uma **correlação direta** entre a **boa aparência** e **rendas maiores**.[31] O saldo final é que pessoas atraentes são mais persuasivas do que indivíduos menos atraentes.[32]

A aparência abrange as seguintes áreas:

- Estilo de penteado
- Vestuário
- Peso
- Sapatos
- Rosto

- Cortes de cabelo estranhos
- Mãos
- Cuidado com as unhas
- Joias
- Acessórios

A atratividade física pode disparar maior:

- Confiança
- Força
- Ousadia
- Franqueza
- Acolhimento
- Gentileza
- Cordialidade
- Sensibilidade

- Autocontrole
- Empolgação
- Incentivo
- Relacionamentos felizes
- Sucesso social e profissional
- Prestígio
- Realização na vida[33]

Como pode perceber, ser "atraente" requer mais do que simplesmente ser bonito ou ter boa aparência. Isso diz respeito a pessoa como um todo, por dentro e por fora. Quando entramos em contato com alguém do sexo oposto, o conceito de atratividade é ampliado. Mulheres atraentes conseguem persuadir mais facilmente os homens do que mulheres não atraentes, e homens atraentes conseguem persuadir mais facilmente as mulheres do que homens não atraentes. Este tipo de atração funciona porque gera um disparador de associação positiva, prende a atenção das pessoas e cria estima.[34] Quando um persuasor é agradável e otimista, estes traços aumentam o poder de atração.[35]

COMO A SIMILARIDADE E A FAMILIARIDADE FORTALECEM A EMPATIA

A teoria da similaridade afirma que gostamos mais de objetos familiares do que dos não familiares. O mesmo vale para pessoas: gostamos das pessoas que são parecidas conosco. Esta teoria parece ser verdadeira quando falamos de traços em comum em termos de opiniões, traços de personalidade, formação ou estilos de vida. Se você observar pessoas em uma festa, notará que elas se sentem atraídas por pessoas com quem têm semelhanças. Como persuasor, você poderá aumentar sua capacidade de conexão com o público se ele sentir que tem muito em comum com você.

Veja algumas formas pelas quais os melhores persuasores tentam descobrir traços em comum:

- Valores
- Metas
- Interesses
- Histórico, experiência anterior
- Ponto de vista
- Atitude
- Moralidade
- Aparência
- Formação socioeconômica
- Nascido na mesma região geográfica

Estas são algumas ideias (de grandes persuasores) de procedimentos para saber se você tem semelhanças com a outra pessoa:

- Falar sobre suas experiências e formação pessoal.
- Mostrar-se uma pessoa agradável.
- Apresentar-se de maneira profissional e alinhado.
- Concentrar-se em aspectos positivos.

- Compartilhar conhecimento e informações.
- Ser um ouvinte ativo.
- Utilizar o humor com moderação.
- Mostrar-se aberto ao diálogo.

As pessoas detestam serem tratadas como crianças. Perguntas insultantes, atitudes transigentes ou a simples arrogância fazem parte desta categoria. À medida que os melhores persuasores encontram atitudes semelhantes entre eles e o público, a atração em relação a esses ótimos persuasores se torna mais positiva.[36] As pessoas se associam a e interagem com aqueles que consideram parecidos com elas. A simpatia por alguém em geral se baseia em traços comuns como amigos, gênero, idade, escola, formação educacional, interesses profissionais, proximidade entre as residências, *hobbies* e formação étnica. Os melhores persuasores encontram aceitação em diferentes áreas.

PROXÊMICA: A CIÊNCIA DO ESPAÇO

O antropólogo Edward T. Hall criou a **ciência da proxêmica**, que estuda como as pessoas utilizam, reagem a, configuram e ocupam o espaço ao seu redor. Todos nós queremos ter nosso próprio espaço e nos sentimos desconfortáveis quando as pessoas violam nosso território pessoal. Embora possa parecer óbvio demais, pesquisas mostram que muitos persuasores ficam íntimos demais, rápido demais. O desrespeito ao espaço pessoal do seu público, especialmente quando no primeiro encontro, com certeza não gera empatia. Muitos persuasores nem sabem que estão violando o espaço do público. Talvez pensem que, por exemplo, ao se aproximar ou tocar no braço de membros do público, serão vistos como afetuosos e solícitos. Mas este gesto pode realmente gerar uma reação inversa. Imagine como você se sentiria na situação descrita a seguir. Você vai a um cinema com 150 assentos, mas apenas dez pessoas estão assistindo ao filme. O costume social manda que todos se espalhem pela sala. Digamos que você escolha um assento e a pessoa mais próxima esteja a uma distância de 6 m. Como você se sentiria se um desconhecido chegasse e se sentasse ao seu lado nesta sala de cinema com tantos lugares vagos? Isso seria uma violação ao seu espaço pessoal.

Para compreender a proxêmica, é preciso compreender o que é território e a função da dominação. O escritório maior, o braço na poltrona do avião, a cadeira mais larga, sentar-se à cabeceira da mesa de conferência, ficar muito próximo de uma pessoa - tudo isso tem um significado oculto. Você pode ter um indício de que a pessoa não gosta de ser tocada ou que prefere não conversar tanto logo no começo. E isso pode eliminar suas chances de agradar o outro e de criar empatia. Fique atento. O que o público acha da forma como você faz uso do espaço? É melhor pecar pelo excesso do que pela escassez de espaço.

Será que a ciência da proxêmica tem realmente importância? A distância que você mantém ou não de uma pessoa quando a persuade transmite uma mensagem. Os melhores persuasores compreendem a empatia e a comunicação interpessoal, e respeitam o espaço de cada pessoa. Você descobrirá que o espaço entre uma pessoa e um persuasor afeta a maneira como eles conseguem interagir entre si e a mensagem transmitida por esta interação. Quando nos sentamos à mesa socialmente ou no trabalho, cada um de nós desenha linhas invisíveis de nosso espaço pessoal percebido. Quando essas linhas territoriais invisíveis são violadas, gera-se uma tensão. Todos nós temos regiões ou áreas onde permitimos ou evitamos que os outros entrem. Os melhores persuasores reconhecem quando um convite para entrar na zona particular do público está sendo estendido.

Você, o **persuasor**, não deve violar a área íntima do seu público. Na América do Norte, a distância entre duas pessoas deve ser em torno de 61 cm, contando a partir do rosto. A maior parte das interações sociais ocorrem a uma distância de 1 a 4 m. Esta preferência pelo espaço pessoal varia de uma pessoa para a outra, mas também entre diferentes culturas. Por exemplo, no Oriente Médio ou na América Latina, a distância é quase 50% menor.[37] Na Alemanha, por outro lado, a distância é maior. É cômico observar duas pessoas de duas culturas diferentes tentando se comunicar. Uma está violando o espaço pessoal da outra, enquanto a outra dá alguns passos para trás para tentar retomar seu espaço pessoal. Os dois parecem estar executando passos de uma dança para manter e retomar um espaço de comunicação confortável.

ASSOCIANDO TUDO

"Uma vez derramada a água do balde, é difícil retorná-la ao balde."
— **Provérbio chinês**

A primeira impressão que você deixa é fundamental. Não importará a velocidade do seu carro ou o seu desempenho se ele estiver arranhado ou com pintura velha. Aquela primeira impressão de um carro arranhado e sujo inibirá sua capacidade de convencer alguém de que trata-se de um ótimo carro. A capacidade de criar e estabelecer um relacionamento é essencial para seu sucesso como persuasor.

Aprender a estabelecer uma conexão instantânea e a desenvolver empatia de longo prazo aumentarão sua capacidade de persuadir. Faça ajustes ao seu radar para compreender como melhor reagir à pessoa que você está persuadindo. Lembre-se de que as primeiras impressões duram muito tempo e que é difícil mudá-las. A aplicação destes princípios garantirá que seus primeiros encontros transcorram normalmente. Depois de estabelecer essa primeira conexão, você poderá se concentrar em manter uma empatia sincera e duradoura. Você saberá identificar se conseguiu se conectar e estabelecer empatia. O seu público ficará à vontade. Eles estarão contentes, relaxados e amigáveis. Suas trocas fluirão de forma bem natural, como se você estivesse falando com um velho amigo.

Então, você atrai ou repele as pessoas? É claro que você responderá que atrai, mas não estamos falando do que **você** pensa, e sim do que o seu público acha sobre esse assunto. Quer realmente saber? Visite www.persuasioniq.com e descubra as dez coisas que você pode estar fazendo para repelir o seu público (talvez você nem tenha consciência disso).

CAPÍTULO 6

Habilidade de QP 4

Estabelecendo a confiança automática

A **confiança** é essencial na persuasão. Infelizmente, vivemos um momento e uma época em que as pessoas estão cada vez mais céticas e desconfiadas. Há vinte anos, a mentalidade era: "Confio em você; me dê um motivo para **desconfiar**." Hoje a mentalidade é outra: "Não confio em você; me dê um motivo para **confiar**." Poderíamos dizer até que a confiança está baixa o tempo todo e continua caindo. Lá se foi o tempo em que havia um padrão de confiança, independentemente de sua origem. Uma pesquisa realizada pelo Gallup descobriu que a maioria das pessoas sentem que você não pode ser cuidadoso demais ao lidar com os outros.[1] Outro estudo indicou que apenas 4% dos respondentes sentiram total confiança em qualquer um dos persuasores com os quais fizeram negócios nos últimos vinte e quatro meses.[2]

O que isto significa para você como persuasor? Significa que você não pode pressupor que as pessoas confiam em você. Esta pressuposição é um dos erros de persuasão mais comuns. Muitos persuasores acham que, como são amigáveis ou ajudam as pessoas a se sentirem à vontade, automaticamente são confiáveis. Estudo mostram que nada pode ser mais poderoso do que a verdade. Um estudo conduzido pelo Persuasion Institute monitorou situações persuasivas e, depois, perguntou aos persuadidos em potencial e aos persuasores sobre o nível de confiança estabelecido entre os dois. Apenas **12%** dos persuadidos em potencial confiavam nos seus persuasores, enquanto **88%** dos persuasores achavam que tinham estabelecido uma relação de confiança com o público. É mais seguro pressupor que o público enxerga você da mesma forma que o resto do mundo em que ele não confia. Não tenha tanta certeza de que existe de fato a confiança. Você precisa trabalhar para conquistar e desenvolver uma confiança que é instantânea, autêntica e duradoura. O saldo final é que os melhores persuasores conseguem estabelecer confiança instantânea.

> *"De que adianta carregar um guarda-chuva se os seus sapatos estão furados?"*
> — **Provérbio irlandês**

O seu produto pode ser o melhor do mundo, mas, sem confiança, não haverá persuasão. A confiança pode ser um conceito ambíguo, mas determinadas coisas são bem claras: 1º) Você não pode fazer com que outros confiem em você, a menos que primeiro confie em si mesmo; e 2º) Sua mensagem não será convincente para os outros, a menos que ela seja convincente para você.

Sempre que alguém tenta nos influenciar, fazemos os seguintes questionamentos em nossa mente: "Posso confiar nesta pessoa? Acredito nele? Ela está mesmo preocupada comigo?" Há menos chances de sermos influenciados quando percebemos que a pessoa que está tentando nos persuadir é movida exclusivamente por interesse próprio. A confiança é como a cola que mantém todo o processo de persuasão coeso. A confiança é criada quando você coloca os interesses e desejos do público antes dos seus. Muitas vezes, a confiança surge quando o público sente que você é previsível. Para algumas pessoas, a confiança é um ato de fé; elas simplesmente desejam e precisam acreditar nas intenções do persuasor. Pesquisas mostram que, no fundo, as pessoas querem confiar nos outros.

Se você não consegue pressupor que o público automaticamente confia em você, concentre-se em como adquirir este senso de confiança o mais cedo possível no processo de persuasão. Para fazer isto, que tal primeiro compreender como a confiança funciona? A maioria das pessoas não conseguem explicar por que confiam em determinadas pessoas mais ou menos do que em outras. Em geral, não há muito pensamento racional envolvido; o mais comum é a pessoa ter um instinto ou sensação em relação a certa pessoa. Seu público analisará você, tentando descobrir se pode ou não confiar em você e até que ponto. Lembre-se de que esta é uma escala variável. Isso significa que você deseja ser visto de cara como alguém digno de confiança, antes mesmo de os membros do público o conhecerem (pois, seja isso justo ou não, eles já estão fazendo julgamentos de valor sobre você a esta altura). Então, você pode demonstrar que esta capacidade de ser digno de confiança é autêntica através de sua correspondência e interações. Ganhar e manter a confiança de curto e de longo prazos é vital para o seu sucesso como persuasor.

> Há alguns exemplos em que a importância da confiança é ainda mais ampliada. Estar consciente destas situações pode ajudá-lo a dedicar mais atenção e energia eficazes para estabelecer e desenvolver a confiança. Considere as seguintes situações:
>
> - É a primeira vez que você encontra esta pessoa.
> - Há um mal-entendido ou um conceito errado sobre o seu setor.
> - O público nunca ouviu falar do seu produto.
> - O público desconhece a sua empresa.
> - O público considera o preço da compra alto demais.
> - Você ou a sua empresa faz o primeiro contato.
> - A empresa que você representa tem um histórico ruim.
>
> A confiança também é maior ou menor de acordo com a sua ocupação ou profissão. Por exemplo, médicos costumam inspirar mais confiança do que advogados. A confiança geral de um indivíduo em determinado setor ou profissão é determinada não apenas pela experiência, mas também, em grande parte, pelos boatos e reputação (especialmente se ele não tem nenhuma experiência direta neste setor). O Persuasion Institute fez várias pesquisas de opinião em que os níveis gerais de confiança de diferentes profissionais foram avaliados. Em um período de cinco anos, notamos que o nível de confiança apresentou uma queda geral de 5,6%. Os níveis de confiança em algumas áreas permaneceram estáveis, enquanto outras de fato perceberam pequenos ganhos.

Veja a seguir as descobertas mais recentes do Persuasion Institute sobre níveis de confiança com base na profissão. Lembre-se de que não importa se estes valores são justos. Estamos lidando com a realidade. As pontuações se baseiam em uma escala de 100 pontos.

Ocupação	Nível de confiança	Ocupação	Nível de confiança
Bombeiros	65%	Executivos de negócios	34%
Enfermeiras	58%	Vendedores de computadores	33%
Professores escolares	57%	Agentes imobiliários	32%
Engenheiros	56%	Eletricista	31%
Contadores	55%	Empreiteiros de construção	30%
Farmacêuticos	54%	Joalheiros	29%
Professores	53%	Mecânicos de automóvel	28%
Dentistas	52%	Líderes de sindicatos	27%
Veterinários	51%	Governadores de Estado	26%
Policial	50%	Advogados	25%
Clérigo	49%	Jornalistas	24%
Proprietários de negócios de pequeno porte	48%	Grandes corporações	23%
Médicos	47%	Noticiário de TV	22%
Quiropráticos	46%	Vendedores de armas	21%
Juízes	43%	Vendedores de seguros	20%
Profissionais de creches	42%	Publicitários	19%
Oficiais do exército	41%	Corretores de ações	18%
Diretores funerários	38%	Profissionais de *marketing* de rede	17%
Banqueiros	37%	Membros do Congresso	15%
Operadores de asilos	36%	Vendedores de carros	7%
Investidores imobiliários	35%	Atendentes de *telemarketing*	6%

© 2008 Persuasion Institute

"Como todas as coisas são iguais, as pessoas optam por negociar com e indicar negócios para pessoas que conhecem, de quem gostam e em quem confiam."
— Bob Burg

OS CINCO Cs DA CONFIANÇA: SEM CONFIANÇA, NADA DE PERSUASÃO

Já vimos que não podemos pressupor que confiam em nós como persuasores. Se quisermos dominar a persuasão, precisamos garantir proativamente que a confiança seja estabelecida não apenas em nossos contatos iniciais, mas também que ela permaneça intacta a longo prazo. Agora gostaria de apresentar a você os cinco elementos essenciais para construir confiança instantânea, autêntica e duradoura. Chamo isso de os Cinco Cs da **Confiança: caráter, competência, confiança, credibilidade** e **congruência**. Se um dos cinco Cs estiver ausente, você diminuirá sua capacidade de adquirir confiança, o que fundamentalmente significa que você não terá uma persuasão duradoura. Vamos examinar cada um dos Cinco Cs da Confiança que os melhores persuasores dominam.

Caráter

Caráter é a combinação de qualidades que distinguem uma pessoa da outra. Essas qualidades constituem quem você é por dentro, e não a fachada externa que às vezes você pode querer passar. **Quem é você realmente?** O que você faz quando ninguém está observando, quando não há ninguém a quem impressionar? Como você trata as pessoas quando não precisa nada delas? O caráter também é constituído de qualidades como integridade, honestidade, sinceridade e previsibilidade. Considero um caráter sólido como a base da capacidade de uma pessoa de ser bem-sucedida. Nenhum sucesso será profundo nem duradouro em seus efeitos se ele originar-se de valores éticos, motivos ou comportamentos questionáveis. Em seu livro *best-seller The Seven Habits of Highly Effective People*, Stephen Covey oferece uma explicação poderosa sobre como o caráter é crucial para o sucesso final de alguém:[*]

> Se eu tentar usar estratégias e táticas de influência humana sobre como convencer pessoas a fazer o que desejo, a trabalhar melhor, a ficar mais motivadas, a gostar mais de mim e umas das outras, apesar de meu caráter fundamentalmente imperfeito, marcado pela duplicidade ou insinceridade, a longo prazo, não poderei ser bem-sucedido. Minha duplicidade gerará desconfiança e tudo o que faço (até mesmo o uso das chamadas técnicas de bom relacionamento humano) será visto como manipulador.

---

[*] Nota da tradutora: Tradução livre deste trecho do livro *The Seven Habits of Highly Effective People*, de Stephen R. Covey. O livro já foi traduzido para o português: *Os 7 hábitos das pessoas altamente eficazes* (Ed. Best Seller, 2005).

Simplesmente não faz diferença se a retórica é boa ou mesmo se as intenções são boas; quando há pouca ou nenhuma confiança, não há fundamento para o sucesso permanente.[3]

A revista *Newsweek* publicou suas descobertas sobre caráter no ambiente de trabalho. Fiquei surpreso ao ler no artigo que trabalhadores de hoje são mais tolerantes à decepção. Muitos trabalhadores sentem que mentir e trapacear são aceitáveis.[4] As descobertas da *Newsweek* não são isoladas. Outro estudo apontou que quase metade dos trabalhadores pesquisados se envolvem em atos antiéticos ou ilícitos.[5] Descobri em meu treinamento pessoal de persuasores que muitos admitem abertamente que gostariam que sua integridade fosse melhor.

Aonde estou querendo chegar? Tem prevalecido a opção por ignorar a honestidade e a sinceridade, mas você sempre paga um preço por isso. As pessoas conseguem farejar quando há falsidade, decepção ou falta de sinceridade. Mesmo que não percebam isso de cara, o tempo dirá. A raiz latina da palavra "sinceridade" é *sincerus*, que significa "sem cera". Os escultores de colunas às vezes utilizavam cera para ocultar seus erros e poder apresentar seu trabalho como se estivesse sem falhas. O desgaste do tempo acabou revelando sua decepção. Como resultado, uma pessoa sincera era considerada alguém sem cera ou camuflagem. O mesmo ocorre com as pessoas. A decepção que talvez consideremos inofensiva pode até nos trazer bons resultados de curto prazo, mas não trará os resultados duradouros de longo prazo. Isso também contaminará a opinião dos outros a nosso respeito.

A pior coisa para um persuasor é que membros do público provavelmente jamais o confrontarão sobre sua desonestidade ou decepção. Eles nunca dirão a você que acham que você está mentindo. Simplesmente nunca mais trabalharão com você novamente e, pelas suas costas, contarão a todos os amigos e familiares sobre a experiência ruim que tiveram com você.

"O caráter não pode ser desenvolvido na tranquilidade. Somente através da experiência da provação e do sofrimento pode a alma ser fortalecida, a visão ser clareada, a ambição inspirada e o sucesso alcançado."
— **Hellen Keller**

Mesmo que você seja uma pessoa honesta, de caráter admirável, faz parte da natureza humana fazer julgamentos precipitados e formular opiniões sem antes reunir todos os fatos. Então, se você deseja ter confiança sincera e persuasão duradoura, precisa evitar até mesmo a menor aparência de algo que possa ser considerado desonesto. Se você nunca se coloca em uma situação em que alguém pode ter uma má impressão de você ou de sua integridade, então sua boa reputação, conquistada a duras penas, jamais será comprometida. Phillips Brooks, um clérigo do século XIX, ensinou: "O caráter é formado nos menores episódios de nossas vidas." Nesses episódios, lembre-se de ser amoroso, sincero e acessível. Não embeleze a estória para fazê-la soar melhor; não omita determinadas informações para livrar sua própria pele. Coloque os interesses dos outros acima dos seus e mantenha suas prioridades em foco. Acima de tudo, exercite a autodisciplina, o autocontrole e o autodomínio. **Caráter é saber o que é certo, desejar fazer o que é certo e depois fazer o que é certo.**

"A consciência limpa nunca teme uma batida na porta na calada da noite."
— **Provérbio chinês**

Abraham Lincoln serve de modelo para qualquer pessoa que queira desenvolver o caráter. Ele disse certa vez: "Quando deixar o controle desta administração, desejo que me reste apenas um amigo. E este amigo reside dentro de mim." Esta declaração é especialmente tocante pois Lincoln foi extremamente criticado enquanto esteve no poder. Entretanto, ele sempre permaneceu fiel àquilo em que acreditava no seu íntimo ser o certo e o justo.

Competência

Competência é o seu conhecimento e aptidão em determinado assunto. A verdadeira competência é fruto de aprendizagens e experiências acumuladas a vida inteira. Há vários níveis de competência. Quando estamos observando alguém de longe, ou quando estamos encontrando uma pessoa pela primeira vez e nossa experiência com ela é muito limitada, em nosso subconsciente, vemos esta pessoa e atribuímos a ela um nível de competência específico. Essas pressuposições costumam se basear em coisas externas, tais como título, posição, altura, vestuário, conduta, tipo de carro que está dirigindo, a decoração da casa ou do escritório, a forma de andar, o tom de voz, o comportamento ou até mesmo coisas como os tipos de dispositivos eletrônicos utilizados por ela. Estas impressões iniciais são importantes. pois podem influenciar se alguém continuará trabalhando com você. Mas você precisa ter certeza de que possui a verdadeira competência, e não apenas a competência que os outros enxergam em você. Você pode realmente fazer o que afirma poder fazer? Você atinge resultados? O seu público acredita que você tem as habilidades, o conhecimento e os recursos necessários? Se você possui ou não este nível mais profundo de competência é algo que fica bem visível à medida que as pessoas interagem e trabalham com você.

Uma das melhores formas de manter a sua competência em foco é sendo um **aprendiz pelo resto da vida**. Consideramos os outros competentes quando vemos eles continuamente aprendendo e avançando em seus treinamentos e estudos. Recordo-me de certa vez que fui comprar produtos de computador e descobri que sabia mais sobre o produto do que os representantes de vendas (e eu não tinha tanto conhecimento assim). Em uma tentativa de encobrir sua falta de conhecimento, estes vendedores mal-informados tentaram esquivar-se das minhas perguntas. Se tivessem estudado mais sobre o produto, sobre a área e sobre o setor, não teriam perdido minha confiança neles como profissionais competentes e, consequentemente, não teriam perdido um cliente. Estude para se tornar o melhor na sua área. Demonstre que você conhece sua área de *expertise*. Seu conhecimento sobre o assunto deve ser maior do que o de 99% da população.

Estas são algumas formas específicas de conquistar e fortalecer sua concorrência, a real e a imaginada:

- Níveis
- Posição profissional
- Ligações com organizações respeitadas
- Publicações
- Referências
- Recomendações
- Reputação
- Ambiente externo
- Opiniões decisivas
- Depoimentos
- Paixão

Confiança

De acordo com Jay Conrad Levinson, autor do conceito de *Marketing de Guerrilha*, a confiança é o motivo nº 1 que leva às pessoas a serem persuadidas a comprar. Confiança dispara confiança. Ao demonstrar confiança em tudo que faz, você aumenta a capacidade dos outros de depositar confiança em você. Já vi várias pessoas com competência de média a medíocre conseguirem persuadir e influenciar com mais eficácia do que outros naturalmente mais talentosos simplesmente porque elas passavam mais confiança. As pessoas que mais admiramos e nas quais nos espelhamos costumam ser os tipos de pessoas que sabem o que querem e como obtê-lo. Você consegue se lembrar de uma vez em que saiu para

Pessoas pouco confiantes:

- Reagem de maneira defensiva às críticas.
- Não são sinceras sobre suas próprias aptidões/limites.
- Evitam conselhos/opiniões dos outros.
- Tendem a não aprender com os próprios erros.
- Definem metas irrealistas e têm expectativas irrealistas.
- Utilizam problemas como uma desculpa para não tentar.
- Culpam os outros pelo que dá errado.
- Evitam novos desafios e acomodam-se no que está dando certo.
- Repetem sempre hábitos de autoderrota.
- Esperam o pior, e em geral conseguem obtê-lo.[6]

comprar algo e o representante de vendas parecia pouco à vontade? Aposto que ficou com menos vontade de comprar, mesmo que inicialmente estivesse muito interessado em fazer a aquisição.

Pessoas que não têm confiança sempre se esforçarão muito para influenciar os outros com eficácia. Se o público enxerga você como inseguro e pouco confiante, ele também se sentirá assim - em relação ao produto, à sua ideia e a tudo que você tentar apresentar. Não entre em pânico se você não se sente totalmente confiante 100% do tempo. A confiança total em si mesmo só vem com experiência, tempo, prática e paciência.

Como a confiança é essencial, precisamos compreender o que a impede. Isso pode ser resumido em uma palavra: **medo**. Todas as dúvidas, questionamentos, preocupações, inseguranças podem ser atribuídos de alguma forma ao medo, de alguma forma, esteja ele bem oculto ou bem evidente. Você precisa verificar se sua confiança e comprometimento com o sucesso são maiores do que os seus medos. Qual é a percepção do seu público? Você tem medo de pegar o telefone e falar com as pessoas? O desejo de superar seus medos precisa ser maior do que o medo em si. Quando você tem medo, esse medo gera dúvidas e consome toda a sua energia. Não há mal nenhum em ter medo, mas você precisa ser capaz de lidar com ele e gerenciá-lo. Pense nestes fatores que inibem nossa confiança e alimentam nossos medos:

- Falta de crença em si mesmo
- Foco nas falhas anteriores
- Pensamentos destrutivos
- Preocupação

- Atitude negativa
- Indecisão
- Hesitação
- Humor

Talvez você esteja se perguntando: "Se um persuasor parece confiante demais, isso também pode acabar afetando a capacidade de persuadir?" A resposta é um **"sim"** enfático. O importante é que você não pareça pretensioso nem arrogante. Como saber diferenciar isso? Tudo se resume à intenção. A confiança é motivada por um desejo sincero de servir - você pode ajudar a fazer diferença e sabe que pode fazer um bom trabalho. Sabe que tem as ferramentas, recursos, aptidão e inclinação para cumprir o que é exigido de você. Em contraste, a pretensão é orientada por uma necessidade de servir a si mesmo, em vez de servir os outros. No fundo, a pretensão acaba revelando a insegurança, que é o oposto da confiança. O aspecto diferenciador parece ser a intenção. Pessoas convencidas buscam aprovação, reconhecimento e mérito das fontes erradas, da maneira errada e pelos motivos errados. Na verdade, elas estão em busca de tapinhas nas costas como incentivo. A pessoa pretensiosa é centrada em si mesma, enquanto a pessoa confiante é centrada nos outros. A pretensão é associada ao persuasor e a confiança é associada ao cliente.

Se o público perceber qualquer sinal de orgulho ou superioridade, o jogo estará acabado, pois parece que você não estava confiante o suficiente. Não importa se você diz e faz tudo certo. Se você mostra desinteresse

"NOVE ENTRE 10 PESSOAS DISCORDAM DA MINHA IDEIA, CUJA MENSAGEM É BEM CLARA - NOVE ENTRE 10 PESSOAS SÃO IDIOTAS!"

O comportamento pretensioso ou arrogante em geral evoca estes tipos de reclamações:

- Ele agiu como se fosse o dono do lugar.
- Ela me tratou como se eu fosse uma criança.
- Ela ignorou a minha vontade.
- Ele não pediu permissão para...
- Ele culpou os outros.
- Ela não assumiu a responsabilidade pelo seu erro.
- Ele nunca respondeu a minha pergunta.
- Ela acha que sempre está certa.
- Ele é arrogante e transigente.

pelas pessoas, a causa está perdida. Se eles não gostam de você, não permitirão ser persuadidos por você. Veja algumas outras formas através das quais você pode evitar a armadilha de ser visto como confiante demais:

- Mostre-se sempre genuinamente aberto ao *feedback* e às críticas.
- Mostre-se disposto a ouvir - não seja o único a dominar a conversa.
- Admita quando estiver errado.
- Seja sincero em relação aos pontos fortes e fracos do seu produto e dos produtos da concorrência.
- Nunca interrompa.
- Faça perguntas para demonstrar interesse e consideração *e* **também** para verificar se compreende claramente as necessidades e desejos do seu público.
- Utilize a credibilidade externa (depoimentos, recomendações, referências etc.) em vez de "tocar o seu próprio berrante".

Credibilidade

Quando o Persuasion Intitute fez uma pesquisa junto a respondentes para verificar qual dos Cinco Cs eles consideram mais importante, **44%** disseram que é a credibilidade. O interessante é que, apesar de sua importância, os respondentes disseram que a credibilidade só foi de fato estabelecida em 11,4% dos casos. Por que uma taxa tão baixa? É bem difícil conquistar a credibilidade hoje do que era no passado. A maioria dos consumidores são bem sofisticados e desenvolveram um certo cinismo em relação a tudo que lhes é apresentado de forma exagerada e sem fundamento. Pessoas que se "queimaram" no passado desenvolvem uma forte resistência a quase todas as mensagens persuasivas às quais são expostas.

Como superar esta falta de credibilidade? Aí vão diversas ideias utilizadas pelos **melhores persuasores** para aumentar sua credibilidade:

1. Neste mundo tão cético, o cliente em potencial busca um **ponto fraco**. Se você não oferecer algum tipo de ponto fraco (pessoal ou de produto), eles atribuirão um ponto fraco por você. Os melhores persuasores aumentam a credibilidade revelando um ponto fraco visível e transformando-o em um benefício desejado.
2. A credibilidade aumenta de acordo com **tempo de preparo**. Os melhores persuasores nunca "dizem algo sem pensar" nem deixam nada por conta do acaso. Se o público achar que você deveria saber a resposta, mas não sabe, você terá perdido a credibilidade. Planeje, ensaie e aperfeiçoe sua apresentação. Sempre pesquise o seu público.
3. O público julgará você nos **primeiros trinta segundos**. Qual é a sua aparência real? Qual é a impressão real que você está causando? Você consegue manter o contato visual? A sua aparência é de alguém profissional, educado e que corresponde à expectativa do público?
4. Quando você entrar em uma situação de baixa credibilidade ou quando o público não conhecer você, tome a **credibilidade emprestada de outra pessoa**. Quem pode recomendá-lo? Quem já tem credibilidade junto ao seu público e pode apresentar você? Aprenda a sempre pedir e obter depoimentos de clientes atuais satisfeitos.
5. Uma das maneiras mais fáceis de perder sua credibilidade é falar mal do concorrente. Você **não precisa apelar** para estratagemas tais como denegrir a reputação das pessoas como forma de enaltecer seu próprio produto ou serviço. Se não conseguir persuadir com base na qualidade do seu produto ou serviço, pense seriamente em mudar de carreira. Se o cliente precisa ser advertido legitimamente sobre a concorrência, promova formas de ele descobrir isso por si mesmo.
6. **Apimente sua apresentação** com fatos, valores, estatísticas e estudos plausíveis para reforçar sua mensagem. Nunca pressuponha que o público acredita que você é de confiança sem fazer uso de recursos externos. Lembre-se sempre de citar suas fontes. O público sempre acreditará primeiro em outra pessoa para depois começar a acreditar em você.
7. Encontre formas de revelar suas qualificações sem parecer convencido. Você precisa revelar (ou mostrar) seu *expertise*, qualificações, formação e experiência para causar a impressão

de que é o *expert*. Quando o público aceitá-lo como o *expert*, você terá sua atenção incondicional. Revele ao público por que você é o *expert* e por que adquiriu o direito de persuadir em relação ao seu produto, serviço ou ideia.

Tome muito cuidado com a forma através da qual você explica e apresenta a sua credibilidade. Se você se prolongar na enumeração de uma lista de conquistas ou de cursos e diplomas obtidos, poderá ser visto como egocêntrico. Aprenda a encontrar formas menos diretas ou de menor autopromoção para mostrar ao público sua competência. Por exemplo, você pode pendurar seus diplomas na parede, pedir para alguém escrever uma breve biografia ou pedir para alguém fazer uma recomendação sua. Você pode tomar a credibilidade emprestada de outras pessoas, usando um depoimento ou declaração delas. A credibilidade também pode ser definida como "ter experiência, ser digno de confiança, ter boa vontade, dinamismo, extroversão, sociabilidade, compostura ou *expertise*"[7]

A confiança aumenta com a confiabilidade. Você possui um histórico de desempenho? É uma pessoa de palavra? Quando marca um compromisso, costuma chegar na hora marcada? Quando se compromete a fazer algo por alguém, cumpre com a sua palavra? Você pensa que eles se esquecerão disso? Sinto informá-lo de que não. Provavelmente não tocarão no assunto. Quando você faz uma promessa, procura cumpri-la ou vive inventando desculpas e álibis? Seja confiável e cumpra todas as suas promessas. A credibilidade é "a única variável de maior proporção sob o controle do palestrante durante a apresentação."[8]

Outra forma de aumentar sua credibilidade é apresentar-se de maneira calma, organizada e confiável. Ficar emotivo demais ou aturdido pode acabar com sua credibilidade. Pense nos advogados ou CEOs mais bem-sucedidos. Mesmo que eles estejam muito apressados ou pressionados, você

Se os seus clientes em potencial estão apresentando algum dos seguintes comportamentos, verifique a sua credibilidade:

- Ligam para reclamar.
- Negam-se a fazer novos negócios.
- Não mostram lealdade.
- Precisam de depoimentos externos.
- Precisam de referências.
- Não retornam as chamadas.
- Cancelam compromissos.

jamais os verá entrando em uma sala correndo, jogando seus pertences sobre a mesa e se atirando na cadeira. **Jamais!** Eles mantêm a serenidade em qualquer ocasião. É porque eles precisam sempre passar um ar de autoridade e controle. Estudos do tribunal do júri mostram que advogados que parecem ser bem organizados são vistos como mais cuidadosos e preparados do que parceiros desorganizados. É claro que isso contribui para aumentar sua credibilidade.[9]

Outra maneira de aumentar a credibilidade é sendo honesto sobre os pontos fracos do seu produto e sobre sua posição em relação à concorrência. O público está procurando um ponto fraco, então aponte um. Se você não fizer isso, eles atribuirão um ponto fraco a você ou ao seu produto. Ou o público pode achar que aquilo que você tem a oferecer é bom demais para ser verdade. Revelar um ponto fraco tende a levar as pessoas a enxergarem você como mais honesto e digno de confiança do que aqueles que tentam encobrir as falhas de um produto. Os melhores persuasores podem até mesmo transformar pontos fracos em pontos de vendas. Pense nos seguintes exemplos:

Avis™ - Somos a número dois e fazemos mais por você.
Listerine™ - Gosto ruim duas vezes ao dia.
7-UP™ - A anticola.
L'Oreal™ - Porque você merece.
VW™ Bug - O VW permanecerá feio por mais tempo.
Dr. Pepper - Não é uma cola.
Heinz Ketchup - Tão espesso que cai lentamente.
Smucker's - Com um nome como Smucker's, ele precisa ser bom.

Quando você consegue transformar pontos fracos em positivos, o público valoriza sua capacidade de ser aberto e franco. Você nunca quer parecer que está na defensiva ou que está evitando o público ou o problema. Permita que eles compreendam o seu processo de pensamento. Não estou dizendo que você precisa revelar tudo sobre seu produto ou serviço, mas que precisa fornecer um motivo para estar fazendo o que faz. Mostre-se disposto a compartilhar as informações de que o seu público precisa e deseja.

A capacidade de ser digno de confiança aumenta quando somos íntegros o suficiente para assumir nossos erros e fraquezas. As pessoas conseguem perdoar a fraqueza, mas demorarão bem mais para perdoar dissimulações. Muitas vezes, quando um persuasor é franco em relação a um ponto fraco ou desvantagem de determinado produto, ainda consegue fechar o negócio.

Em geral sua honestidade é a característica que convence as pessoas. No final, é melhor arriscar a rejeição do que ocultar algo que seu público acabará descobrindo por si só. Se o público só ouve de você o ângulo positivo, você pode perder a credibilidade. No Persuasion Institute, analisei milhares de ofertas de clientes. Um tema comum entre muitos dos negócios que não estavam sendo concretizados é que eles pareciam bons demais para ser verdade. Apesar da legitimidade das ofertas, o público não se convenceu. Quando enfraquecíamos as ofertas, as vendas costumavam aumentar.

Quando você mente, diminui sua credibilidade. A maioria dos persuasores acham que sua credibilidade só diminui quando eles são **pegos** em uma mentira. E isso já aconteceu mais vezes do que eles possam imaginar. Observamos que a maioria das pessoas não dirão que sabem que você está mentindo. Elas perceberão isso, registrarão isso mentalmente e simplesmente não retornarão. Você pensou que tinha se livrado do problema, mas eles ainda sentem algo no ar. Dê o nome que quiser a isso: mentira, conversa fiada, falta de honestidade, desculpa criativa, invenção ou decepção. Seja como for, isso diminui sua capacidade geral de inspirar confiança.

Como sabe, uma mente confusa diz não. Outro perigo é de o público basear todas as suas opiniões de credibilidade em você, o **comunicador**. Isso ocorre quando você não oferece formas adicionais de credibilidade.[10] E quanto mais envolvido estiver o público, emocional ou financeiramente, no assunto a ser apresentado, mais difícil será para estabelecer a credibilidade. O alto envolvimento aumenta o ceticismo; a credibilidade é que diminuirá esse ceticismo. Um público com baixo envolvimento (que não chega a ser um grande problema) em determinado assunto está mais propenso a recorrer a outras fontes (inclusive você) pois isso exige menos esforço mental ou investimento emocional do que tentar descobrir isso por si só.

Congruência

Os melhores persuasores são congroentes, mas o que vem a ser congroência? Quando as coisas estão em harmonia, nem paramos para pensar nisso; mas quando algo parece destoar, isso chama a nossa atenção, de forma consciente ou subconsciente. É como os erros ortográficos na primeira frase deste parágrafo. Você notou algo estranho e sua mente disse que havia algo de errado naquela palavra. Congruência é quando suas palavras combinam com suas ações. A concordância e a harmonia entre o que você diz e o que você faz é significativa para instilar confiança naqueles que trabalham com você. Quanto mais consistente e congruente você for em todos os aspectos da sua vida, mais as pessoas enxergarão você como honesto e sincero. Se você acreditar na sua mensagem, sua ação corresponderá ao seu discurso. Se você comportar-se da maneira que espera que outros se comportem, será mais autêntico e a porta da confiança estará bem aberta para você. Quando você possui congruência, não há necessidade de manipular ou camuflar seu comportamento.

Um estudo interessante foi conduzido com dentistas, onde foi colocado um anúncio em um jornal convidando pessoas a participarem de um procedimento dentário doloroso.[11] A primeira coisa que chamou a atenção foi o fato de terem aparecido pessoas. Na primeira parte do estudo, os dentistas foram orientados a apenas fingir que estavam usando um analgésico nos pacientes. Na verdade, seria utilizado um placebo. Os dentistas foram instruídos a seguir todas as etapas que normalmente adotariam naquele procedimento. A maioria dos pacientes nesta metade do estudo sentiram dor durante o procedimento dentário. Na segunda metade do estudo, os dentistas foram orientados a realizar exatamente o mesmo procedimento, com a exceção de que desta vez eles realmente dariam um analgésico aos pacientes. Ao ficar sabendo que o dentista aplicaria algo para anestesiar suas bocas, a maioria dos pacientes **não** sentiram dor. Na realidade, contudo, sem o conhecimento do dentista ou do paciente, um placebo havia sido novamente administrado no lugar de um analgésico. Apesar de, na mente dos dentistas, eles terem executado o mesmo procedimento com os dois grupos de pacientes, o primeiro grupo de pacientes perceberam incoerências no comportamento dos dentistas. Seja consciente ou subconscientemente, eles sabiam que havia algo de errado e, por isso, sentiram dor.

Você é congruente com seu histórico, com sua última interação e com sua reputação? O seu comportamento não verbal coincide com suas ações? Suas emoções são congruentes com sua mensagem? Quais são as expectativas do seu público em relação à você e à sua mensagem? Quando seu histórico anterior e sua mensagem não coincidem, isso começa a dar indícios de incoerência para o público. Um clima de desconfiança será instaurado e o público começará a procurar identificar o que há de errado com você e com a sua mensagem. Esta inconsistência diminuirá sua capacidade de ganhar influência e confiança. Isso ocorre porque os seres humanos são naturalmente de-

Quais são alguns dos comportamentos não verbais que dispararão incongruência e um senso de decepção?

- Contato visual forçado
- Balançar a cadeira para trás
- Apertar os lábios
- Esfregar o rosto
- Pupilas dilatadas
- Bocejo
- Elevação do tom de voz

tectores de mentiras. Quando tentamos forjar a congruência, precisamos dedicar tempo e energia para tentar também forjar a nossa mensagem.

VOCÊ PRECISA DOS CINCO Cs PARA GANHAR CONFIANÇA PODEROSA E DURADOURA

Verificamos como a confiança e sua função afetam o processo de persuasão, incluindo os cinco componentes críticos que chamamos de os Cinco Cs da confiança: caráter, competência, confiança, credibilidade e congruência. Para que a confiança seja poderosa e duradoura, os cinco Cs são essenciais. Ganhar a confiança é como ter um carro bem regulado. O motor e todos os componentes operam juntos de forma harmoniosa. Nenhum dos cinco Cs levará você aonde você pretende chegar sem que os outros estejam presentes. Utilizarei uma estória para ilustrar como estes elementos funcionam em conjunto. Imagine que você está sentindo uma dor de dente muito intensa. Você já adiou demais sua ida ao dentista, mas agora a natureza está dando sinais de que você não tem saída. Você foi realocado recentemente; então, o dentista anterior fica a uma distância de 2.253 km e ficou fora de cogitação. Você pede uma recomendação de dentista aos novos amigos e vizinhos e recebe as seguintes cinco respostas:

1. "O meu dentista tem um grande caráter. Ele pertence ao meu grupo da igreja. Ele é uma das pessoas mais honestas que conheço. Mas, ele não é muito **competente**. Ouvi dizer que ele é conhecido por inserir demais a agulha na bochecha."

    — Você marcaria consulta com este dentista?

2. "O meu dentista estudou em uma das melhores faculdades de odontologia do país e é um dos melhores dentistas do Estado. Ele é extremamente competente, mas não tem **caráter**. Na verdade, você só conseguirá marcar consulta com ele para daqui a dois meses pois ele está preso por fraude no seguro."

    — Você marcaria consulta com este dentista?

3. "Meu dentista é um cara espetacular. Tem bom coração e sempre cumpre com a palavra. Mas ele não tem muita **confiança** no seu trabalho. Certa vez, ele me disse: 'Nunca fui muito bom na leitura de raios X. Não estou certo se este é um caso de tratamento de canal ou se não devo mexer neste dente.'"

    — Você marcaria consulta com este dentista?

4. "Não tenho certeza se meu dentista tem formação específica. Não vi nenhum certificado nem diploma na parede do consultório e ninguém parece saber onde ele estudou. O consultório dele não tem os equipamentos mais modernos. Ele não trabalha com planos odontológicos e sempre tenho que pagar em dinheiro em vez de preencher um cheque. Falta **credibilidade** em tudo."

— Você marcaria consulta com este dentista?

5. "Meu dentista é uma boa pessoa, mas suas estórias são um pouco incoerentes. Há algo que não se encaixa entre o seu discurso e a sua prática. Parece faltar-lhe **congruência**. Ele me diz uma coisa e eu percebo outra. Acho que desconheço a verdade inteira. Algo soa estranho. Ele diz uma coisa uma vez e, no dia seguinte, já está dizendo outra. Você nunca sabe qual é a verdadeira versão."

— Você marcaria consulta com este dentista?

Estou certo de que você passaria mais tempo tentando encontrar um dentista que atendesse todos os cinco critérios antes de escolher um dentista a quem faltasse pelo menos um dos Cinco Cs da confiança. Se uma pessoa não possuir um destes cinco traços, todos os aspectos da sua capacidade de construir, ganhar e manter a confiança serão afetados. Como persuasor, nunca pressuponha que as pessoas confiam em você. Sempre mostre ao público que você é alguém em quem eles podem confiar, sejam quais forem as circunstâncias.

ONDE VOCÊ PODE MELHORAR?

"Um homem que não confia em si mesmo nunca poderá realmente confiar em mais ninguém."
— **Cardinal De Retz**

Para fechar este capítulo, analise os comportamentos a seguir que prejudicam a construção da confiança. Você acha que pode melhorar em alguma destas áreas?

- Ignorar promessas
- Não ser confiável
- Prometer demais e cumprir de menos

- Tentar encobrir falhas e fraquezas
- Culpar os outros
- Fazer uso das emoções sem lógica
- Transferir a responsabilidade para outros
- Mostrar-se apático em relação aos outros
- Ser inacessível
- Nunca desculpar-se
- Fazer fofocas e dizer meias-verdades
- Ocultar os erros
- Pressupor que as pessoas confiam totalmente em você
- Apresentar uma oferta que é boa demais para ser verdade
- Enfeitar o discurso para marcar seu ponto de vista
- Ser emotivo e imprevisível

A raposa que perdeu o rabo: uma fábula

Certo dia, uma raposa ficou com o rabo preso em uma armadilha. Na luta para se libertar, ela perdeu o rabo, deixando para traz um toco feio. A princípio, ela ficou com vergonha de aparecer diante das outras raposas. Mas, finalmente, decidiu encarar de forma positiva o seu infortúnio e convocou todas as raposas para uma reunião para estudarem uma nova proposta. Ao se reunirem, a raposa propôs que todas as raposas cortassem seus rabos. Ela tentou mostrar como era inconveniente ter um rabo quando eram vítimas de inimigos. Também mencionou como um rabo atrapalhava quando ela queria se sentar. Ela não conseguia ver nenhuma vantagem em carregar algo tão inútil. Uma das raposas mais sábias disse: "Concordo com tudo que você disse. Mas acho que você jamais nos aconselharia a abrir mão do nosso principal ornamento se você não tivesse perdido o seu."

Moral da estória: Seu público está sempre se perguntando o que há por trás do seu discurso. Eles podem confiar em você? Por que você está distribuindo conselhos? Eles devem confiar em você? Você faria o que está solicitando deles?

Até que ponto você é digno de confiança? Você tem credibilidade suficiente para conquistar a confiança do seu público? Visite www.persuasioniq.com para fazer sua avaliação de credibilidade.

CAPÍTULO 7

Habilidade de QP 5

*Use seu poder e autoridade
para exigir atenção*

Os melhores persuasores sabem e compreendem como usar diferentes formas de poder, mas, se você é como a maioria das pessoas, ficou sem graça ao ouvir a palavra **"poder"**. Será que realmente temos permissão para falar sobre poder? Isto é bom ou ruim? Conseguimos exercer poder sobre nosso público?

As respostas a estas perguntas dependem do tipo de poder a que estamos nos referindo, como ele é usado e quais são as intenções do usuário. Todos nós possuímos diferentes formas de poder em diferentes situações. Faz parte da natureza humana respeitar e seguir o poder e o *expertise*. E, certamente, o poder tem usos legítimos, éticos e necessários. É claro que sabemos que o poder também pode ser usado sem ética para manipular e controlar. Quando o seu público confia no seu poder, você é muito persuasivo ao conduzi-los para a ação. O que leva-os a confiar no seu poder ou autoridade? O que leva-os a confiar no seu *expertise*? Eles confiam no seu *expertise* e autoridade quando você consegue ajudá-los a acessar algo de que precisam ou desejam. Pode ser um produto ou serviço, recompensas, liberdade ou informações.

Poder é diferente de força. Tudo é uma questão de intenção. O poder gera confiança, fortalece e energiza. A força deve sempre ser mantida, exigida e garantida. O verdadeiro poder incentiva, revitaliza e cria unidade e sinergia. O poder nos leva a escutar e obedecer. A força nos leva a ficar céticos e fugir. David. R. Hawkins conseguiu explicar isto melhor: "O poder dá vida e energia, enquanto a força afasta-os. Notamos que o poder está associado à compaixão e nos faz sentir positivos em relação a nós mesmos. A força está associada ao julgamento e nos faz sentir insatisfeitos com nós mesmos."[1]

Observe que o poder e a força não precisam ser exercidos para serem eficazes. Um assaltante de banco detém o poder enquanto ameaça com uma arma, mas ele não precisa de fato atirar em ninguém para exercer o seu poder. Uma policial exerce poder simplesmente por estar dentro de sua viatura, mesmo que ela não esteja perseguindo você com a sirene tocando e os faróis acesos. O mesmo vale para um médico usando um jaleco branco. Também enxergamos isso como alguém com o conhecimento de um professor universitário. O simples fato de saber que sua chefe pode demiti-lo, mesmo que ela não tenha feito ameaças, ainda confere à ela uma posição de poder sobre você. Da mesma forma, quando você tem maior conhecimento sobre qualquer coisa que seu público precisa ou deseja, isso o coloca automaticamente na posição de maior poder, *expertise* ou autoridade.

O ser humano tem uma tendência natural de buscar poder. O mundo inteiro opera baseado no conceito de poder. Não haveria ordem sem ele. O sistema jurídico tem o direito e o poder de interpretar leis. O exército e a política têm o poder de impor leis. Um gerente tem o poder de demitir um empregado desonesto. Os pais têm o poder de disciplinar seus filhos. O poder está entranhado em nossa psique, em nossa cultura e em nossa sociedade. O dr. Floyd Allport, um psicólogo social, fala sobre esta característica instintiva no livro Psicologia Social.[2] Ele acredita que toda pessoa tem dentro de si o desejo de incitar reações nos outros. Ele também afirma que, com o passar dos anos, estes desejos aumentam e nos levam a um anseio pelo controle.

Por que o poder é tão sedutor? Quando temos poder e controle sobre o ambiente em que vivemos, nos sentimos fortes, invencíveis e muitas vezes satisfeitos. Segundo Abraham Lincoln: "Quase todos os homens suportam a adversidade, mas se quiser testar o caráter de um homem, dê poder a ele."

A pergunta permanece: o que torna o exercício do poder bom ou ruim? O poder tende a nos deixar nervosos e por um bom motivo. Todos nós já tivemos a oportunidade de testemunhar casos de enorme abuso de poder - abusos trágicos, destrutivos. Também sentimos que o poder inibe nossas liberdades pessoais e nossa capacidade de controlar nossas vidas. Todos nós já fomos forçados a fazer coisas contra a nossa vontade, todos nós já vimos alguém exercer seu poder da maneira errada. Por causa destas experiências anteriores, a busca por poder nos deixa incertos. Muitas pessoas acham que poder se resume a fazer uso do domínio, da coerção, da força ou mesmo do controle. Certamente essas ações podem ser usadas como poder, mas não para exercer uma persuasão autêntica, de longo prazo. Os melhores persuasores não ficam presos a expedições de poder nem sentem necessidade de exercer o poder sobre outras pessoas. Eles compreendem que o uso adequado e ético do poder predispõe o seu público à persuasão. A maioria dos persuasores intermediários utilizam o poder da forma errada, ou seja, fazem um uso exagerado, prematuro e óbvio demais do poder.

> *"Não remova uma mosca da testa do seu amigo com uma machadinha."*
> — **Provérbio chinês**

A verdade é que o poder é uma força neutra. Ele pode ser usado para o bem, para inspirar e para enaltecer, mas também pode ser usado como uma forma de coerção. A qualidade de bem ou mal é conferida pela pessoa que exerce o poder. Se um policial usa seu poder para deter um assassino, ele está trazendo o bem para o mundo. Entretanto, ele pode usar o mesmo poder para ajudar traficantes de drogas. O poder é o mesmo, mas as intenções da pessoa que o exerce são outras. Se você sabe que usará o bom-senso e exercerá seu poder para beneficiar, servir e proteger os outros, a busca pelo poder não deve intimidá-lo.

TRÊS RESPOSTAS DIFERENTES AO PODER

Pesquisas mostram que há três respostas gerais do ser humano ao poder. Primeiro, há uma **resposta automática**: seguir as instruções sem refletir nem questionar. Segundo, há uma resposta **mecânica**: você compreende que ele tem poder sobre você, reconsidera se deve ou não fazer o que ele pede, mas acata-o porque ele ocupa uma posição de maior poder. Terceiro, há **resistência**: você sabe que a pessoa tem poder sobre você, mas faz tudo que está à sua altura para poder resistir. Os melhores persuasores precisam ser capazes de interpretar reações individuais ao poder. É por isso que cada reação exige uma resposta diferente.

Os melhores persuasores têm a capacidade de usar o poder para deixar o público à vontade. O poder tem impacto sobre as escolhas e ações das pessoas com que você lida. os melhores persuasores também percebem quando usar ou não determinadas formas de poder. Sabemos que o poder que é usado da maneira errada tem um efeito repelente, exatamente o oposto da intenção do persuasor. Quando você tem a capacidade de personalizar o seu poder de acordo com o seu público, eles ficam mais propensos a aceitar seus conselhos. É preciso compreender que, quando estamos incertos ou temos dúvidas, sempre buscamos uma figura de autoridade ou um *expert* para nos ajudar a tomar uma decisão.

O poder, quando usado de forma inadequada, pode levar as pessoas a se sentirem controladas ou manipuladas. Ao exercer o poder de maneira errada, talvez você até obtenha os resultados imediatos que procura, mas isso não perdurará. Além disso, você não conseguirá conquistar o respeito ou a amizade das pessoas quando o estrago já estiver feito. Fundamentalmente, este tipo de manipulação destruirá a cooperação e desenvolverá a resistência. Isso acabará com o entusiasmo e instigará a animosidade. Os melhores persuasores sabem como as pessoas lidam com os diferentes tipos de poder.

> *"Prefiro tentar persuadir um homem a cooperar. Assim que conseguir persuadi-lo, ele permanecerá conosco. Se eu deixá-lo com medo, ele só permanecerá enquanto estiver amedrontado e, depois, irá embora."*
> — General Dwight David Eisenhower

USANDO E REAGINDO AO PODER

Há diferentes formas de poder, mas gostaria de me concentrar especialmente em quatro delas. Eles não são formas negativas ou sem ética. Em vez disso, estas são formas positivas e éticas que aumentam e aperfeiçoam sua capacidade de persuadir. Estou me referindo às seguintes formas de poder: **autoridade**, **respeito**, **conhecimento** e **recompensa**. Os grandes persuasores conhecem e usam todas estas formas diferentes de poder.

Poder da autoridade

A principal fonte de poder de um persuasor é sua autoridade. Você sabe do que está falando, o que está fazendo e como pode resolver os desafios do seu público. O poder da autoridade se baseia em como as demais pessoas percebem o seu *expertise*. Você tem autoridade sobre os outros quando eles acreditam que você tem mais influência ou força do que eles. A autoridade permite àqueles em uma posição de poder persuadir os outros a obedecê-los por causa do seu *status*, posição, formação ou nível hierárquico. CEOs de grandes corporações exercem esse tipo de poder. Policiais são outro ótimo exemplo de pessoas que detêm esse tipo de poder: você se sente compelido a obedecer um policial com base na sua posição de autoridade.

Não podemos ser culpados por nosso impulso natural de acatar a autoridade. Fomos ensinados desde crianças a obedecer e acreditar na autoridade constituída. Tudo começou quando nossos pais nos ensinaram que é errado desobedecer a autoridade e que isso tem consequências. Fomos ensinados a ouvir nossos professores, nossos pais ou figuras políticas. Em geral, nos submetemos a figuras de autoridade na tentativa de evitar dor e punição. A desobediência pode levar a duras punições.

Exercer o poder da autoridade não significa ser arrogante nem mostrar-se superior. O seu público tem determinadas expectativas em relação à sua capacidade de ajudá-los, servi-los e aconselhá-los. O seu público tem uma necessidade e deseja que ela seja atendida. Eles querem ser conduzidos na direção certa por uma pessoa competente e bem-informada. Pense em um momento em que você precisou tomar uma decisão importante de compra. Você acha que um persuasor apologético e inseguro, que não parasse de esfregar as mãos, teria levado você a se sentir mais positivo e confiante em relação à compra? Provavelmente não. Na verdade, provavelmente você se irritaria e se incomodaria com o comportamento dele. Tenha confiança e demonstre seu *expertise*.

Os melhores persuasores encaram o relacionamento persuasor-persuadido como um relacionamento aluno-professor. Pense em si mesmo como um consultor ou conselheiro; você é o professor. Ao olhar para o processo de persuasão desta forma, você praticamente tem a obrigação de se comportar como uma figura de autoridade. Quando você consegue demonstrar que é proficiente, habilidoso e capaz, adquire poder adicional de autoridade. As pessoas valorizam e admiram aqueles que conhecem o próprio ofício e, portanto, se submetem às suas informações, sugestões e conselhos.

O poder da autoridade pode ser ainda subdividido nas seguintes categorias: autoridade por posição, uniforme, título, opinião pública ou características externas. Nos exemplos a seguir, você notará que o poder da autoridade pode ter uma influência muito persuasiva sobre um indivíduo.

Autoridade por posição – Aqueles que têm autoridade baseada na posição que ocupam dentro da comunidade possuem **autoridade posicional.** Tais figuras de autoridade incluem um chefe, o presidente norte-americano (ou brasileiro) ou um juiz. Uma referência em estudos conduzidos por Stanley Milgram na Universidade de Yale ilustra como a autoridade posicional pode ser poderosa. Milgram pediu a alguns participantes para desempenhar o papel de "professores", enquanto os outros representavam os "aprendizes". Os professores foram solicitados a ajudar o pesquisador a testar os níveis de aprendizagem dos aprendizes, aumentando gradualmente a intensidade dos choques cada vez que eles respondessem as perguntas de memória incorretamente.

É claro que ninguém recebeu realmente choques, mas os professores não sabiam disso e os aprendizes foram orientados a agir como se a dor fosse real. O propósito do estudo era verificar até que ponto chegariam os professores para acatar a autoridade do pesquisador-chefe, mesmo que isso significasse provocar muita dor em outro ser humano. Muitos dos rótulos nos botões advertiam: "Perigo: choque intenso." Os resultados foram assustadores. Dois-terços dos sujeitos provocaram o máximo de dor possível (450 volts), puxando os trinta botões de choque, mesmo quando os indivíduos no papel de aprendizes argumentaram, imploraram e até mesmo gritaram para que interrompessem o experimento.[3]

Este é um experimento impressionante que demonstra vários pontos-chave sobre a autoridade posicional. Primeiro, os professores estavam nitidamente desconfortáveis com o que estavam fazendo. Na realidade, eles detestaram fazer isso. Muitos deles pediram ao pesquisador para interromper o experimento. Mas, quando ele se recusou, eles prosseguiram, tremendo, suando e, às vezes, até rindo de nervoso. Apesar do seu extremo mal-estar, quase todos os professores continuaram a obedecer o pesquisador-chefe até o término do experimento. Quando o professor deixou a sala e começou a dar as instruções por telefone, contudo, apenas 23% continuaram a provocar o choque máximo. Este resultado demonstra a importância do componente cara a cara na autoridade posicional.

O inverso também é revelador. Quando os *scripts* foram invertidos e agora era a vez dos aprendizes ordenarem os professores a provocar mais choques, enquanto o pesquisador protestava, nenhuma pessoa obedeceu! Nesta situação, 100% dos professores se recusaram a obedecer os aprendizes em relação ao pesquisador. Depois de obter os resultados chocantes deste experimento, Milgram escreveu: "É a extrema vontade dos adultos de chegar a qualquer extremo para obedecer uma autoridade que constitui a principal descoberta do estudo."[4]

Quando alguém possui maior autoridade do que você, talvez você automaticamente pressuponha que tudo que esta pessoa diz é verdade. Um estudo do FAA (Federal Aviation Administration) ilustra este ponto. Ele descobriu que muitos erros cometidos por comandantes de voo não foram desafiados nem corrigidos por outros membros da tripulação. Esta obediência cega à posição e autoridade resultou em catástrofes. Uma companhia aérea, preocupada com esta evidência, testou sua própria tripulação de voo através de simuladores de voo. Neste caso específico, eles criaram condições que levariam à sobrecarga mental e ao estímulo emocional. Muitos comandantes cometeram erros fatais em um momento crítico. A companhia aérea ficou chocada ao detectar que teriam ocorrido acidentes em 25% dos voos porque os subordinados não adotaram ações corretivas e não desafiaram a posição do comandante do avião.[5]

Autoridade por uniforme – A maneira como você se veste tem alguma importância? Os melhores persuasores realmente pensam no que estão vestindo? As roupas realmente "fazem a pessoa"? Na maioria dos casos, a resposta é **sim**. Quando você usa um uniforme para desempenhar uma função específica, esse uniforme evoca autoridade e prestígio. Quando me refiro a uniforme, estou incluindo o traje de negócios nesta definição. O traje de negócios é considerado o uniforme de persuasores de poder. As pessoas criam impressões vitais de poder através do que vestem. Quando você usa as roupas certas para a situação, pode persuadir sem dizer uma só palavra.

Pense no que transmite um uniforme policial. Imagine um policial tentando acabar com um tumulto vestido como uma pessoa comum. O policial uniformizado chamará logo nossa atenção pois notamos e respeitamos uniformes. E que tal fazer uma grande negociação no ramo de *jeans* e camisetas desgastadas? Até mesmo o clérigo vestido com túnicas impõe mais respeito e é capaz de persuadir e influenciar melhor do que quando está com roupa comum. Vemos um médico vestido de branco e automaticamente pressupomos que ele é um profissional da saúde que sabe exatamente o que prescrever. Da mesma forma, quando um homem de negócios aparece com um terno de US$ 1.500 e sapatos engraxados, automaticamente pressupomos que ele esteja no comando, ou que seja, o tomador de decisões.

Em um experimento, um homem parava pedestres na cidade de Nova York. O condutor do experimento apontava para outro homem há quase 16 metros de distância e dizia ao pedestre que "o homem tinha ultrapassado o horário de estacionamento permitido e não tinha trocados para colocar no parquímetro." Então, ele pedia ao pedestre para dar os trocados necessários ao homem. Os pesquisadores observaram a cena para verificar quantas pessoas atenderam ao pedido do condutor do experimento quando ele estava em trajes comuns *versus* em traje de guarda de segurança. Depois de dar a ordem, o condutor do experimento dobrava a esquina para ficar fora da vista do pedestre. Inacreditavelmente, quase todos os pedestres obedeceram quando ele estava com o uniforme, mesmo depois de ele ter saído do local! Quando ele estava em trajes comuns, contudo, menos da metade dos pedestres atenderam ao seu pedido.[6]

Em outro estudo, Lawrence e Watson descobriram que indivíduos que solicitavam contribuições para campanhas de segurança pública e saúde conseguiam angariar mais donativos quando estavam usando uniformes de xerife e enfermeira do que quando estavam em trajes comuns.[7] As conclusões do experimento comprovam que o traje apropriado aumenta o seu poder e autoridade sobre os outros.

Autoridade por título – Todos estamos em busca de títulos porque eles trazem poder. Por exemplo, os títulos de "presidente", "CEO", "membro honorário", "gerente" ou até mesmo "chefe" geram certas expectativas de autoridade e respeito. Quando ouvimos a palavra "doutor(a)" antes de um nome, ela automaticamente registra na nossa mente que esta pessoa é importante, poderosa ou inteligente. Não perguntamos nem mesmo se ela era a melhor da turma. Na profissão médica, o doutor é o principal tomador de decisões. Adoramos ouvir "de cada três médicos, dois recomendam..." ou "nove entre cada dez dentistas utilizam...". Nossa tendência de seguir tais recomendações se baseia no poder da autoridade do título.

Em um caso em particular, pesquisadores queriam fazer um teste para descobrir se o poder da autoridade por título estava acima de regras e regulamentos estabelecidos. Eles estavam procurando determinar se enfermeiras administrariam um medicamento não autorizado em um paciente a pedido de um médico que elas não conheciam. Um pesquisador ligaria para uma enfermeira e diria a ela, por telefone, que ele era um médico e que gostaria que ela administrasse uma dose de 20 mg em determinado paciente. Ele a orientaria a fazer isso o mais rápido possível para que o medicamento tivesse tempo de fazer efeito na hora em que ele chegasse. Ele ainda diria que assinaria o pedido médico assim que chegasse.

O experimento violou intencionalmente quatro regras: primeiro, as receitas hospitalares proibidas foram emitidas por telefone; segundo, o medicamento não era autorizado; terceiro, a dosagem alta era perigosa - na verdade, o dobro da quantidade especificada no rótulo; e quarto, a ordem veio de um médico que a enfermeira desconhecia e sobre o qual não tinha referências. Apesar destes sinais de alerta, **95%** das enfermeiras se dirigiram ao armário de medicamentos e correram para o quarto do paciente. É evidente que os pesquisadores conseguiram intervir antes que elas de fato administrassem o medicamento.[8] Em um estudo subsequente, enfermeiras foram solicitadas a lembrar-se de um momento em que obedeceram a ordem de um médico e que sentiram que isso poderia representar um risco para o paciente. Quando indagadas sobre o motivo de terem acatado a ordem mesmo assim, 46% disseram que o médico era o *expert* e a figura de autoridade no assunto.

Seu título é importante. Quando você possui um título que denota poder, o respeito e a atenção se voltam para você e sua capacidade de persuadir os outros é fortalecida. Pense um pouco: quando você tem um problema com uma empresa ou com um persuasor, deseja falar com o chefe, o gerente ou até mesmo o presidente. Fiquei impressionado quando fui contratado para o setor de vendas de uma empresa local e no meu cartão de visitas estava escrito "gerente de vendas regional". Embora eu fosse novato, notei que o título no cartão impunha respeito. Encontre um título que seja apropriado a você e ao seu trabalho. Por exemplo, "vice-presidente", "sócio sênior", "diretor de gerenciamento" ou "executivo de contabilidade" pode ser a opção certa para você.

Autoridade por opinião pública – A autoridade por opinião pública ocorre quando uma pessoa tem poder ou autoridade que não está diretamente associada à experiência ou *expertise*, mas simplesmente à reputação. Um exemplo deste tipo de poder pode ser encontrado em periódicos acadêmicos que costumam publicar mais artigos escritos por pessoas já estabelecidas ou conhecidas dentro das respectivas áreas de atuação *versus* pessoas que são praticamente desconhecidas. O que o seu público ouviu falar sobre você, seu produto e sua empresa? Qual é a percepção do público em relação a você? Muitas vezes, a opinião pública tem mais peso do que os fatos.

Eis outro ótimo exemplo da autoridade da opinião pública. Um defeito no *chip* do Pentium da Intel foi detectado em 1994. Rapidamente foram espalhadas notícias sobre o defeito e houve um alarido da opinião pública quando a Intel tentou minimizar a importância da questão. O fato é que a maior parte dos usuários nunca seriam afetados por esse defeito. As chances de obter um resultado impreciso eram apenas de uma em nove bilhões.[9] Não demorou muito para choverem *e-mails* e chamadas telefônicas para a Intel solicitando uma política de devolução "sem perguntas" para microprocessadores. No auge da confusão, a empresa chegou a receber 25.000 reclamações em um único dia! Apesar do alarde da opinião pública, a Intel se recusou a oferecer a política de devolução solicitada. Naturalmente, a mídia se aproveitou da estória e as ações da Intel despencaram. Finalmente, a Intel foi forçada a adotar uma nova política de devolução. Qual foi o resultado de resistir por tanto tempo à opinião pública? Uma simples depreciação de $475 milhões.[10] Em uma questão de semanas, a opinião pública havia influenciado no valor da empresa inteira e, assim, verificou-se que o erro de ignorar a opinião pública custou muito caro à empresa.

Autoridade por características externas – Os melhores persuasores impõem autoridade. Queira ou não, algumas pessoas enxergam os outros como poderosos simplesmente por causa de suas características físicas. Por exemplo, ser alto pode passar autoridade sobre o outro, mesmo antes de você ter falado com essa pessoa. Se pararmos para verificar na história, notaremos que as eleições presidenciais dos EUA foram ganhas pelo candidato mais alto em vinte das vinte e três eleições desde 1900.[11] A altura também conta pontos na batalha por afeição. Pesquisas sugerem que mulheres são bem mais receptivas a propagandas pessoais publicadas de um homem quando ele se descreve como alto.[12] Outro exemplo de como as características físicas representam autoridade é retratado em nossa reação a alguém com um tom de voz penetrante. De maneira subconsciente, reagimos a vozes penetrantes como mais poderosas e autoritárias.

Reconheça que muitas das características físicas que possuímos (ou nos esforçamos para possuir) servem como símbolos de *status*. Quanto mais positivos são nossos atributos físicos, mais tendemos a sermos percebidos como "ricos e poderosos". Um estudo conduzido na região da

"LI EM ALGUM LUGAR QUE EMPREGADOS ALTOS RECEBEM SALÁRIOS MELHORES E SÃO PROMOVIDOS MAIS RÁPIDO."

baía de São Francisco mostrou que pessoas dirigindo carros caros recebiam tratamento melhor por parte de outros motoristas do que pessoas dirigindo carros mais modestos. Por exemplo, motoristas esperavam bem mais para começar a buzinar para um carro de luxo novo que demorava para arrancar quando o sinal ficava verde do que para um carro de modelo econômico antigo que estava fazendo a mesma coisa. Além disso, quase todos os motoristas tocavam suas buzinas impacientemente mais de uma vez quando o carro era mais barato. No caso do carro de luxo, 50% dos motoristas aguardavam de forma respeitosa e nunca buzinavam.[13]

Outro fator determinante da autoridade externa é o ambiente que nos cerca. Em um estudo, a aparência do escritório de um professor mudou a maneira pela qual um aluno enxergava esse professor. Os alunos viram fotos de escritórios de diferentes professores. Alguns eram limpos e outros estavam desorganizados. Pesquisadores descobriram que as fotografias do escritório tinham uma enorme influência sobre as percepções gerais dos alunos sobre o professor. Em especial, os alunos que viram o escritório desorganizado classificaram o professor como menos consciente, menos agradável, menos competente e não tão amigável.[14]

A aparência afeta sua autoridade. Objetos externos e o ambiente ao seu redor também afetam percepções de poder. Portanto, é uma atitude sábia para todos nós verificar nossa aparência e o ambiente que nos cerca para saber se estamos enviando a mensagem certa.

O poder do respeito

"O respeito é seu próprio líder e não pode ser conferido nem retirado quando é devido."
— **Eldridge Cleaver**

O poder do respeito é o tipo de poder mais difícil de ser conquistado. Este poder surge naturalmente para os melhores persuasores. Ele precisa ser conquistado aos poucos, mas também é o mais duradouro. Ele exerce uma influência sustentável sobre o público bem antes da presença física real do persuasor ter desaparecido.

O respeito se baseia na soma total de sua conduta em assuntos pessoais e profissionais. Se você mostra respeito, integridade e caráter em todos os seus negócios, as pessoas sabem disso. As pessoas percebem isso. O poder do respeito é o tipo de poder que um indivíduo possui quando os outros têm consideração especial por ele em função de seu caráter íntegro. Como resultado de ser íntegro, ele conquista a confiança e o respeito dos outros, que estão dispostos a segui-lo. Pais e líderes religiosos costumam possuir este tipo de poder. Em virtude do respeito pela conduta geral desses indivíduos, as pessoas são influenciadas de cara, sem precisar analisar o persuasor ou a situação persuasiva.

> **Respeito**
> O respeito aumenta quando existe:
>
> - Integridade
> - Caráter
> - Confiabilidade
> - Respeito mútuo
> - Histórico impecável
> - Estabilidade de longo prazo
> - Histórico de desempenho comprovado
> - Reputação inquestionável

O poder do conhecimento

Francis Bacon disse certa vez: "O conhecimento em si é poder." O poder do conhecimento se baseia na proficiência em determinado assunto, procedimento ou situação. Lembre-se de que o *expert* é você. As pessoas podem ser persuadidas se pensam que você tem mais conhecimento ou *expertise* do que elas. Por exemplo, advogados, mecânicos e médicos possuem o poder do conhecimento. As pessoas confiam nas opiniões desses profissionais, acreditam no que eles dizem e acreditam implicitamente no que fazem por causa do seu tempo de estudo ou experiência. Aceitamos os argumentos e dados de pessoas que supostamente têm conhecimento, seja isso real ou imaginado. Além de resultar de estudo ou treinamento formal, o poder do conhecimento também é adquirido através da experiência de vida e da inteligência e aptidão inatas.

Os melhores persuasores utilizam três tipos diferentes de poder do conhecimento: informacional, dos recursos e do *expertise*.

1. **Poder informacional** – Quando você sabe algo que os outros precisam saber, você detém poder sobre eles. O poder informacional

é exercido quando alguém precisa, quer ou deseja as informações, fatos ou dados que você possui. Segundo Aristóteles Onassis: "O segredo dos negócios é saber algo que ninguém mais sabe."

2. **Poder dos recursos** – Se você tem acesso a pessoas-chave, *commodities*, mercadorias ou serviços que são valorizados por outros, você detém um certo poder sobre eles. Como diz o ditado: "Não importa o que você sabe, mas quem você conhece." Você é visto como alguém que possui as ligações certas? Que tipo de conexões possui?

3. **Poder do *expertise*** – Quando você tem um conjunto de habilidades específicas, *expertise* ou conhecimento que outros acreditam ser relevantes para as necessidades deles e que excedem as habilidades deles, eles seguem o seu comando ou escutam suas opiniões. Por que você é o *expert*?

Na lista a seguir, verifique se você está atualizado quanto ao seu total potencial na sua área de atuação. Você possui:

- Conhecimento do produto?
- Fatos sobre a concorrência?
- Informações sobre o setor?
- Ligações importantes?
- Acesso a informações úteis?
- Previsões econômicas?
- *Expertise* específico?
- Consciência das necessidades e desejos do seu público?

Você precisa se manter consciente e atualizado em relação a novos aperfeiçoamentos, mudanças e atualizações do setor. Assim, você sempre terá informações avançadas. Você perderá rapidamente seu poder persuasivo se o público detectar que ele possui uma base de conhecimento mais confiável ou atual do que a sua.

O resultado final é que o persuasor que fez a pesquisa e tem maior conhecimento é aquele que se sobressai. Procure sempre ficar à frente da concorrência.

Poder da recompensa

O poder da recompensa se refere à oferta de recompensas e benefícios para influenciar os outros. Essas recompensas podem ser de natureza financeira, material ou psicológica. O poder da recompensa é a forma mais rápida de persuadir. Você precisa ser cauteloso, contudo, pois o perigo é que tais recompensas podem já ser esperadas. Quando você condiciona o público a esperar algo por causa da sua aceitação, eles sempre buscarão recompensas externas por seu comportamento. Esta estratégia pode levá-los a seguir a sua ordem apenas pela recompensa e não por outro motivo. Neste caso, mesmo que a pessoa esteja disposta a exibir o comportamento desejado sem a recompensa, depois de receber a recompensa, o sujeito raramente apresentará o comportamento desejado sem a recompensa.

Um experimento comprovou este conceito. Pessoas sentadas a uma mesa tentavam montar um quebra-cabeça há meia hora. Alguns estavam sendo pagos para fazerem parte de uma pesquisa e outros não. Passada a meia hora, o condutor do experimento disse aos indivíduos que a sessão tinha acabado e que eles podiam sair da sala. Os condutores do experimento começaram a monitorar o comportamento das pessoas quando elas foram para a sala de espera.[15] O que eles fariam no tempo livre? Montariam quebra-cabeças? Escolheriam outras atividades? O estudo descobriu que os indivíduos que foram pagos para montar os quebra-cabeças estavam bem menos propensos a querer montá-los por diversão no seu tempo livre na sala de espera. Já aqueles que não receberam recompensa externa por seus esforços estavam bem mais propensos a montar quebra-cabeças no tempo livre na sala de espera.

Persuasores sabem que um comportamento que é escolhido por vontade própria dura mais do que um comportamento que é selecionado como expectativa por recompensa externa.

O poder da recompensa se baseia na utilidade, ou seja, em uma compreensão de que existe o potencial para troca em qualquer transação. Basicamente, o poder da recompensa reconhece que sempre há algo que eu desejo e algo que você deseja. Podemos atender às necessidades um do outro trocando o que temos pelo que o outro deseja. Outros exemplos de poder da recompensa incluem bônus em vendas, contra-cheques, cláusulas de incentivo em contratos, bônus de milhas em companhias aéreas e pontos de bônus em cartões de crédito.

É importante compreender que alguns incentivos funcionarão bem com uma pessoa, mas não com outra. Para algumas pessoas, o dinheiro é a recompensa ideal. Para outras, a melhor recompensa é o reconhecimento. Como persuasor, você precisará encontrar a recompensa que melhor inspire cada pessoa com a qual trabalhe. Em outras palavras, você precisa compreender os desejos da pessoa ou grupo que está tentando persuadir. O poder da recompensa é extremamente eficaz para mudar o comportamento humano e aumentar sua capacidade de persuadir. Você pode obter o que deseja com um esforço mínimo.

Entretanto, é preciso verificar várias ineficácias ao usar recompensas. Por exemplo, a "menor reação favorável" logo domina a cena quando você emprega este tipo de poder. Menor reação favorável significa que quanto mais você usa a recompensa, menos poderosa ela fica. Quando as pessoas se acostumam com um incentivo, elas também podem ficar entediadas com isso. Conforme discutido antes, elas passarão a esperar mais da recompensa ou deixar de lado padrões de desempenho se ela for removida. Um exemplo disso é a prática comum de oferecer a crianças do ensino fundamental recompensas para a leitura. Elas ganham pizza ou outros prêmios depois de ler determinada quantidade de livros. Porém, esses incentivos costumam ser como um tiro que sai pela culatra pois muitas das crianças acreditam que precisam de uma recompensa para ler.

O poder da recompensa acaba levando ao resultado desejado, mas o incentivo em geral precisa ser repetido toda vez que espera-se alcançar o resultado desejado. A recompensa só é eficaz quando a pessoa não encontra um "negócio melhor". É importante reconhecer que o seu incentivo sempre será comparado à próxima oferta da pessoa. As recompensas reforçam o comportamento, mas, enquanto você tiver empregando-as, tenha a certeza de que o seu público também continuará exigindo-as.

USANDO O PODER PARA PERSUADIR

A capacidade de usar o poder é como ter um turbocompressor no seu carro. Ele aumenta a velocidade do carro pois aumenta sua potência. Sua capacidade de aproveitar estas formas de poder aumentará sua capacidade de persuadir e influenciar. Os melhores persuasores compreendem e utilizam adequadamente diferentes formas de poder para obter grandes vantagens de persuasão. Lembre-se de que o poder é neutro: ele pode ser usado para o bem ou para o mal. Portanto, utilize-o com sabedoria. Se você deseja exercer uma persuasão autêntica e de longo prazo, utilize sempre o poder para beneficiar e motivar os outros para o bem.

O jovem pastor: uma fábula

Um jovem pastor cuidava do seu rebanho no pé de uma grande montanha perto de uma floresta. Ela passava o dia todo sozinho e decidiu encontrar uma forma de ter um pouco de companhia e diversão. Ele correu até o vilarejo gritando: "Lobo! Lobo!" Os moradores do vilarejo vieram acudi-lo. Alguns deles até conversaram com ele por um bom tempo. A atenção que lhe deram o agradou tanto que ele tentou usar o mesmo truque alguns dias depois e, novamente, os moradores do vilarejo o ajudaram. Mas, na semana seguinte, um lobo realmente surgiu da floresta e começou a atacar o rebanho. É claro que o jovem gritou "Lobo, lobo!" ainda mais alto, mas desta vez ninguém apareceu. É que os habitantes do vilarejo já tinham sido enganados duas vezes e pensaram que o jovem estivesse tentando enganá-los novamente. Como resultado, o lobo fez uma boa refeição com o rebanho do jovem pastor.

Moral da estória: Quando há um abuso de poder (posição de autoridade como o guardião do rebanho), esse poder perde a capacidade de persuadir e influenciar.

Qual é o lado negro do poder? Quais são as coisas capciosas, manipuladoras e denegridoras que algumas pessoas devem experimentar com você? Deseja saber quais são as dez principais táticas negras das pessoas antiéticas? Advertência: Você não deve utilizá-las. Elas só servem como esclarecimento e preparação. Quando você estiver preparado para encarar essas táticas negras, estará pronto para lidar com elas de maneira íntegra e ética. Visite www.persuasioniq.com para descobrir as dez formas negras de poder.

CAPÍTULO 8

Habilidade de QP 6

A capacidade de influenciar outras pessoas

A influência é a maior forma de persuasão. **Por quê?** Com influência, as pessoas entram em ação pois estão inspiradas por sua natureza geral, e não por suas ações externas. Persuasão diz respeito ao que você faz ou diz (ou seja, técnicas, habilidades interpessoais, leis da persuasão), mas influência diz respeito a quem você *é*. Como conseguir exercer influência? Como desenvolver-se a ponto de levar as pessoas a agirem simplesmente por influência de uma ideia sua? Como garantir que sua influência continua a compelir as pessoas mesmo quando você não está por perto? Em meus estudos, descobri que os melhores persuasores possuem a maioria (senão todas) as sete características essenciais da capacidade de influenciar os outros:

Carisma   Empatia
Paixão   Visão
Otimismo   Autoestima
Atitude

CARISMA

Os melhores persuasores têm **carisma**. Todos nós conhecemos pessoas carismáticas. Elas têm uma certa presença e charme; elas são cativantes. Elas comandam a nossa atenção; ficamos atentos a todas as palavras proferidas por elas. Sua energia nos serve de estímulo, motivação e inspiração. Depois de encontrá-las, vê-las, ser persuadidos por elas e interagir com elas, passamos a nos sentir melhor. Então, o que é exatamente o carisma? Ele pode ser um atributo misterioso. Não é liderança, arrojamento, entusiasmo, nem personalidade ou ser uma "pessoa que sabe lidar com pessoas", embora tudo isso pareça fazer parte do pacote de alguma forma. O advogado Gerry Spence talvez tenha sido aquele que melhor tenha conseguido resumir o conceito de carisma:

> "Carisma é energia que vem da zona do coração. Se o orador não demonstra ter sentimentos, não há nada a ser transferido. O carisma ocorre quando os sentimentos do orador são transferidos na forma mais pura para outra pessoa. Carisma não é um sentimento diluído. Ele não tem disfarces. Ele é um sentimento bruto. O carisma é a transferência de nossa pura energia, de nossa pura paixão, ao outro."[1]

Pode parecer que as pessoas têm ou não têm carisma. Se você não é uma destas pessoas que "têm carisma", será que é algo que pode ser aprendido? A resposta é **sim**. Como fazer isso? Primeiro, você precisa conhecer os traços e atributos de líderes carismáticos.

O professor Jay Conger identificou quatro características gerais de líderes carismáticos:

1. Eles têm uma **visão forte** e **clara**, e sabem como apresentá-la para melhor atender às necessidades do seu público.
2. Eles sabem como **apresentar sua visão** a fim de que os pontos fracos da condição presente fiquem claros e que as mudanças recomendadas sejam vistas não apenas como justificáveis, mas também desejáveis e necessárias.
3. Eles têm um **histórico de sucesso**, *expertise* e visão para conseguir, com sutileza, se libertar de padrões ultrapassados que talvez sejam menos eficazes.

4. Eles possuem o **comportamento** que incentivam outros a adotar. Eles são o modelo dos resultados de mudança esperados e, portanto, ajudam o público a se sentir motivado e energizado para fazer o mesmo.[2]

Assim que você conhecer as características de líderes carismáticos, execute alguns passos para adquirir estes traços você mesmo. Estas são oito formas através das quais os melhores persuasores aumentam o próprio carisma:

1. **Desenvolver confiança em si mesmo e na sua mensagem.** Não demonstre nervosismo ou desconforto. Se sentir estas emoções negativas, procure pensar no que está causando-as para que elas possam ser solucionadas. A confiança deve penetrar em todos os pensamentos, palavras e ações.
2. **Mostrar um lado mais leve.** Encontre o seu senso de humor e felicidade e divirta-se. Não leve a vida tão à sério. Aprenda a rir de si mesmo.
3. **Ter grande presença e energia.** Projete os Cinco Cs da confiança: caráter, competência, confiança, credibilidade e congruência.
4. **Estar bem informado sobre o assunto e verificar se o conhecimento se baseia em fundamento sólido.** Procure compreender a visão do seu público em relação ao seu assunto e quais são os diferentes tipos de formação, conhecimento e experiência que eles podem trazer como contribuição.
5. **Ter aparência agradável, profissional.** Verifique se as suas roupas, cabelo, sapatos e acessórios são adequados à mensagem e ao ambiente. Vista-se de acordo com a ocasião.
6. **Mostrar-se sensível às pessoas e às suas necessidades.** Desenvolva empatia com o público, procurando se conectar a eles e ser um bom ouvinte.
7. **Verificar se a sua mensagem é clara e de fácil compreensão.** Verifique se há um bom fluxo entre os pontos discutidos. Não transmita a mensagem com informações demais; prenda-se aos pontos pertinentes e mantenha a mensagem concisa. Desta maneira, você irá não apenas prender mais a atenção do público, mas também aumentar as chances de eles lembrarem-se da sua mensagem posteriormente.
8. **Verificar se você é empolgante e se envolve os outros no seu discurso.** Conte estórias encantadoras. Verifique se os assuntos abordados são interessantes.

PAIXÃO

Acima de tudo, a paixão revigora os corações e mentes do seu público. Os melhores persuasores irradiam paixão sincera. Quando o público percebe sua paixão e convicção sincera pela causa que defende (ou produto que deseja vender), ele se envolve emocionalmente na sua oferta. Todos adoramos pessoas empolgadas e que demonstram um zelo plausível pelo assunto abordado. A paixão é essencial para influenciar os outros; contudo, menos da metade de todos os persuasores entrevistados têm paixão por seu produto ou serviço.

Quando você tem paixão por algo, deseja compartilhar isso com o mundo. Deseja converter o máximo possível de pessoas à sua causa, e você não é influenciado pela opinião dos outros. Quando você possui paixão, tem um senso de missão que o orienta, estimula sua imaginação e motiva-o a chegar a níveis mais altos de realização. A paixão sozinha pode ser eficaz para influenciar os outros a apoiar seu produto, serviço ou causa.

Entretanto, há uma diferença entre carisma e paixão. Carisma é uma característica, enquanto paixão é uma emoção. Sua capacidade de transferir a paixão por aquilo que faz, por seu produto ou serviço é uma habilidade essencial se você pretende se sobressair no mundo da persuasão. Quando monitoro excelentes persuasores e suas pontuações no QI de Persuasão, noto a função principal da paixão. Posso monitorar dois persuasores que possuem praticamente a mesma pontuação em conhecimento e aplicação de persuasão, mas seu sucesso não é idêntico. A paixão costuma ser o fator diferencial. Pergunte a si mesmo se você tem paixão pela atividade que exerce ou se simplesmente faz isso de forma mecânica. Você está cantando e realmente sentindo a música ou está apenas dizendo as palavras (sem pensar)? Pense nisso.

O entusiasmo se encontra sob o guarda-chuva da paixão, mas você pode ser entusiasta sem ter paixão. A paixão, contudo, sempre inclui o entusiasmo. O entusiasmo é descrito como uma empolgação ou sentimento forte em nome de uma causa ou assunto. Em grego, a palavra entusiasmo significa "ser inspirado por uma divindade". O entusiasmo é contagiante. O entusiasmo infecta tanto as pessoas que elas perceptivelmente sentem sua energia e empolgação. Ralph Waldo Emerson disse: "Nada de grandioso foi conquistado sem o entusiasmo."

"As pessoas são mais persuadidas pela profundidade de sua convicção do que pela dimensão de sua lógica; mais pelo seu entusiasmo do que por qualquer prova oferecida."
— **David A. Peoples**

Provavelmente você conheceu persuasores que irradiam (ou emanam) entusiasmo. Basta olhar para eles para perceber isso: eles estão sem dúvida motivados. E isso gera um grande interesse por parte do público. O entusiasmo não apenas reduz o medo, mas também cria autoaceitação, maior confiança, compaixão e harmonia entre você e seu público. Isso ajuda a gerar interesse em estranhos e a motivá-los a desejar se envolver.

Os melhores persuasores aumentam seu entusiasmo ao adquirir *insight* e conhecimento sobre seu produto ou assunto. Eles desenvolveram uma verdadeira crença. Acredite em si mesmo e na sua mensagem, explore suas emoções e aprenda como expressá-las. Se, contrariamente, você fingir entusiasmo, demonstrar uma empolgação irrealista e passar uma falsa energia, o resultado será:

Menor credibilidade

Fingimento no projeto

Repulsa das pessoas

Imagem de falsidade

Imagem de arrogância

Em meus *workshops* sobre persuasão, peço aos alunos para fazerem um relato de dois minutos sobre sua paixão pessoal. Muitas vezes, sua paixão é contagiosa e eles acabavam até me influenciando. Com o tempo, os alunos me levaram a gostar mais de sorvete, comprometer-me mais com a reciclagem e querer começar a praticar escalada. A paixão surge de uma combinação de crença, entusiasmo e emoção.

Qual é a sua paixão? O que deixa você loucamente entusiasmado? Concentre-se nas coisas da vida que despertam sua paixão e descobrirá uma nova força motriz na sua vida que o levará a prosseguir até atingir sua meta. Normam Vincent Peale disse: "Quando alguém fica entusiasmado, a personalidade inteira se inflama. A mente fica mais aguçada, mais intuitiva; a força vital inteira e a capacidade criativa são aperfeiçoadas. Esta pessoa é motivada e certamente causará um impacto." O entusiasmo pode ser aprendido. Os melhores persuasores elevam seu nível de entusiasmo quando aumentam o conhecimento, têm um interesse sincero pelo que fazem e sabem aproveitar o seu propósito.

OTIMISMO

Persuasores otimistas sempre conseguem persuadir melhor do que persuasores pessimistas. O otimismo não é apenas essencial para influenciar outras pessoas, mas também é crítico para o sucesso na **vida**. O otimismo é mais do que uma atitude mental positiva. Não se trata de ficar repetindo coisas positivas para si mesmo e depois esperar que isso se torne real. Ao contrário disso, o verdadeiro otimismo é um estado da mente que determina como você observa o mundo. Uma visão otimista da vida e do mundo ao nosso redor pode inspirar a esperança e a coragem em outras pessoas. Todos nós queremos nos sentir inspirados e incentivados. Quando um persuasor consegue transmitir este tipo de mensagem, queremos segui-lo. Esta tendência diz respeito a como o otimismo o ajuda a influenciar outras pessoas.

O pessimismo, por outro lado, está sempre adotando a visão negativa. Os outros percebem um pessimista como alguém irritável e que está sempre olhando para o lado negativo em qualquer situação. Pessimistas são os primeiros a reclamar e dizer para todo mundo que nada dá certo. Como resultado, eles nunca alcançam o sucesso nem o reconhecimento merecido.

Inúmeros estudos mostram que otimistas têm melhor aproveitamento na escola, persuadem melhor, têm mais amigos, têm melhor desempenho profissional e vivem mais do que os pessimistas. Pessimistas, por outro lado, em geral estão em constante luta contra a depressão, têm menos amigos, têm dificuldade para persuadir e desistem com maior rapidez e facilidade. Para ilustrar este ponto, em um estudo, aqueles que venderam seguros foram monitorados para detectar sua atitude otimista ou pessimista em relação a contratempos. Os persuasores otimistas venderam mais apólices e estavam 50% menos propensos a desistir.[3]

"Nenhum pessimista conseguiu descobrir os segredos das estrelas, nem velejou até uma terra encantada, nem abriu um novo paraíso para o espírito humano."
— **Helen Keller**

Os melhores persuasores possuem o que chamamos de "otimismo influente". Isto significa que eles enxergam o positivo em todas as situações. Em vez de se concentrar na decepção, no cinismo ou em sentimentos negativos, eles buscam formas de seguir em frente. As pessoas querem ser persuadidas por indivíduos que têm uma visão positiva da vida. Como um otimista, você enxerga o mundo como uma série de desafios empolgantes. Você inspira sentimentos positivos sobre tudo que defende. As pessoas desejam estar ao seu redor porque vivem em um mundo muito pessimista. A mentalidade otimista é contagiante e ajuda a energizar outras pessoas a acreditarem em você e em si mesmas. Como otimista, você ajuda outros a enxergarem falhas ou imprevistos como temporários. Você não tem a menor dúvida de que o sucesso virá.

Para alcançar o verdadeiro otimismo, você precisa aprender a controlar sua voz pessimista. Todos temos uma voz otimista e outra pessimista dentro de nós. A qual delas você dá ouvidos?

Você pode ser otimista demais? Depende da situação. Você pode chegar a um ponto em que a empolgação seja falsa, quando o otimismo é levado a um extremo, mas acho que é raro encontrar casos de otimismo realista demais. O único momento em que o otimismo sai como um tiro pela culatra é quando você está tentando persuadir um pessimista fanático. Se você começar com um tom otimista demais, entrará em conflito com o seu público. Se, por outro lado, você gradualmente oferecer pequenas doses de otimismo, poderá convencer até mesmo a pessoa mais pessimista. Os melhores persuasores acham essencial espelhar a realidade do público e, aos poucos, aumentar o nível de otimismo do público.

Procure refinar o seu otimismo aprendido, ou seja, a capacidade de enxergar o que é iminente, prever desafios e conseguir manter uma atitude positiva, enquanto se prepara para os solavancos da estrada.

ATITUDE

Os melhores persuasores sabem que manter uma atitude saudável é um comprometimento contínuo em busca da excelência. A maioria das pessoas não pensam muito sobre suas atitudes e, ainda por cima, permitem que suas atitudes controlem-nas o dia inteiro. Em vez de prestar atenção em suas próprias atitudes, a maioria das pessoas absorvem as atitudes dos outros e reagem conformemente. A maior parte das nossas atitudes começam de forma neutra e são alteradas pelo que decidimos pensar ou sentir. Assim, estamos a caminho de um maior controle sobre isso. O momento em que decidimos como reagir às circunstâncias, determinamos o grau do nosso sucesso. Não temos controle sobre tudo que acontecerá, mas temos 100% de controle sobre nossas próprias atitudes. O psiquiatra Viktor Frankl disse: "Pode-se retirar tudo de um homem... menos a última das liberdades do ser humano - a liberdade de escolher sua atitude, sejam quais forem as circunstâncias, de escolher sua própria maneira de lidar com isso."[4] Quando percebemos que a atitude é uma escolha, precisamos ter em mente de que esta é uma escolha que fazemos diariamente, a cada instante.

A atitude é um hábito e ela procede de nossas expectativas - o que esperamos de nós mesmos e dos outros. Os melhores persuasores criam, aperfeiçoam e mantêm expectativas sobre si mesmos e sobre o seu público. A frustração em geral é apenas o resultado de uma expectativa não concretizada ou uma contradição entre realidade e atitude. A boa atitude, a compreensão da frustração e o gerenciamento da expectativa fazem parte de atributos dos melhores persuasores.

No Persuasion Institute, descobrimos que apenas 14,2% das pessoas entrevistadas sentiam que tinham boas atitudes diariamente. **Como você pode melhorar sua atitude de maneira consistente?** Um dos principais fatores é como conversamos com nós mesmos. Lembre-se de que todos nós temos uma voz positiva e outra negativa dentro de nós. **A que voz você dá maior poder?** É essencial que você domine a habilidade de silenciar a voz negativa. Ao analisar os melhores persuasores, notei que, quando surgem pensamentos negativos, eles têm um plano para desarmá-los e substituí-los por pensamentos positivos. Seja o que for que você tem em mente, é exatamente isso que aparecerá no desempenho. É dessa forma que realmente temos maior controle sobre nossas vidas do que a maioria das pessoas imaginam. William James, psicólogo e filósofo, disse: "A maior descoberta da minha geração é que seres humanos poderão mudar suas vidas se mudarem suas atitudes da mente."

Por que o fato de termos uma atitude positiva é tão essencial para influenciar os outros? Nossas atitudes serão refletidas naqueles que desejamos influenciar. Se não nos sentimos positivos em relação a um posicionamento, como podemos influenciar o público a pensar positivamente sobre isso? Seja qual for a atitude que você espera do seu público, primeiro você mesmo precisa possuí-la. Só então poderá ser influente.

Atitude

Em geral, é possível determinar a atitude de uma pessoa simplesmente prestando atenção em suas palavras. Você já se pegou dizendo algo parecido com as seguintes frases?

"Só deixarei de participar desta vez."

"Isto exige esforço demais."

> "Faz parte da natureza humana."
>
> "Fico impotente nesta situação."
>
> "O que importa é o preço."
>
> "Este setor é assim; isto está fora do meu alcance."
>
> "Eles já têm um fornecedor com o qual estão satisfeitos."
>
> "Não importa o que eu faça; isto não mudará a situação."
>
> "Os empregados são assim mesmo. O que espera que eu faça?"

Mesmo quando de fato as circunstâncias não estiverem sob seu controle, tome bastante cuidado para não adotar uma atitude derrotista. Em vez de negar a situação dizendo "Está fora do meu alcance" ou "Não há nada que eu possa fazer", ou de adotar uma atitude repudiante ou reativa, agarre a oportunidade de focar aquilo sobre o qual você *tem* controle e deixe que sua atitude exerça uma influência positiva sobre isso.

EMPATIA

A palavra "empatia" é de origem latina e grega. As duas partes da palavra significam "olhar" e "com o olhar do outro". A capacidade de enxergar com o olhar do outro gera a influência de longo prazo. Quando as pessoas sabem que você pode enxergar o mesmo que elas enxergam, sentir o que elas sentem e ferir-se da mesma forma que elas, elas ficam dispostas a serem influenciadas por você. Os melhores persuasores já dominam e compreenderam o uso da empatia.

Empatia é identificar-se com e compreender a situação, os sentimentos e as preocupações de outra pessoa de maneira realista. É ter a capacidade de colocar-se no lugar do outro e sinceramente compreender a sua situação e dificuldade de lidar com isso. Quando as pessoas percebem que sua empatia é sincera, elas ficam bem mais abertas à sua influência. Em um mundo repleto de pessoas que estão sempre tentando nos convencer a fazer coisas pelos motivos delas, sem consideração por nossos sentimentos em relação a isso, é reconfortante encontrar pelo caminho alguém que é verdadeiramente empático.

"A REGRA NÚMERO 1 DE VENDAS É: DESCUBRA O QUE O CONSUMIDOR DESEJA. O CONSUMIDOR QUERIA QUE EU ME CALASSE E DESSE O FORA DALI."

A empatia também ajuda você a se sentir melhor. Ao contrário do que dizem as mensagens com as quais somos constantemente bombardeados, realmente no sentimos mais felizes quando colocamos os outros em primeiro lugar. Segundo as palavras sábias de Zig Ziglar: "A melhor forma de obter o que você deseja na vida é ajudar os outros a obterem o que desejam." A empatia também tem provado que aumenta a produtividade e a satisfação pessoal, que, novamente, é apenas mais uma prova de que, ao ajudar os outros, você também ajuda a si mesmo. É interessante notar que estudos apontam que aqueles capazes de mostrar e demonstrar empatia têm a autoestima acima da média e se sentem mais responsáveis socialmente.[5]

Apesar de todas as evidências da importância e inutilidade da empatia na persuasão, nossos estudos mostram que, apesar de uma grande parcela dos persuasores achar que estão sendo empáticos para com seu público, a maioria dos membros do público acha que os persuasores estão apenas agindo de forma mecânica. É quase impossível fingir ter empatia. Mesmo quando você achar que o público aceitou sua empatia, observe melhor. Eles ainda não o procuraram para tocar no assunto.

Quando você consegue compreender como o público se sente, a persuasão e a influência se tornam fáceis. Você se colocou no lugar do seu público e eles sabem que você sente o mesmo que eles. É preciso ter talento para causar a impressão de ser empático, mesmo quando você possui real empatia. Vivemos em um mundo autoabsorvido e ser empático contraria quase tudo que você aprendeu com o mundo. Aprendemos desde pequenos a sermos exigentes, egoístas e egocêntricos. Os melhores persuasores esquecem de si mesmos no processo de persuasão, descobrem de que o público precisa e se conectam através da empatia. Isso funciona e sei que é possível aprimorar esta técnica. A empatia gera uma proximidade até mesmo entre dois estranhos.

Infelizmente, a loucura da vida moderna não parece cultivar a mentalidade de encontrar tempo para ajudar os outros. Para ter o domínio da empatia, você mesmo precisa buscar (ou até criar) as oportunidades. Se precisar encontrar formas de desenvolver maior empatia, pergunte a si mesmo:

"Como me sentiria se fosse aquela pessoa?"
"Por que aquela pessoa está se sentindo desta forma?"
"Como posso ajudar?"
"Como eu me sentiria se isto acontecesse comigo?"

Basicamente, mesmo ao avaliar situações separadamente, você nunca errará se sempre considerar necessidades psicológicas e emocionais universais da família humana: aprovação, atenção, incentivo e compreensão. Quando você aceita a pessoa como um todo incondicionalmente, cria empatia. Você aceita seus pontos fortes e conquistas, além de seus pontos fracos, falhas, dúvidas e medos.

VISÃO

Os melhores persuasores possuem e podem instilar uma visão dominante do futuro com seu público. Quando você deseja influenciar os outros, é essencial ter uma visão forte e clara. As pessoas compram uma ideia quando percebem que existe uma visão clara e sólida que eles podem tocar, provar, sentir ou ver. Ninguém quer comprar o estoque de um navio que está afundando. As pessoas querem saber: Qual é o plano? Qual é o nosso destino? Qual é a meta? Em outras palavras - qual é a visão? Sua tarefa é apresentar de forma poderosa como sua visão é a solução dos problemas deles. Sua visão precisa preencher a lacuna entre a situação presente e a situação **desejada** por eles - a posição deles e onde gostariam de estar.

Uma visão comum impulsiona as pessoas a agirem juntas em prol das mesmas metas e objetivos. Pessoas influentes possuem visões claramente definidas que são inovadoras e repletas de empolgação e antecipação.

Lembre-se de que mais do que qualquer coisa na vida, a visão (seja a sua ou a de outra pessoa) comanda nossas decisões diárias.

A visão é uma ferramenta poderosa para ajudar os outros a enxergar melhor o cenário geral. Seja qual for o seu papel persuasivo, como pai/mãe, marido/esposa, professor(a), *coach*, amigo(a), representante de vendas ou empregado(a), levar o público a **acreditar em sua visão** é uma maneira poderosa de aumentar sua influência.

A visão é uma força muito poderosa pois nos mantém focados no futuro. A visão dá um senso de propósito direcional às pessoas, pois a maioria das quais não tem um propósito ou direção claramente articulada em suas vidas. Segundo Stephen Covey: "Começar com o fim em mente significa começar com uma clara compreensão do seu destino. Significa saber para onde você se dirige a fim de melhor compreender sua posição atual e confirmar se seus passos estão o conduzindo na direção certa."[6] Todos os seres humanos anseiam por direção. É por isso que alguém com visão é tão fascinante para nós. Quando você constrói sua visão, precisa pensar grande. Conselho de Walt Disney:

"Não faça planos pequenos; eles não têm magia suficiente para mexer com o íntimo dos homens e provavelmente não serão concretizados. Faça **planos grandes**; almeje alto em termos de esperança e trabalho, lembrando sempre que um diagrama nobre e lógico, uma vez registrado, nunca morrerá, mas muito depois do fim de nossa existência, algo permanecerá vivo, se autoafirmando com insistência cada vez maior."

A verdadeira visão afeta o seu público, mesmo quando você não está por perto, pois uma visão contagiosa influencia nossos pensamentos e imaginação 24h por dia.

AUTOESTIMA

Persuasores influentes têm a autoestima saudável. A autoestima é o quanto gostamos de nós mesmos. É nosso nível de confiança e satisfação com a nossa maneira de ser. Os melhores persuasores com autoestima alta se sentem bem em sua própria companhia. A alta autoestima leva as pessoas a serem mais generosas, otimistas, abertas e influentes. As pessoas com alta autoestima são fortes e seguras, o que significa que conseguem admitir quando estão erradas. Elas não são intimidadas pela crítica. Como pode imaginar, sua autoconfiança permeia todos os aspectos de suas vidas: trabalho, formação e relacionamentos. Os melhores persuasores com alta autoestima têm a capacidade de elevar a autoestima do seu público, tornando-os mais abertos à sua persuasão e influência.

Todo ser humano deseja e precisa de elogios, reconhecimento e aceitação. Conhecer e confirmar nosso valor talvez seja nosso maior anseio. Desejamos receber elogios e reconhecimento para que nos sintamos admirados e respeitados. Se você se comunica e trabalha com indivíduos de forma que eleve sua autoestima, você aumenta a influência que exerce sobre eles. O uso apropriado da construção da estima e a oferta de elogios sinceros pode mudar e melhorar o comportamento. O indivíduo que recebe o elogio agora tem a reputação à qual deve corresponder e a oportunidade de provar e confirmar a validação do elogio.

Os melhores persuasores não se tornam um ameaça à autoestima de alguém. Eles estão certos de que seu público se sente capaz de fazer o que lhes é solicitado. Se estiver se oferecendo para ajudar alguém, e esta pessoa perceber que deve saber como ajudar a si própria, isso será um golpe para sua estima. Se receber ajuda emite uma autoimagem negativa, os destinatários estão propensos a se sentirem ameaçados e a reagir negativamente.[7] Acreditamos mais rápido em descrições lisonjeadoras a nosso respeito do que em descrições que nos depreciam.[8]

A **baixa** autoestima também afeta nosso pensamento e nossas ações. Algumas formas através das quais a baixa autoestima determina nossas palavras e ações:

> Lembramos e justificamos nossas ações anteriores como forma de aumentar nossa importância.
>
> Exibimos um nível pretensioso de confiança em nossas crenças e julgamentos.
>
> Exibimos orgulho pelo grupo (por exemplo, tendemos a ver nosso grupo pessoal como superior, seja em nossa religião, local onde estudamos ou país de origem).
>
> Supervalorizamos o quanto os outros apóiam nossas opiniões e compartilham nossas limitações.
>
> Estamos continuamente nos comparando aos outros.
>
> Sentimos força e estima com base em nosso *status* ou posses.
>
> Tendemos a menosprezar os outros nos sentirmos melhor em relação a nós mesmos.

Os estudos do Persuasion Institute indicam que a maior parte da nossa comunicação é interpretada como negativa, seja qual for a intenção.

Mesmo quando você diz algo positivo, existem pessoas que transformam e interpretam isso como algo negativo. Quando você se encontra em uma situação persuasiva, é essencial procurar elevar o ego do seu público de maneira sincera. Muitas vezes, nos apresentamos de uma forma que instila sentimentos de ameaça, competição, ciúmes e falta de confiança no nosso público. Verifique se seus elogios são sinceros e autênticos.

Você nunca erra ao fazer um elogio sincero. Isso só faz as pessoas se sentirem melhores, mais felizes, mais energéticas e mais produtivas. Provavelmente já passou por isso antes. Quando você recebe um elogio sincero, aparece logo um sorriso no seu rosto e isso eleva o seu ânimo. Não espere por um bom motivo ou algo grandioso acontecer. Seja generoso em seus elogios. Torne os elogios um hábito diário e você estará no caminho certo para aumentar o seu potencial de influenciar positivamente os outros.

> Em uma cultura que se torna cada vez mais cínica, talvez você se preocupe se o seus elogios serão vistos como sinceros ou não. Considere os seguintes três pontos para ajudar a garantir que seus elogios sejam aceitos:
>
> Encontre algo positivo para elogiar.
> Elogie um ato específico, e não a pessoa.
> Seja sincero e autêntico.

As pessoas estarão bem mais abertas às suas ideias e sugestões quando você ajudá-las a se sentirem bem consigo mesmas, com seu trabalho e com suas conquistas. Isso só funciona quando você mesmo tem a autoestima alta. Os melhores persuasores sabem que há uma correlação direta entre sua autoestima e sua capacidade de elevar a autoestima do público. Quando você leva as pessoas a sentir que suas contribuições são essenciais, logo elas se dispõem a apoiar você.

PRESENÇA INFLUENTE

"Nas mãos de quem oferece flores resta sempre um pouco da fragrância."
— **Provérbio chinês**

A influência é o piloto automático do seu carro do sucesso. Quando ela está definida, você não precisa de fatos e números para persuadir alguém. Você pode influenciar as pessoas em função de quem é. Você levará segundos, e não horas, para influenciar. Os melhores persuasores sabem como desenvolver a influência de curto e de longo prazos. O desenvolvimento de sua presença influente o habilitará a construir, motivar e energizar outros a entrarem em ação. Quando você domina e utiliza todos os elementos essenciais da influência (carisma, paixão, otimismo, atitude, empatia, visão e autoestima), consegue oferecer a si mesmo a energia e a presença necessárias para obter resultados.

O gárrulo e o pavão: uma fábula

Um gárrulo se aventurou em um terreno em que viviam pavões. Lá, ele encontrou várias penas que haviam caído dos pavões quando eles estavam na época de muda. Ele juntou as penas ao seu rabo e andaram emproados em direção aos pavões. Ao se aproximar, eles descobriram a fraude e começaram a bicar sua cabeça e a retirar as penas emprestadas. Assim, o gárrulo precisou se juntar novamente aos outros gárrulos, que haviam observado o seu comportamento à distância. Entretanto, eles também estavam chateados e irritados com ele.

Moral da estória: Através da decepção e da fraude, você irá não apenas deixar de influenciar seus inimigos, mas também destruirá suas amizades.

Você tem carisma? Talvez ache que sim, mas o que os outros realmente pensam sobre você? Você atrai as pessoas e elas desejam ser influenciadas por você? Você repele as pessoas e nem sabe disso? Você possui os dez traços de pessoas carismáticas? Visite www.persuasioniq.com e descubra.

CAPÍTULO 9

Habilidade de QP 7

Como motivar a si mesmo e aos outros o tempo todo

"Vencer não é tudo, mas querer vencer é."
— **Vince Lombardi**

A **motivação** é tudo para um ótimo persuasor. A motivação é essencial não apenas para adotar as etapas significativas em direção aos seus objetivos, mas também para fazer tudo que for necessário para atingir este fim. Se você não for impulsionado nem motivado, nada será concretizado e provavelmente você nem iniciará o processo. A motivação tem dupla função no mundo do domínio da persuasão. Acima de tudo, falar em motivação é saber se você está se mantendo motivado. Depois de verificar que você é uma pessoa consistentemente automotivada, concentre-se em inspirar e motivar os outros a entrar em ação. Como os melhores persuasores já dominam estas duas habilidades, este capítulo se dedica a ensinar como dominá-las.

Note que eu disse: "depois de verificar que você é uma pessoa **consistentemente** automotivada." A consistência é o segredo. Provavelmente inúmeros exemplos vêm à sua mente de momentos em que você ficou realmente empolgado com algo e sentiu-se eufórico com isso, pronto para dominar o mundo - depois o que aconteceu? Depois de algum tempo, todo aquele entusiasmo, empolgação e comprometimento sumiram. Os melhores persuasores permanecem consistentemente e previsivelmente motivados.

Precisamos compreender a natureza humana e a psicologia que nos leva a fazer o que fazemos. Às vezes, estamos supermotivados e outras vezes não conseguimos nem levantar da cama pela manhã. **Por quê?** Muitas vezes, não temos um sistema ou compreensão capaz de nos manter motivados depois do impulso inicial. A motivação de nada adianta quando ela só aparece em explosões esporádicas. O impulso inicial é importante, mas depois é importante encontrar uma maneira de manter a chama acesa. A motivação é mais uma das habilidades essenciais ao sucesso que não são ensinadas na escola.

Também precisamos nos dar conta de que, para manter a motivação constante, é necessário sermos sinceros com nós mesmos e percebermos que nossas emoções, nossas circunstâncias e nossa disciplina flutuam a cada instante e todo dia. É inevitável passarmos por alguns dias ruins. Então, você precisa estar preparado com uma rede de segurança da motivação. É preciso adotar um sistema. Quando sua energia, empolgação e motivação estiverem em alta, pense em formas de manter a motivação viva com consistência, diariamente. Imagine-a como um fluxo contínuo e não como uma onda gigantesca que atinge tudo ao mesmo tempo. Este conceito pode parecer simples, e de fato é, mas é sua simplicidade que o torna uma das ferramentas de persuasão mais ignoradas. Estudos do Persuasion Institute descobriram que, quando persuasores foram indagados sobre sua capacidade de motivar-se e energizar-se todo dia, mais de 50% considerou isso um problema. Acredito que tal estatística seja tão alta porque as pessoas não percebem que a motivação precisa ser mantida dia após dia, às vezes até a cada instante.

Grande parte de nossos desafios de motivação seriam remediados se conseguíssemos tratá-los como o alimento físico. Nunca dizemos: "Hoje fiz uma ótima refeição. Isto deve me bastar para o resto do mês." Obviamente, nossos corpos precisam de alimento todo santo dia. Com a motivação, ocorre o mesmo. Nossos maiores sucessos sempre ocorrerão quando estiverem acompanhados de motivação clara e constante.

Vivemos em um mundo onde queremos tudo para **hoje**. Queremos encontrar uma solução rápida. Queremos uma gratificação instantânea e resultados rápidos. Não basta ganhar logo uma gratificação; queremos obter isso com o mínimo de esforço. Por exemplo, se você perguntasse a um grupo aleatório de pessoas no meio da rua se eles gostariam de ficar financeiramente independentes, perder peso ou ter relacionamentos melhores, a maioria diria que sim. Mas quantos deles conseguiriam esboçar um plano de ação detalhado que estão de fato seguindo para tornar isso uma realidade? Aposto que poucos ou nenhum. Esta falta de cumprimento das metas faz parte da natureza humana não orientada. Quando incentivados, a maioria de nós sente as fagulhas, mas não consegue de fato atear o fogo.

INIBIDORES DA MOTIVAÇÃO

Muitas vezes, o caminho para o sucesso, inicialmente tão claramente definido, começa a ficar novamente nebuloso. O que torna o caminho pouco claro ou inibe nossa motivação? Poderíamos nomear centenas de pequenas coisas que interferem neste processo. Mas a falta de sucesso de longo prazo fala muito mais alto do que imprevistos, aborrecimentos e frustrações diárias. Pense um pouco sobre a origem de todos esses desvios: a insegurança, a autossabotagem, a constante irritação, a voz interna negativa, a incapacidade de prender-se às coisas que você sabe que deve fazer. Às vezes, nossa falta de persistência deriva do fato de que o comportamento necessário não faz parte do nosso padrão usual. Outras vezes, é porque não estamos fazendo isso pelos motivos certos ou da maneira certa. Às vezes, é porque estamos tentando tratar o problema ou comportamento de forma superficial, em vez de considerar o problema subjacente. Ou seja, estamos tratando os sintomas e não a doença.

Os melhores persuasores, além de conseguirem manter uma atitude positiva, se cercam de pessoas tão bem-sucedidas (ou até mais) quanto eles. Um dos principais motivos pelos quais não ficamos motivados é porque sabotamos, sem intenção, nossos próprios esforços ou permitimos que outros nos sabotem. Às vezes, nem percebemos que isso está acontecendo. É como se estivéssemos por perto jogando baldes de água fria no nosso fogo, ou permitindo que outros joguem baldes de água fria em nosso fogo. Depois, ficamos matutando por que o fogo não acende.

Dois dos principais inibidores da motivação são a mentalidade e as pessoas com as quais nos associamos. Olhe ao seu redor. As pessoas com quem você se relaciona na vida colocam você para cima ou para baixo? Elas estão incentivando-o ou desanimando-o? Como elas encaram suas metas, sonhos e aspirações? Muitas vezes, desistimos simplesmente porque não temos o apoio nem o incentivo daqueles que respeitamos e amamos. Esta falta de apoio talvez traduza um sentimento de proteção para conosco ou uma falta de compreensão total da situação. Ou talvez eles compreendam a situação e todas as suas implicações, mas não estejam convencidos da sua importância. Ou talvez simplesmente tenham inveja e ressentimento: como eles não seguiram os sonhos deles, por que você deve seguir os seus? Entretanto, apesar de existirem todos aqueles que o desanimam, não compreendem nem acreditam nos seus planos, ou que deixam a própria vida ir por água abaixo e querem arrastá-lo junto com eles, há também aqueles que perseguem seus sonhos e são bem-sucedidos. Essas pessoas o incentivarão a fazer o mesmo. Cerque-se de pessoas inspiradas e motivadas.

Outra tensão sobre sua capacidade de motivar a si mesmo é sua **mentalidade**. Em muitos casos, nossos sonhos perdem a vida ou desistimos totalmente de sonhar. Mas quando a nossa capacidade de sonhar está perdida, uma parte de nós morre. Se você se encontrar um dia nesta situação, procure rever e retomar o seu sonho. Seja sincero consigo mesmo: você costuma dar desculpas para não poder, não dever ou não ter tempo para fazer isto? Isso se chama **"autossabotagem"**.[1] Sabotamos nossos próprios esforços e desejos, encontrando desculpas e prevendo a falha futura. No íntimo, talvez acreditemos que esta mentalidade é o caminho mais seguro. A ideia de sucesso pode ser assustadora, ou seja, ela pode significar sacrificar o antigo e familiar e abraçar o novo e desconhecido. Ela significará novos comprometimentos, mudanças e alguns ajustes.

Provavelmente você já ouviu falar no exemplo de manter um bebê elefante acorrentado a um poste. O bebê elefante tenta se libertar, mas o posto é muito profundo. Quando o elefante atinge a idade adulta, ele pode facilmente puxar o poste, mas já desistiu de fazê-lo há muito tempo. Ele nem tenta mais. O dr. Martin Seligman, fundador da Psicologia Positiva, chama este conceito de **"impotência aprendida"**[2] Quando não assumimos responsabilidade por nossa impotência aprendida, o dr. Seligman diz que isso pode disparar os seguintes resultados negativos:

- Suspende a capacidade de aprender com a situação.
- Inibe a capacidade de ser criativo.
- Diminui a expectativa de sucessos futuros.
- Gera distúrbios emocionais, como ansiedade, hostilidade, medo e depressão.
- Diminui o sistema imunológico do corpo.
- Limita a capacidade de ganhos e diminui a segurança no emprego.[3]

Quando somos sinceros com nós mesmos, talvez descubramos que existem áreas em que a impotência aprendida prevalece. Para vencer esta tendência, você precisa sonhar, e sonhar alto. Você precisa se sentir inspirado para quebrar essas correntes. Lembre-se de que seus inibidores terão o poder que você conferir a eles. Assim como o bebê elefante que atingiu a maturidade, a corrente e o poste não são um obstáculo real para você. O que está detendo você? Quais são as correntes e postes na sua vida? O que seria preciso para levá-lo a ter vontade de pular da cama toda manhã? Se você tem sonhos embotados, é difícil ficar motivado.

Os melhores persuasores assumem total responsabilidade pelo próprio sucesso, por suas falhas e por sua vida. Se você já tentou bastante, estou certo de que poderia dar vinte motivos para seu fracasso. Mas isso não importa, pois você só precisa de um bom motivo para ser bem-sucedido. Poderíamos passar um dia e uma noite inteiros tentando arranjar desculpas. Na verdade, reuni aqui algumas das desculpas que escuto o tempo todo no mundo da persuasão.

- "Não posso simplesmente ligar."
- "Eles tiveram sorte."
- "A minha área é ruim."
- "A economia está mal."
- "Eles me induziram ao fracasso"
- "Os empregados me detestam."
- "Tentei e não funcionou."
- "O *marketing* está desatualizado."
- "Não sou bom de conversa ao telefone."
- "A concorrência está em toda parte."
- "O produto precisa de aperfeiçoamentos."
- "Seria bem-sucedido se tivesse aquela conta."
- "Como eles esperam que eu concorra com...?"
- "A empresa não gera comandos suficientes."

Seja qual for a maneira pela qual o desestímulo se manifeste, você precisa se fortalecer e tomar a dianteira. Pense no que teria acontecido se Abraham Lincoln tivesse dado ouvidos aos seus críticos ou se Thomas Alva Edison tivesse acreditado em todos que disseram que suas invenções eram impossíveis. E se Bill Gates tivesse escutado seus conselheiros quando ainda estudava em Harvard e estava na escola? E se Mark Victor Hansen e Jack Canfield tivessem dado importância às mais de 100 editores que se recusaram a publicar *Chicken Soup for the Soul** (que acabou vendendo milhões de cópias)? Há centenas de estórias semelhantes. Qual é a sua estória? **Você** mesmo pretende escrevê-la ou vai permitir que outra pessoa faça isso por você? A principal lição a ser tirada destas experiências é que você não pode deixar os outros sugarem sua energia e a motivação.

Vamos deixar para trás a impotência aprendida, esquecer as desculpas prévias para o fracasso e optar pela vitória.

COMPROMETIMENTO

"As pessoas bem-sucedidas são aquelas que escolhem um caminho e não desgrudam dele."
— Andrew Carnegie

Comprometimento tem muito a ver com perspectiva. Quando você considera sua perspectiva pessoal, consegue visualizar o cenário geral ou é tomado pelo impulso do momento? Verifique se a sua perspectiva é sólida; caso contrário, seus comprometimentos serão como uma desculpa esfarrapada. Todos sabemos que quando alguém diz "Vou tentar", isso nunca vai acontecer. "Vou **tentar**" versus "Eu **vou**" são duas atitudes diferentes. Ao dizer que vai tentar você está tentando tirar o corpo fora. Ao dizer que vai fazer algo, você se compromete. Verifique se os comprometimentos que você faz em um momento de empolgação têm uma motivação sustentável que o leva a progredir. Os melhores persuasores tornam seus comprometimentos mais fortes do que seus estados de espírito.

Uma das principais formas de verificar se o seu comprometimento permanece forte é desenvolvendo força de vontade e a capacidade de adiar a gratificação. Walter Mischel, um psicólogo da Universidade de Stanford, realizou um estudo que foi chamado de **"teste do *marshmallow*"**. Ele colocou grupos de crianças de quatro anos de idade em uma sala e deu um *marshmallow* a cada um. Ele disse que eles poderiam comer logo o *marshmallow* ou aguardar entre quinze e vinte minutos e serem recompensados com um segundo *marshmallow* quando ele voltasse. Muitas das crianças conseguiram se conter, mas outros não conseguiram esperar. Ao término do estudo, Mischel acompanhou todas as crianças para verificar como elas se comportavam na vida. Os resultados foram surpreendentes. Ele

---

* Nota da tradutora: O livro *Chicken Soup for the Soul* já foi traduzido para o português: *Histórias para Aquecer o Coração* (Ed. Sextante, 2008)

descobriu que as crianças que conseguiram adiar a gratificação era duas vezes mais propensas a serem bem-sucedidas em nível acadêmico, social e emocional do que aquelas que não conseguiram esperar. No ensino médio, as crianças que tiveram força de vontade tiveram notas melhores e alcançaram 210 pontos a mais nos *SATs* do que as que não tiveram isso.[4]

Mesmo para os indivíduos mais fortes, seu nível de comprometimento ou força de vontade nem sempre é constante. A força de vontade é como uma bateria. Conforme você exercita sua força de vontade durante o dia, a bateria começa a enfraquecer. O que desgasta a sua bateria? Fadiga, emoções negativas, nível baixo de açúcar no sangue, supressão das emoções e até mesmo a pressão de colegas desgastam a sua bateria de força de vontade mais rápido do que qualquer outra coisa.

Um estudo interessante confere maior credibilidade a esta ideia de que a força de vontade pode de fato ser mais forte se tiver períodos de recesso. Pesquisadores pediram a alunos universitários participarem de um experimento sobre a percepção do sabor (pelo menos era isso que os alunos pensavam). Os alunos foram orientados a absterem-se de comidas três horas antes de chegarem. Portanto, eles chegariam com fome. Ao entrarem na sala, eles foram recebidos com o cheiro de biscoitos de chocolate, que tinham acabado de sair do forno e estavam empilhados em uma mesa lateral, próximos a uma tigela com rabanetes lavados e cortados. Ao entrar na sala, eles se dividiram em dois grupos. Um grupo foi orientado a comer apenas biscoitos de chocolate e o outro a comer apenas rabanetes. Depois, eles foram deixados sozinhos para andar pela sala enquanto esperavam os pesquisadores. Obviamente, o grupo de alunos que deveria comer rabanetes precisou exercitar sua força de vontade para resistir à tentação de comer biscoitos de chocolate e comer apenas rabanetes. Passados cinco minutos, os alunos foram orientados a aguardar até que sua percepção sensorial da comida desaparecesse até iniciarem uma nova tarefa. A nova tarefa, que não tinha relação com a anterior (ou

> Você precisa ser capaz de identificar quando a sua bateria de força de vontade está baixa. Veja algumas formas através das quais você pode recarregá-la:
>
> - Tire um cochilo.
> - Faça um lanche.
> - Converse com uma pessoa positiva.
> - Reveja suas metas.
> - Faça um pouco de exercício físico.
> - Reavalie a sua visão.
> - Faça uso do humor.
> - Medite.
> - Ajude alguém.

pelo menos eles pensaram que não) era montar um quebra-cabeças. Os alunos não sabiam, mas os quebra-cabeças não tinham solução. Os pesquisadores só queriam verificar quanto tempo os sujeitos levariam para desistir de montar os quebra-cabeças.[5]

Lembre-se de que os pesquisadores estavam sugerindo que a força de vontade e a autodisciplina enfraqueceriam depois da execução de tarefas em sequência, assim como um músculo muito utilizado atinge um estado de fadiga ou uma bateria fica sem carga. Depois da verificação dos dois grupos - um que comeu biscoitos (o que não exigia força de vontade) e outro que comeu rabanetes (exercitando sua força de vontade e resistindo ao cheiro do biscoito), o resultados foram interessantes. O grupo que comeu biscoitos ficou tentando montar o quebra-cabeça por 18,54 minutos antes de desistir. O grupo que comeu rabanetes ficou tentando montar o quebra-cabeça por 8,21 minutos antes de desistir. Em outras palavras, o grupo do rabanete, aquele que exerceu a força de vontade, desistiu 2,25 vezes mais rápido do que o grupo que não exercitou a força de vontade. **O saldo final é que quanto mais exercitamos nossa força de vontade de maneira sequencial, mais esgotamos nossa bateria!!!**

O CICLO DO DESESPERO: POR QUE A MOTIVAÇÃO NÃO DÁ CERTO?

"É melhor acender uma vela do que xingar a escuridão."
— **Provérbio chinês**

Uma das maiores críticas à motivação como ferramenta de persuasão é que os resultados costumam parecer temporários. Há uma certa verdade nesta noção, mas somente quando a motivação não é usada de maneira adequada. Motivar ou ser motivado nas coisas erradas e pelos motivos errados nunca funcionará. Chamo a motivação por resultados de curto prazo de **"ciclo do desespero"**. O ciclo do desespero descreve nossa tendência a pegar o caminho mais fácil em vez de adotar o melhor caminho. Residimos em nossas zonas de conforto - locais onde não precisamos gastar muita energia para analisar o que está ao nosso redor. Nessas zonas, seguimos o hábito e a rotina. Como resultado, ficamos resistentes às mudanças. É improvável que venhamos a nos distender ou buscar a excelência. O medo do desconhecido e o medo de cometer erros também são motivos que nos levam a permanecer na zona de conforto. Segundo Mark Twain: "Um gato que pisa sobre a chapa quente do fogão uma vez, não

"MEU CHEFE ME DEU UMA FITA DE MOTIVAÇÃO.
É UMA GRAVAÇÃO DELE DEMITINDO PESSOAS."

pisará novamente sobre uma chapa quente de fogão, mas também não pisará sobre uma chapa fria." A zona de conforto é segura e familiar, mas ela nos mantém paralisados pelo medo e desmotivados a se aventurar.

O **medo**, contudo, aumentará gradativamente nossa complacência. Em algum momento, perceberemos que não fizemos nada do que precisávamos fazer. De repente, teremos medo daquilo em que estamos nos transformando e do rumo que tomamos como resultado da negligência. Ao contemplarmos nosso destino, talvez entremos em pânico, trabalhando freneticamente para recuperar o tempo perdido. Esta reabilitação frenética dura o tempo suficiente para que enxerguemos exatamente o quão íngreme é a subida, ou seja, o tempo de duração real da maratona. E, depois, a nossa empolgação começa a sumir. Voltamos a nos deixar embalar pela nossa zona de conforto, imunes às descobertas marcantes que nos deixaram em pânico um pouco antes. Assim, somos posicionados perfeitamente para começar tudo de novo. Portanto, nos encontramos no "ciclo do desespero".

Vejamos um cenário comum. Digamos que está chegando o dia de uma reunião da sua turma do ensino médio. Nos últimos dez anos, você tem se deliciado com um dos alimentos que mais aprecia na vida (talvez biscoitos de chocolate). Como resultado, suas roupas estão apertadas. Você não quer ir à reunião como um indivíduo tão avantajado. Você começa a temer o que poderá acontecer se você aparecer na reunião com este físico. O pânico toma conta de você. É aí que você promete que vai perder peso antes do evento que está prestes a acontecer. Com este intuito, você passa fome. Começa até a praticar exercícios físicos. Começa a eliminar alguns quilos e vai para a reunião mais magro e se sentindo confiante. Depois, ao chegar em casa, você acha que seria bom continuar perdendo peso, mas percebe que isso é mais difícil do que imaginava. Você começa a ser tolerante demais consigo mesmo novamente, no início só um pouquinho e cada vez mais até que percebe que o tempo passou. Larga de mão a dieta e a ginástica. Recupera os quilos antes eliminados e o ciclo vicioso começa novamente.

MOTIVANDO OS DESMOTIVADOS - HIERARQUIA DAS NECESSIDADES DE MASLOW

Os melhores persuasores conseguem localizar e satisfazer necessidades e desejos ainda não atendidos. Dois dos principais segredos para saber como motivar os outros são: 1º) descobrir suas necessidades e desejos, e 2º) encontrar uma forma de satisfazê-los.

Os melhores persuasores sabem que nem todo mundo pode ser motivado da mesma forma e ao mesmo tempo. Muitos de nós conhecemos a "hierarquia das necessidades" de Abraham Maslow. Pesquisador e psicólogo renomado, Maslow propôs uma hierarquia das necessidades que demonstra as necessidades humanas que estamos mais motivados a satisfazer.[6] A base da ordem motivacional começa com os fundamentos da vida. Estas necessidades fundamentais, que sustentam a vida, devem ser atendidas antes das necessidades superiores. Quando as necessidades inferiores não são atendidas, as necessidades superiores se tornam menos urgentes.

- **Necessidades de autopercepção**: perceber os próprios talentos, dons e potencial
- **Necessidades do ego**: respeito, *status* e reconhecimento
- **Necessidades sociais**: afeto, companheirismo e inclusão
- **Necessidades de segurança**: proteção contra danos físicos
- **Necessidades fisiológicas**: alimento, sono e abrigo

À medida que mais necessidades básicas são atendidas, elas perdem seu poder motivacional. Assim, subimos na hierarquia e procuramos satisfazer necessidades em outras áreas. Por exemplo, se a água corrente é algo que temos como certo, é improvável que a necessidade de beber um copo de água nos leve à ação. Por outro lado, se não conseguirmos pagar o aluguel do mês, é provável que não pensemos demais em atender às nossas necessidades de autopercepção. Afinal, como dizem por aí, um homem com dor de dente não consegue se apaixonar.

Para motivar com eficácia, verifique se você está satisfazendo a necessidade hierárquica mais básica do público, que ainda não foi atendida e, depois, ofereça oportunidades para que essa necessidade seja atendida.

Não faça pressuposições pois elas costumam estar erradas. Veremos isso nas tabelas a seguir. Os melhores persuasores conversam diretamente com a pessoa e encontram tempo para escutá-la e compreender logo suas necessidades e desejos. A seguir, observe um exemplo de como o que os empregados desejam é uma coisa e o que os gerentes pensam que eles desejam é outra. Como estes gerentes poderiam ser mais eficazes ao motivar a equipe se estivessem realmente em contato com os empregados? Em geral, o que pensamos que os outros desejam e o que eles realmente desejam são duas coisas distintas. Estudos mostram que apenas uma em cada dez pessoas são reconhecidas/motivadas de maneiras significativas para elas.[7] Os melhores persuasores conseguem consistentemente localizar esses desejos e necessidades.

O que motiva os empregados na opinião dos gerentes	
1. **<u>Remuneração</u>**	6. Lealdade pessoal aos empregados
2. Segurança no emprego	7. Disciplina com tato
3. Oportunidades de crescimento e promoção	8. Valorização do trabalho realizado
4. Boas condições de trabalho	9. Ajuda em problemas pessoais
5. Trabalho interessante	10. Estar bem informado

> **O que motiva os empregados na opinião dos empregados**
>
> 1. Trabalho interessante
> 2. Valorização do trabalho realizado
> 3. Estar bem informado
> 4. Segurança no emprego
> 5. **Remuneração**
> 6. Oportunidades de crescimento e promoção
> 7. Boas condições de trabalho
> 8. Lealdade pessoal aos empregados
> 9. Disciplina com tato
> 10. Ajuda em problemas pessoais[8]

INSPIRAÇÃO VERSUS DESESPERO

Só há duas coisas que nos motivam na vida: **inspiração** e **desespero**. Seguimos em direção àquilo que nos inspira ou procuramos nos afastar daquilo que nos deixa desesperados ou desconfortáveis. A maioria das pessoas utiliza apenas a energia motivacional do desespero. Qualquer persuasor pode motivar um público com desespero, medo e preocupação. O problema é que a motivação movida pelo desespero não dura muito. As pessoas que são movidas pelo desespero ou pelo medo costumam estar tão preocupadas com aquilo de que estão tentando fugir que não conseguem pensar em outra coisa.

Se quiser que a motivação pessoal dure, você precisa contar com a inspiração, que se baseia em nossas emoções e visão. Os resultados positivos que resultam do uso da inspiração como motivador são óbvios. E, pessoas inspiradas não precisam de uma cenoura balançando à sua frente para conseguirem concretizar algo. Elas são automotivadas e não aguardam fatores externos para orientá-las em uma direção ou em outra. A motivação não é estagnada. Todos nós precisamos de diferentes tipos de motivação. Todo dia, a toda hora, precisamos de uma forma diferente de motivação. Os melhores persuasores sabem quando, como e que tipo de motivação deve ser usada não apenas como persuasores mas também em suas vidas pessoais. Também é essencial saber que combinação de motivação deve ser usada em cada situação persuasiva.

> "A motivação é um fogo interno. Se outra pessoa tenta acender este fogo dentro de você, é provável que sua chama arda por pouco tempo."
> — **Stephen R. Covey**

O SISTEMA DE MOTIVAÇÃO DO PERSUASION INSTITUTE

Os melhores persuasores dominam a aptidão de motivar diferentes pessoas com diferentes métodos. Aprofundarei as explicações aqui para ajudá-lo a compreender o que exatamente motiva as pessoas (incluindo você). O que os melhores persuasores fazem para motivar o público a agir, e para motivar a si mesmos, mesmo quando não sentem vontade de fazer o que precisa ser feito? Vamos falar sobre a ciência da motivação (veja o gráfico a seguir). Observe que a motivação (ou o desejo de mudar) não existe no centro do sistema de motivação. Este ponto central representa nossa zona de conforto, onde vivenciamos a complacência. Como você persuade a si mesmo ou alguém a sair do centro?

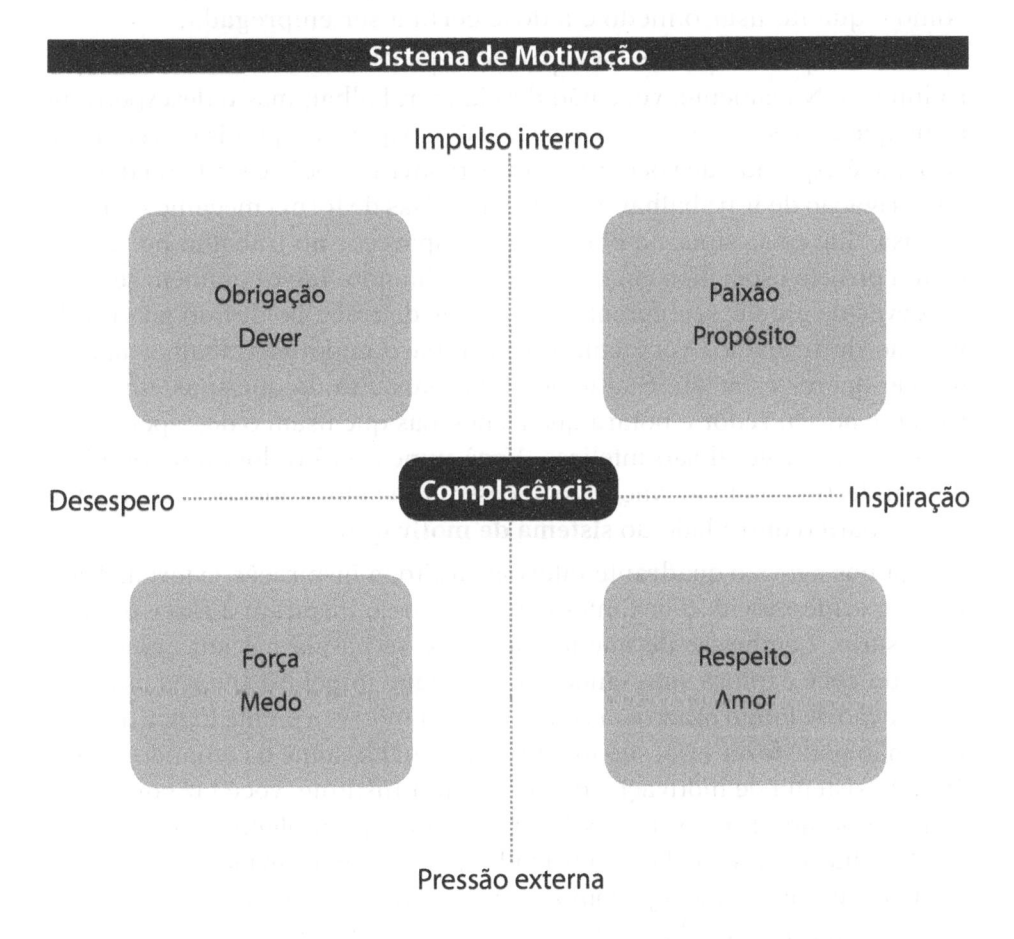

Sistema de Motivação

Impulso interno

| Obrigação | Paixão |
| Dever | Propósito |

Desespero ········· Complacência ········· Inspiração

| Força | Respeito |
| Medo | Amor |

Pressão externa

© 2008 Persuasion Institute

Vamos começar pelo quadrante inferior esquerdo, onde se encontra o desespero externo. Esta área pode ser usada para a motivação de curto prazo. Qualquer um pode ser motivado quando está nesta área da grade. Quando você sente medo ou se sente forçado a fazer algo, isto dispara o desespero. Digamos que você deteste o seu trabalho. Não deseja ir trabalhar mas só faz isso porque sente que precisa. Este desespero externo (pressão) indica que, se você não for trabalhar, perderá o emprego, não terá renda ou perderá sua casa. Esta área do quadrante é onde a maioria das pessoas residem. Ou seja, elas fazem as coisas porque são forçadas a fazê-lo ou porque precisam fazê-lo. O medo real é quatro vezes mais motivador do que o desconforto.[9] O medo é uma ferramenta poderosa de persuasão, mas ele não deve ser sua única ferramenta. Há um momento e um lugar apropriados para o uso do medo na persuasão. Os melhores persuasores aprenderam como e quanto usar o medo e a dose certa a ser empregada.

Passando para o quadrante superior esquerdo, descobrimos o desespero interno. Novamente, você não deseja ir trabalhar, mas o desespero interno que você sente o convence de que é isso que você precisa fazer, que é isso que é esperado de você. Em outras palavras, você se sente no dever e na obrigação de ir trabalhar. Você faz as coisas de forma mecânica porque precisa. Talvez se sinta na obrigação de aparecer no trabalho por causa de um projeto específico em que está trabalhando. Talvez também se sinta no dever de ajudar seu gerente ou colegas de trabalho devido ao grande volume de trabalho. Você continua comparecendo ao trabalho, apesar de não querer estar ali. Sua lógica fala mais alto do que suas emoções. Observe ao seu redor e notará que as pessoas que usam o desespero para se motivar em geral são infelizes. Você nunca terá o domínio completo do seu destino, nem alcançará o sucesso desejado, a menos que consiga passar para o outro lado do **sistema de motivação**.

Vejamos agora o quadrante inferior direito, a inspiração externa. Aqui, você se sente movido por fontes externas que o inspiram a fazer o que é necessário. Lembre-se de que a inspiração se baseia nas suas emoções. Quando você explora suas emoções, consegue impelir a si e aos outros à motivação de longo prazo e permanente. Quando sua mente lógica diz que você não pode fazer isso, sua mente emocional assume o comando. Nesta área do sistema de motivação do Persuasion Institute, você faz coisas por respeito ou amor. Ou seja, você vai trabalhar para oferecer o melhor à sua família. Você se dedica ao trabalho porque quer enviar seus filhos às melhores escolas ou deseja comprar uma nova casa para a família. Você é motivado a ir ao trabalho por causa de coisas externas ao seu redor.

O melhor tipo de motivação de longo prazo se encontra no quadrante superior direito, a **inspiração interna**. A inspiração interna é o que conhecemos como **paixão**. É quando você encontra seu propósito na vida. Durante a persuasão, quando você consegue levar os outros a despertarem sua inspiração interna, revela a motivação de longo prazo neles. Utilizando o exemplo de trabalho anterior, quando você é apaixonado pela sua carreira, fica empolgado em ir para o trabalho. Em vez de enxergar o seu trabalho como uma tarefa árdua, você acha que está fazendo o que adora fazer. Você está mudando o mundo e servindo as pessoas ao seu redor. Além disso, você se dedica com paixão a compartilhar sua mensagem, produto ou serviço com o mundo. Os melhores persuasores sabem como utilizar a motivação. Quando você está persuadindo e utiliza a motivação errada no momento errado, o tiro sai pela culatra e isso gera resultados opostos ao que você pretendia. Analise o sistema de motivação do Persuasion Institute até conseguir compreendê-lo bem, pois ele pode ser adaptado a cada situação persuasiva.

"Para encontrar a estrada majestosa que conduz ao coração de um homem, converse com ele sobre o que ele considera como seu principal tesouro."
— **Dale Carnegie**

COMO IMPLEMENTAR A MOTIVAÇÃO

Os melhores persuasores utilizam todos os quadrantes do sistema de motivação do Persuasion Institute para persuadir e influenciar. As quatro áreas diferentes deste sistema podem orientá-lo para que aproveite a lógica e as emoções que motivarão você e cada membro do seu público. Algumas pessoas só conseguem ser motivadas por um curto prazo; então, você precisa usar o desespero com elas. Quando você libera a paixão em alguém, revela uma pessoa que atenderá ao seu chamado para ação de longo prazo e que estará disposta a fazer o que você solicitar dela. E ficará tão empolgada com sua mensagem que atenderá aos seus pedidos. Os melhores persuasores são capazes de decifrar modulações vocais, escolha de palavras e linguagem corporal para verificar se o público está no estado de inspiração ou desespero.

Em um estudo, grupos de alunos universitários passaram cerca de três horas estudando material complexo sobre neurofisiologia. Metade dos alunos foi informada de que eles seriam testados e avaliados depois da sessão de estudos. À outra metade foi dito que eles colocariam o material aprendido em prática ao passar seus conhecimentos para outros. Ao final das três horas de estudo, os alunos foram avaliados. Parece que os alunos que acreditaram que estavam aprendendo para poder ajudar a ensinar outros estavam mais motivados internamente do que aqueles que pensavam que seriam apenas testados.[10] A crença de que eles estariam fazendo um bem a outras pessoas permitiu que internalizassem o desejo de executar bem a tarefa.

> *"Motivação é a arte de levar as pessoas a fazer o que você deseja que elas façam porque elas próprias desejam fazê-lo."*
> — Dwight D. Eisenhower

ENCONTRE O MOTIVADOR QUE GERA A SENSAÇÃO DE FOME: A PAIXÃO

Para motivar com êxito os outros e você mesmo (ou para levar alguém a internalizar a motivação), você precisa gerar uma profunda sensação de fome ou sede. Na sua jornada persuasiva, você descobrirá que as pessoas tendem a ser motivadas por curto prazo, que perdem o interesse e que depois voltam à rotina da qual estavam tentando escapar inicialmente. Como persuasor e motivador, você precisa compreender o que afasta as pessoas da ação e as aproxima da inação. O que leva essas pessoas a perder a empolgação, a visão e a energia? Nossa pesquisa no Persuasion Institute descobriu que estas são as causas mais comuns:

- **Falta de paixão** – Seu motivador na vida era o desespero ou eles ainda não encontraram nada que seja realmente inspirador.
- **Atitude errada** – Em geral, sua atitude é negativa. Suas expectativas e crenças não são congruentes com suas metas.
- **Intenção enfraquecida** – Eles estavam no caminho certo mas agora perderam o impulso. Esqueceram os reais motivos que inicialmente os motivaram.
- **Indiferença** – Eles simplesmente não se importam mais. Perderam a capacidade de expressão, consideração ou de se importar em fazer diferença em sua própria vida ou nas vidas dos outros.
- **Criaturas movidas pelo hábito** – Eles não substituíram seus hábitos ruins anteriores e retomaram hábitos antigos.

- **Falta de persistência** – Eles desistiram rápido demais e estacionaram diante do primeiro obstáculo.
- **Falta de senso de urgência** – Eles não definiram um prazo para atingir resultados. A dor de não mudar não é tão intensa a ponto de levá-los a agir logo.
- **Pressão dos colegas** – As pessoas ao redor deles são mais motivadoras do que eles próprios. Eles não encontraram o apoio necessário para resistir à pressão de amigos e colegas.
- **Falta de visão** – Eles sacrificaram o sucesso de longo prazo em nome do prazer de curto prazo.
- **Falta de conhecimento** – Eles não sabem como fazer as mudanças necessárias em suas vidas ou não estão fazendo as mudanças da maneira correta.
- **Falta de confiança** – Falta-lhes a confiança proveniente da ação, do conhecimento e do sucesso alcançado.
- **Sem plano de ação** – Eles estão assoberbados ou aguardando que tudo entre nos eixos. Eles não têm um plano de ação.
- **Falta de desejo genuíno** – Eles não querem pagar o preço. Sua meta não passa de um sonho. Eles estão usando o desespero externo como motivador ou estão levando suas vidas segundo a vontade dos outros.

A FÓRMULA DA MOTIVAÇÃO: ENCONTRE O BOTÃO DA MOTIVAÇÃO E ACIONE-O

Os melhores persuasores eliminam ou superam sistematicamente os obstáculos que surgem no caminho do seu público. Você pode aplicar as **fórmulas da motivação** para aprender como isso se aplica a cada pessoa específica.

Exemplos de fórmulas da motivação:

$$\frac{(\text{Desejo} \times \text{Recompensa}) + \text{Ferramentas}}{\text{Dificuldade} - \text{Prazo}} = \text{Grau de inspiração}$$

$$\frac{(\text{Medo} \times \text{Consequências}) + \text{Ferramentas}}{\text{Dificuldade} - \text{Prazo}} = \text{Grau de desespero}$$

© 2008 Persuasion Institute

Como maximizar as fórmulas da motivação? Observe o primeiro elemento da **fórmula de inspiração**: desejo. É fácil compreender este conceito. Para liberar com sucesso a motivação do seu público, uma das primeiras coisas que você precisa compreender é o que eles desejam. O "desejo" inclui o que eles precisam, quais são suas metas, o que eles estão tentando alcançar e onde pretendem chegar.

A segunda parte da fórmula da inspiração é a recompensa. Em outras palavras, vale a pena para o seu público entrar em ação? Qual é a recompensa deles por fazer isto? O que ganharão com esta ação? Qual será o seu benefício? Será que conseguem compreender o real valor disto? Isto é algo que eles podem sentir, tocar ou provar?

Note que a primeira parte da **fórmula do desespero** começa pelo medo. Isso mesmo. Às vezes, o medo e o desespero são necessários para motivar as pessoas. O medo é algo do que as pessoas fogem. Quais são suas considerações, o que os assusta ou o que preocupa eles? **Pânico, ansiedade** e o que deixa-os nervosos também entram nesta categoria.

A segunda parte da fórmula do desespero são as consequências. O que acontecerá se não houver movimento ou motivação? Qual será a penalidade? Qual é o custo de não mudar sua forma de agir? O que acontecerá em suas vidas se eles não fizerem algo? Como persuasor, você precisa pensar em uma forma de tornar o pior cenário real na mente do público.

O resto das fórmulas são iguais para inspiração e desespero. A próxima parte da fórmula envolve ferramentas. O seu público possui as ferramentas necessárias para executar a tarefa solicitada? Eles têm competência para realizar a tarefa corretamente? Têm conhecimento ou inteligência para colocar em prática o seu pedido de ação? Possuem os recursos necessários (por exemplo, transporte, finanças, relacionamentos ou autoconfiança) para concretizar a tarefa?

Agora passaremos para a parte de baixo das fórmulas, onde as coisas ficam um pouco delicadas. Qual é o grau de dificuldade da tarefa a ser executada pelo seu público? Ou, mais importante do que isso, até que ponto o público acha difícil executar esta tarefa? Será que eles consideram o grau de dificuldade alto demais? Eles conseguem se ver executando esta tarefa solicitada? Será que vale a pena o esforço?

A última parte das fórmulas lida com o prazo. O seu público pode atender ao seu pedido no prazo solicitado? Um prazo longo os levará a perder o foco e descobrir mais obstáculos para justificar a não conclusão da tarefa solicitada? Você sente que o prazo definido é suficiente para que eles concluam a tarefa? Eles têm a determinação necessária para prosseguir com a tarefa até concluí-la?

Com estas fórmulas na caixa de ferramentas da persuasão, você pode analisar o seu público. Quando você consegue compreender cada aspecto das fórmulas em relação ao nível de motivação do público, pode personalizar sua proposta para que eles fiquem motivados a sempre entrar em ação.

ALINHAMENTO DA VIDA

Outra forma de aperfeiçoar sua capacidade de motivar a si mesmo e aos outros é verificar se tudo está em equilíbrio na sua vida. Os melhores persuasores levam uma vida equilibrada e mantêm tudo em perspectiva. Chamo este equilíbrio delicado de "alinhamento da vida". Verifique se há equilíbrio em todos os aspectos da sua vida. O desequilíbrio pode abalar a motivação e levar à inação e à infelicidade. Muitas vezes, desistimos logo por causa de desequilíbrio, mesmo quando ainda não constatamos a existência do desequilíbrio. Talvez apenas uma área da nossa vida esteja desajustada, mas isso ainda pode ter um efeito direto sobre outras áreas da nossa vida. Assim como no fundo mútuo, onde uma ação em baixa pode arruinar o valor geral do fundo, uma área fraca na sua vida também pode ter um efeito negativo desproporcional.

Pergunte a si mesmo: eu investiria em meu próprio fundo mútuo? Sugeriria que minha família ou amigos investissem em mim? Estas são perguntas difíceis, mas as respostas são necessárias para que você coloque sua vida no rumo certo. Verifique as ações em que você investiu na sua própria vida. Que ações estão comprometendo o resto da sua carteira? Você é um fundo mútuo em crescimento ou o seu fundo mútuo está perdendo dinheiro? O seu fundo está estagnado? Se você não investir em seu fundo mútuo pessoal (em você), quem fará isso?

Quando olhamos para a vida, percebemos que ela não é vivida em segmentos, mas sim como parte de um todo. Cada aspecto da sua vida ajuda ou prejudica o todo. Nosso objetivo é reunir todos os aspectos que atuam juntos para criar um fundo de alto desempenho. Mas, repare que você pode investir demais em **apenas** um aspecto da sua vida. Ao fazer isso, você pode ficar desalinhado, como o pneu de um carro. Até mesmo o excesso de algo bom pode levar ao desastre.

Ao investir em si mesmo, verifique se você está diversificando nestas seis áreas:

Alinhamento da vida

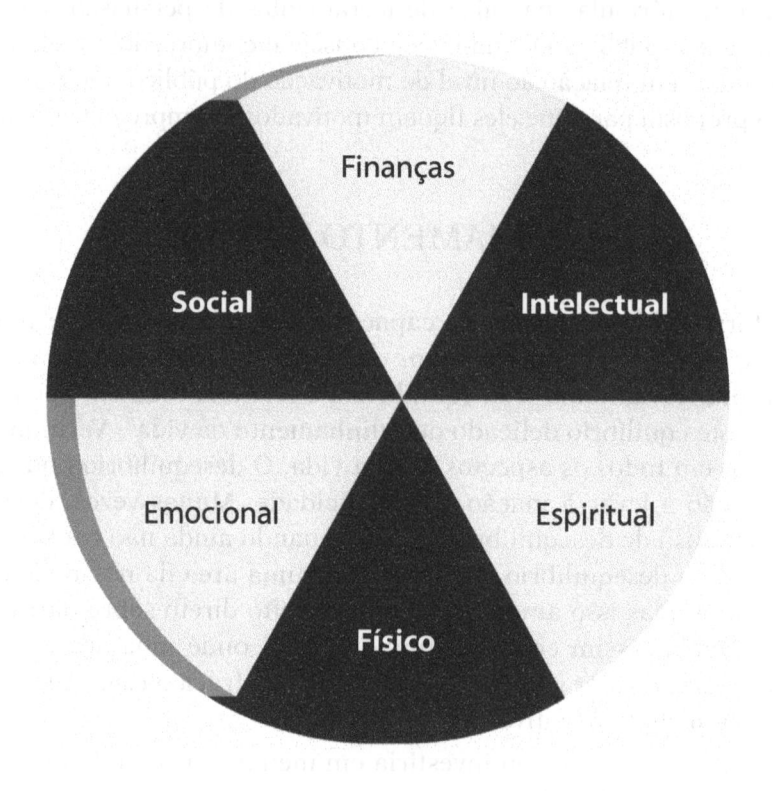

(Finanças, Intelectual, Espiritual, Físico, Emocional, Social)

© 2008 Persuasion Institute

Finanças

Se você não consegue avaliar bem as suas necessidades financeiras, não pode cuidar das suas necessidades básicas. Quando você negligencia suas finanças, o desequilíbrio é certo. Todos sabemos que, quando não pagamos as contas, isso afeta todos os aspectos das nossas vidas. A liberdade financeira nos permite encontrar o verdadeiro equilíbrio em nossas vidas.

Físico

Se você não se sente bem, não pode nem começar a pensar nos outros aspectos da sua vida. Precisa ter um plano de saúde. Compreende a importância de bons hábitos alimentares e do exercício físico na sua vida? Caso contrário, sua falta de saúde ou energia reduzirão o valor do seu próprio fundo mútuo pessoal.

Emocional

Por natureza, somos criaturas movidas pela emoção. Nossas emoções são como um termostato ou medidores em um carro; elas nos indicam quando e onde precisamos fazer mudanças em nossas vidas. Você não pode deixar que emoções como raiva, ressentimento, frustração, ódio e inveja controlem sua vida. Você está no comando. Se não conseguir controlar suas emoções, não será capaz de controlar suas ações. O controle emocional é essencial para um fundo mútuo pessoal equilibrado.

Intelectual

O desenvolvimento pessoal é o que mantém você empolgado, motivado e entusiasmado. Despertamos o melhor que há em nós quando estamos continuamente aprendendo e evoluindo. A edificação pessoal é algo que precisamos alcançar todo dia. Isso ocorre porque a falta de desenvolvimento pessoal nos leva a ficarmos negativos, cínicos e pessimistas.

Espiritual

Você precisa estar em sintonia consigo mesmo, com quem você é e com o rumo da sua vida. Somos seres espirituais; todos nós temos um lado espiritual. Cada um define a espiritualidade de uma forma diferente. Ela pode significar servir ao outros, religião, meditação ou voltar-se para a natureza. Para um pouco para escutar sua voz interna e explorar a sua espiritualidade.

Social

Também somos criaturas sociais. Nossa maior força e bem-estar deriva de nossos relacionamentos. Como tal, os relacionamentos são parte integral de nossa felicidade e equilíbrio. Você precisa ter um senso de significado e propósito para encontrar satisfação na vida. Nenhum homem é uma ilha, isolado em si mesmo.

Costumamos perder muito tempo nos esforçando em vão e investindo em ações sem valor ou que diminuem o valor do nosso fundo mútuo. Ficamos tão preocupados em comprar ações recomendadas pela sociedade que nos esquecemos de verificar se essas ações acabarão nos ajudando ou nos prejudicando. Também há momentos em que você precisa vender uma ação (mudar um hábito ou crença) pois ela não está mais rendendo bem. Sempre precisamos verificar se somos um fundo em crescimento e se estamos continuamente investindo nas coisas certas em nós mesmos. Se negligenciarmos qualquer uma das áreas de alinhamento da vida, nossa felicidade e sucesso em geral serão afetados.

O SEGREDO SUBJACENTE: A MOTIVAÇÃO DE LONGO PRAZO

A motivação começa com uma visão clara, apaixonada. Os melhores persuasores conseguem ajudar os outros a acreditar que serão bem-sucedidos naquilo que estão motivados a fazer. Ninguém gosta de perder. A melhor forma de superar a dúvida e a descrença é incutindo uma visão de vencedor no seu público. Quando pensamos que podemos vencer e enxergamos essa vitória nos olhos da nossa mente, isso mexe com nossa motivação interna. O *coach* de Jogos Olímpicos Charles Garfield disse que os melhores atletas são movidos por um senso de missão.

Os melhores persuasores apresentam um pacote de vencedor ao público. Quando as pessoas percebem que há uma grande chance de vitória ou conquista, elas fazem sacrifícios e ficam energizadas para atingir suas metas. De alguma forma, elas encontrarão um meio de ter êxito e vencer. Por outro lado, se farejam no ar a probabilidade de derrota, fazem pouco esforço pessoal. Em vez disso, inventam uma série de desculpas e dispensam pouca energia pela causa. Você pode até fazer as desculpas soarem muito convincentes, mas elas continuam sendo desculpas; elas não são resultados.

"Vista uma cabra com seda e ainda será uma cabra."
— **Provérbio irlândes**

A motivação é uma verdadeira arte. Quando você compreende a natureza humana e a função exercida pela influência, passa a ser não apenas capaz de motivar, mas também adquire o direito de motivar e inspirar os outros. Você consegue se manter motivado 24 horas por dia, 7 dias por semana? Você possui o que é necessário para alcançar sua paixão e metas? Se quiser permanecer no rumo certo, faça *download* do seu sistema de motivação e você poderá manter-se focado nas suas metas, sonhos e paixões. Visite www.persuasioniq.com.

Os macacos dançantes: uma fábula

Um rei tinha alguns macacos treinados para dançar e fazer apresentações. Os macacos tinham uma aptidão natural para imitar as ações dos homens. Os macacos se apresentavam como alunos brilhantes. Vestidos com roupas finas e máscaras, eles dançavam como ninguém. O espetáculo costumava se repetir com muito sucesso e o público aplaudia. Mas, em certa ocasião, uma pessoa maliciosa da platéia jogou um punhado de balas no palco. Ao ver as balas, os macacos se esqueceram do treinamento e pararam de dançar. Aí, eles se tornaram (e de fato eram) macacos em vez de atores. Eles tiraram as máscaras e rasgaram suas roupas. E começaram a brigar entre si por causa das balas. O *show* de dança terminou com o público dando risadas e ridicularizando a situação.

Moral da estória: Procure despertar a sua motivação interna. Não persiga os sonhos da sociedade; comece a aprender a apropriar-se de seus próprios sonhos. Descubra quem você realmente é. Não se deixe iludir por balas da vida que podem retirá-lo do caminho certo.

CAPÍTULO 10

Habilidade de QP 8

Habilidades avançadas de apresentação e comunicação

"Se todos os meus talentos e poderes fossem tirados de mim por uma Providência inescrutável, e só me coubesse manter uma coisa, sem hesitar pediria para manter o poder de falar, pois, através dele, conseguiria recuperar rapidamente todo o resto."
— **Daniel Webster**

Você notou que ocorreram mudanças drásticas que levaram a uma evolução na forma de fazer apresentações, comunicar-se e realizar treinamentos nos últimos vinte anos? O foco básico costumava se concentrar na formação educacional. Hoje, as últimas pesquisas apontam para a importância de descobrir como atrair a atenção do público e depois manter o seu interesse. Não podemos mais focar simplesmente a formação educacional; precisamos oferecer entretenimento às pessoas. Precisamos manter o público mentalmente envolvido.

Os melhores persuasores conseguem manter a atenção do público. Pesquisas mostram que os períodos em que as pessoas conseguem se manter atentas estão cada vez menores. Você não precisa divertir o tempo todo, mas precisa verificar se o público está acompanhando o seu raciocínio, se suas palavras fazem sentido para eles, se eles estão prestando atenção e se compreendem você. No momento em que você perde a atenção deles, não pode mais persuadi-los. Não importa se você tem um incrível *site* na *Web*, se está bem vestido, se publicou um folheto fantástico ou se tem alguma forma de credenciais que impressionam. A verdade é que a principal ferramenta de persuasão é **você** e uma das principais formas de se apresentar é através da sua comunicação. Lá se foi o tempo em que bastava ter um ótimo assunto para apresentar que isso compensaria suas inadequações como apresentador. Hoje, você precisa entrar na mente do público e bem rápido. Em uma questão de segundos, suas mentes já podem começar a divagar. Para combater esta tendência, você precisa educar, inspirar e divertir com paixão, compaixão e propósito.

Os melhores persuasores são ótimos comunicadores. O palestrante motivacional conhecido e autor *best-seller* Jim Rohn conseguiu exprimir isso melhor: "Quando aprendi a persuadir e a me comunicar com eficácia, minha renda passou de seis para sete dígitos." Suas habilidades de comunicação são essenciais para o seu sucesso, mas este é mais um conjunto de habilidades ignoradas que não são ensinadas com eficácia na escola. A comunicação inclui habilidade de falar ao telefone, interações ao vivo, apresentações em grupo e até mesmo *e-mails*.

A maioria dos persuasores acreditam, equivocadamente, que possuem habilidades de comunicação acima da média. As suas habilidades também estão "acima da média"? Nossa pesquisa mostra que **34%** dos persuasores acham que dominam a capacidade de se comunicar com eficácia. Porém, ao conversar com o público, sabemos que o domínio da apresentação e da comunicação foi classificado em apenas 11%. Os melhores persuasores procuram continuamente avaliar suas habilidades de apresentação. Há sempre algo a melhorar e aperfeiçoar.

Estudos mostram que, em média, um persuasor comunica seis a oito características do seu produto ou serviço ao público, mas a pessoa média só se lembrará de uma, duas ou três dessas características. Em mais de 40% dos casos, a pessoa se lembrará de uma das características incorretamente. Em 30% dos casos, a pessoa se lembra de uma característica que nem foi mencionada pelo persuasor. (Puxa!) Também descobrimos que 93% dos persuadidos interpretaram errado parte da mensagem de um persuasor. A pior parte é que a maioria deles não fez uma pergunta nem tentou buscar esclarecimento. Lembre-se de que uma mente confusa diz não. Uma "mente confusa" precisa refletir. Uma "mente confusa" voltará a tocar no assunto com você. É difícil persuadir e influenciar uma "mente confusa".

CAPTANDO A ATENÇÃO IMEDIATA

O que você pode fazer nos primeiros trinta segundos do seu encontro para captar a atenção do público? Você pode provar a eles que vale a pena escutá-lo? Pense nisto: toda vez que você se comunica com alguém, esta pessoa está pagando com tempo ou dinheiro. O seu público está torcendo por você; eles **desejam** que você seja bem-sucedido. Assim como você, eles também não querem desperdiçar tempo nem dinheiro. Então, por que está havendo desperdício?

Às vezes, quando você está abordando algo novo, descobrir o que você **não** deve fazer é tão importante quanto descobrir o que você **deve** fazer. Vejamos primeiro algumas "reclamações" sobre a comunicação.

- Falar de maneira monótona.
- Evitar o contato visual.
- Ficar manuseando algo e ter outras manias irritantes
- Usar marcadores de pausa no discurso ("hum", etc.)
- Não demonstrar emoção ou convicção.
- Soar mecânico ou ensaiado.
- Correr com a apresentação e falar rápido demais.
- Falar de forma depreciativa com o público.
- Não chegar a um consenso.
- Não ajudar o público a enxergar valor na apresentação.
- Pressionar o público.
- Sobrecarregar o público com um excesso de informações.
- Ser uma pessoa desorganizada, mudar de um assunto para o outro sem fazer conexão.
- Não verificar previamente o ambiente para limitar interrupções e distrações.
- Possuir pouca habilidade de escuta.
- Dizer as coisas erradas nos momentos errados.
- Não se adaptar à(s) personalidade(s) específica(s) com as quais trabalha.
- Mostrar nervosismo e medo.
- Tirar conclusões precipitadas.

- Interromper o tempo todo.
- Forçar uma solução predeterminada, unilateral
- Escutar de forma seletiva.
- Não estar sintonizado com as emoções do público.
- Deixar-se levar pelas próprias emoções.
- Ser bem-informado de maneira arrogante.

A boa notícia é que para quase todos estes problemas há solução, desde que eles sejam identificados. Os melhores persuasores descobriram seus pontos fracos em termos de apresentações. Eles gravaram suas apresentações e conversas ao telefone. Gravar-se permitirá a você colocar-se no lugar do público e ter uma representação da realidade que é fácil de ser avaliada. Adicionalmente, não haverá uma tentativa de adivinhar o que acontece - as gravações não mentem. É claro que este exercício pode ser doloroso, mas você obterá *insights* valiosos que não poderão ser encontrados de outra forma. Lembre-se do que dizem: "Sem dores, sem ganhos." Os melhores persuasores suportam um pouco de dor para manter sua renda alta.

MEDO DE FALAR EM PÚBLICO

> *"Entre falar em público ou ser fritado, a maioria das pessoas optaria por ser frito em azeite."*
> — Phillis Mindell

A maioria de nós já se deparou com um caso de laliofobia em algum momento da vida. **O que é a laliofobia?** É o medo de falar em público. Apesar de este problema ser muito comum, é esperançoso saber que a maioria de todos os nossos medos não são inatos, mas sim aprendidos (conforme vimos no Capítulo 3, os medos de um recém-nascido de cair e de ruídos altos são os únicos medos inatos). **Por que esta é uma boa notícia?** É uma boa notícia pois, se você pode aprender um medo, isso significa que também pode **desaprendê-lo**.

Entretanto, é perfeitamente normal sentir um certo nervosismo antes de se apresentar. Muitas vezes, somos tentados a "conquistar" o público abrindo o jogo logo no início sobre nosso nervosismo, cansaço ou falta de preparo (desculpando-se previamente), mas o tiro pode sair pela culatra.

Eles não sabem como você se sente, nem seu nível de preparo; então, por que pedir a eles para começar a olhar para essas coisas?

Os melhores persuasores ainda ficam um pouco nervosos, mas eles transformam esse nervosismo em energia. Estas são algumas formas através das quais os melhores persuasores canalizam ou aplacam parte de sua energia causada pelo nervosismo:

- Fazer exercícios de alongamento.
- Ouvir músicas calmas.
- Meditar em um local silencioso.
- Caminhar com passos vigorosos.
- Fazer exercícios respiratórios.
- Visualizar o sucesso.
- Ensaiar sua apresentação.
- Sair do país (brincadeira).

Ao se aperfeiçoar nesta habilidade, você sairá de sua zona de conforto. No início, sentirá um certo desconforto. ao adquirir mais habilidade e confiança, contudo, você se sentirá mais à vontade e os resultados começarão a surgir. Quando você tiver dominado essa habilidade, notará uma sensível melhora de sua capacidade de persuadir

---

Outra coisa sobre a qual você costuma ter controle direto antes da sua comunicação começar é o **ambiente físico** em que fará sua apresentação. Você pode escolher onde fará o discurso ou fazer ajustes em uma instalação que foi escolhida por outra pessoa. Os palestrantes costumam menosprezar esses detalhes, embora isso tenha um grande impacto sobre a qualidade da mensagem recebida. Estes são alguns dos fatores do ambiente físico que podem ser facilmente ajustados:

- Iluminação
- Ventilação
- Horário do dia
- Disposição dos assentos
- Número de participantes
- Entradas/saídas
- Expectativas do público
- Distrações

PREPARANDO SUA MENSAGEM

"Pense duas vezes antes de falar, pois suas palavras e influência plantarão a semente do sucesso ou do fracasso na mente de outra pessoa."
— **Napoleon Hill**

Abordamos as principais reclamações sobre comunicação. Portanto, temos uma extensa lista de itens a serem evitados. Agora vejamos o que devemos estimular. Quais são os **fatores comuns** em ótimas apresentações e excelentes comunicações? Esteja você conversando com alguém cara a cara ou pelo telefone, ou falando para uma enorme platéia, uma ótima apresentação deve:

- Ser completa.
- Antecipar perguntas e considerações.
- Evitar manias que desviem a atenção.
- Ser clara e concisa.
- Agregar valor.
- Despertar interesse.
- Evitar divagações e marcadores de pausas no discurso.
- Sugerir a próxima etapa a ser seguida.
- Apresentar uma chamada à ação.
- Prender a atenção.
- Fluir bem.
- Conter estímulos visuais.
- Ser bem-organizada.
- Transmitir paixão.

Outra coisa sobre a qual você tem controle direto é a **construção da sua mensagem** para que ela surta um bom efeito junto ao seu público. É essencial que você revele ao público que está prestes a compartilhar algo que é significativo e útil para eles. Para fazer isto, você precisa comunicar claramente a resposta às três perguntas mais urgentes do seu público:

1. Por que devo me importar?
2. O que tenho a ganhar com isto?
3. Isto atenderá minhas necessidades?

O público precisa ter um motivo para querer escutar você. Ao oferecer as respostas a essas perguntas, você oferece a eles um motivo para escutá-lo. Esta estratégia naturalmente leva à próxima série de perguntas: quais são as necessidades e desejos deste público? O que eles querem saber? Como posso personalizar minha mensagem para eles? Obviamente, responder estas perguntas significa que você precisa conhecer e compreender seu público. É claro que qualquer público numeroso representa diferentes tipos de personalidade. Procure perceber qual é a formação geral do grupo. Qual é o assunto em comum que os une?

TIPOS DE MEMBROS DO PÚBLICO

O monitoramento dos melhores persuasores revela que você precisa compreender como interagir com diferentes pessoas e compreender suas diferentes origens. Observe a composição dos tipos mais frequentes de membros do público com os quais persuasores se deparam:

A pessoa hostil

Esta pessoa discorda abertamente de você e pode até mesmo trabalhar ativamente contra você. Ao encontrar uma pessoa hostil, utilize estas técnicas:

- Encontre um ponto de convergência.
- Não comece a apresentação com um ataque à posição dela.
- Concentre-se na sua credibilidade.
- Mostre que você se preparou.
- Respeite os sentimentos, valores e crenças do outro.
- Seja um bom ouvinte.

A pessoa indiferente

Esta pessoa compreende sua posição, mas não se importa com o resultado. O segredo para lidar com este tipo de pessoa é criar motivação e energia. Em outras palavras, seja dinâmico. Para persuadir a pessoa indiferente:

- Esclareça os benefícios ou "O que ganho com isto?"

- Utilize uma combinação de inspiração e desespero.
- Prenda a atenção deles usando uma estória.
- Leve-os a se sentirem conectados às suas questões.
- Evite argumentos complexos, de difícil compreensão.
- Desperte a paixão neles.

A pessoa desinformada

Esta pessoa não tem as informações necessárias para se convencer. Para persuadir a pessoa desinformada, empregue as seguintes técnicas:

- Incentive perguntas.
- Mantenha os fatos simples e diretos.
- Mantenha sua mensagem interessante e prenda a atenção.
- Utilize exemplos e estatísticas simples.
- Cite especialistas que a pessoa respeite.
- Verifique se compreendem o que você diz.

A pessoa apoiadora

Uma pessoa apoiadora já concorda com você. Como resultado, talvez você pense que seja fácil persuadir este tipo de pessoa, mas lembre-se de que sua meta é levá-la a agir, e não necessariamente apenas a concordar com você. Estas técnicas devem ser usadas com uma pessoa apoiadora:

- Aumente a energia e o entusiasmo deles com inspiração.
- Prepare-os para ataques futuros através da inoculação.
- Leve-os a entrar em ação e apoiar sua causa.
- Eleve sua estima.
- Utilize depoimentos.
- Obtenha o seu comprometimento.

Ao falar com um público numeroso, você encontrará uma mistura de todos estes quatro tipos de pessoas. Ao lidar com um novo público (constituído por uma ou cem pessoas), **identifique o tipo dominante** que estará presente e adapte seus comentários conformemente.

SUSTENTE A SUA MENSAGEM

Ao preparar a sua apresentação, verifique se você possui várias maneiras de sustentar e aperfeiçoar sua mensagem. Os melhores persuasores utilizam recursos de apresentação que expressarão os principais pontos de forma clara, concisa e eficaz. Os recursos visuais aperfeiçoarão sua apresentação e ajudarão a prender a atenção das pessoas, mas a sobrecarga de estímulos visuais irá desviar a atenção da sua mensagem. Encontre o equilíbrio entre os dois. Quando pensamos em recursos visuais, imaginamos os recursos comuns tais como tabelas, gráficos e figuras, ou apresentações em *PowerPoint*. Durante suas apresentações, você também pode usar cópias impressas, gravações em vídeo ou até mesmo objetos físicos se isso for relevante para a sua mensagem.

> Descobrimos que muitos integrantes do público estão desenvolvendo uma forte antipatia pelo uso do *PowerPoint*. Eles consideram tais apresentações visuais como um meio através do qual você, o apresentador, pode ler tudo na tela. Eles também podem concluir que você está usando o *PowerPoint* para impressioná-los com sua capacidade de fazer o texto girar e, ao mesmo tempo, fazer barulhos irritantes. O seu público costuma ficar sem saber como lidar com a enxurrada de informações a que é exposto.

"VOCÊ FOI ACUSADA DE COMPORTAR-SE DE FORMA CRUEL E ABUSIVA. É VERDADE QUE FEZ SEU *STAFF* AGUENTAR UMA APRESENTAÇÃO EM POWERPOINT ATÉ O FINAL?"

A realidade é que a maioria dos apresentadores utilizam o *PowerPoint* para compensar a falta de preparo ou a falta de confiança. É claro que o *PowerPoint* é uma ferramenta excelente, mas você precisa compreender que o apresentador é você, e não o programa de computador.

> Ao entrevistar o público, descubro que o *PowerPoint* costuma sugar a energia deles e, ao mesmo tempo, destruir a espontaneidade, a paixão e a convicção do apresentador. Para ser bem-sucedido como persuasor, você precisa confiar em si mesmo e **não se esconder** atrás do *PowerPoint*. Este *software* e sua tecnologia espetaculares dominam a cena como a principal fonte de comunicação e deixam você de fora para brigar como a segunda fonte. Você transferiu o controle da sua apresentação para uma máquina. Apresentadores podem se tornar robotizados e sua verdadeira personalidade ser enterrada. Minhas regras práticas para o uso do *PowerPoint* são: 1º) Se sua apresentação tiver duração de menos de uma hora, não utilize o *PowerPoint* e 2º) Quando você usar o *PowerPoint*, não passe mais de um *slide* a cada dois minutos.

Os recursos visuais são ferramentas persuasivas eficazes pois estimulam da maneira ideal. A maioria das pessoas são visualmente orientadas, mas não deve-se ignorar a audição, o olfato, o tato e o paladar. Aprenda a combinar todos os sentidos para aumentar o envolvimento mental. Quanto mais sentidos você puder envolver, melhor. A combinação das modalidades auditivas, visuais e sinestésicas aumentará sensivelmente a compreensão e a retenção. Como regra geral, quanto mais **curta** for a sua apresentação, mais simples e reduzidos devem ser os seus recursos visuais.

NÃO SE TRATA APENAS DO QUE VOCÊ DIZ, MAS DA FORMA COMO VOCÊ DIZ ISSO

> *"Palavras são apenas palavras; sem sentimento, elas não têm significado."*
> — **Provérbio chinês**

As palavras que empregamos e a maneira pela qual as utilizamos podem ter um grande impacto sobre a forma como somos vistos pelo nosso público. Na verdade, é difícil encontrar uma palavra neutra. As palavras certas são fascinantes; as palavras erradas são devastadoras. Palavras eficazes dão vida às coisas, geram energia e são mais persuasivas. Ao contrário disso, palavras ineficazes desanimam, alienam e repelem. Inúmeros estudos mostram que palestrantes que possuem mais habilidades verbais são vistos como mais confiáveis e competentes. Palestrantes que hesitam, usam as palavras erradas ou não têm fluência, por outro lado, têm menos credibilidade e causam uma impressão de fracos e ineficazes.

Outra forma pela qual persuasores bem-sucedidos aumentam o impacto de sua mensagem é através do uso de linguagem descritiva clara. Imagine que você está de pé em uma cozinha linda e ensolarada. Você pega um limão brilhante e suculento que está sobre a bancada. Consegue sentir que ele tem bastante suco pelo seu peso. Sente o aroma de limão poderoso ao esfregar o óleo da casca sobre sua mão. Pega uma faca e corta o limão ao meio. Uma das metades deixa cair uma gota de suco de limão sobre o seu dedo. Você leva a metade do limão até seus lábios e dá uma mordida. Quando os dentes penetram na fruta, você sente o suco escorrer pelos dentes e pela língua. **O líquido é muito amargo!** Você começa a se encolher e depois engole.

Sua boca salivou? Isso acontece com quase todo mundo. O extraordinário é que, se eu tivesse simplesmente orientado você a produzir saliva, isso não teria sido tão eficaz. Um dos motivos pelos quais descrições claras e imagens nítidas são tão poderosas é que a mente subconsciente não consegue fazer a distinção entre o que é real e o que é imaginado com nitidez. Você pode usar este conhecimento a seu favor, ajudando o seu público a ver, ouvir, sentir e experimentar exatamente o que você descreve.

Eu chamo a habilidade de saber as palavras certas e como empregá-las de **"pacote verbal"**. Em geral, o mais importante não é o que você diz, mas **como** você diz isso. Por exemplo:

Palavra errada	Palavra certa
Conta	Fatura
Vendedor(a)	Representante
Preço	Investimento
Caro	*Top* de linha
Barato	Econômico
Problema	Desafio
Proposta	Apresentação

"Uma coisa é falar de touros, outra coisa é estar na praça de touros."
— **Provérbio espanhol**

Uma empresa de serviços públicos, na tentativa de convencer os usuários sobre as vantagens do isolamento residencial, aprendeu a usar um pacote verbal claro para melhorar sua mensagem. Ela enviou auditores para indicar aos proprietários das residências onde a energia estava sendo desperdiçada e para oferecer-lhes sugestões de uso eficaz da energia, com economia de dinheiro. Apesar dos benefícios financeiros claros de longo prazo, apenas 15% dos proprietários de residências auditados realmente prosseguiu e pagou pelas correções. Após buscarem conselhos de dois psicólogos sobre como poderiam vender melhor as vantagens do isolamento residencial, a empresa de serviços públicos mudou sua técnica de descrever ineficácias com maior clareza. Nas auditorias seguintes, os proprietários de residências receberam informações de que as rachaduras em alguns pontos, somadas, equivaliam a um buraco do tamanho de uma bola de basquete. Desta vez, **61%** dos proprietários concordaram com os aperfeiçoamentos![1]

Ao escolher suas palavras, deixe de lado a linguagem técnica pouco familiar e o jargão que talvez não seja amplamente compreendido. Para surtir o efeito máximo, sua mensagem deve ser de fácil compreensão, memorável e útil para o seu público.

CRIANDO SUA MENSAGEM

"A voz é a segunda face."
— **Gerald Bauer**

Aqueles primeiros trinta segundos com o seu público são essenciais. **Como você os utiliza?** Os melhores persuasores criam e projetam suas mensagens. Há espaço para o improviso. Sua abertura é o momento em que o público formula e define impressões sobre você. Pense na sua abertura ou introdução ocupando no máximo **10%** do seu tempo total de apresentação. O planejamento do seu discurso desta maneira força-o a organizar o seu tempo de forma que saiba exatamente o que dizer e como dizê-lo.

Esqueça os velhos chavões como "O tópico de hoje é...", "Falarei sobre..." ou, pior que isso, "Fui designado para falar sobre..." Ao preparar sua abertura, pense em formas através das quais você possa prender a atenção do público e abrir seus ouvidos. Estas são algumas das abordagens mais eficazes para prender a atenção de maneira eficaz:

- Utilizar o humor.
- Contar uma estória pessoal.

- Lançar uma pergunta que estimule o pensamento.
- Compartilhar uma citação
- Apresentar um fato ou estatística surpreendente.

Ao passar da abertura de sua apresentação para o corpo principal, convém lembrar do acrônimo DEEE, que corresponde a **depoimentos, exemplos, estatísticas** e **estórias**. Os melhores persuasores tendem a incorporar cada um desses elementos em suas apresentações. Nossa pesquisa mostra que, quando falamos com um público, cada ponto do DEEE repercute com membros diferentes do público. Em média, o DEEE repercute da seguinte maneira:

Depoimentos: 12%

Exemplos: 23%

Estatísticas: 18%

Estórias: 47%

Depoimentos - Um depoimento é a declaração de uma pessoa de que acredita e confirma algo como verdade. Em sua apresentação, o depoimento pode ser seu ou de terceiros. Depoimentos são uma fonte de validação social - as pessoas pressupõem que, se os outros acreditam em algo, elas também devem acreditar. Os melhores persuasores sabem como usar depoimentos quando sua credibilidade é baixa. Verifique se os seus depoimentos são críveis, imparciais e que estão qualificados para o seu público.

Exemplos - Um exemplo é uma explicação ou modelo que demonstra ou ilustra o ponto abordado por você. Em vez de apenas apresentar fatos, utilize exemplos para que seus pontos adquiram vida. Exemplos reforçam suas ideias e as tornam claras e reais na mente do público. Exemplos podem ser retirados de estudos de pesquisas, de artigos que você leu - e eles podem ser anedotas pessoais.

Metáforas são outra excelente forma de expressar claramente determinados pontos. Como subconjunto dos exemplos, elas são eficazes pois utilizam uma linguagem figurada para conectar objetos e ideias. Em média, usamos quase seis metáforas por minuto durante a linguagem falada.[2] Estas são algumas metáforas comuns e provavelmente familiares:

- Fui expulso como um batedor.
- O tempo é um ladrão.

- O dinheiro fez um buraco no seu bolso.
- Teclas do piano da persuasão.
- Conta bancária emocional.
- Árvore da independência financeira.
- A vida é uma viagem.
- Estações da vida.
- Os olhos são as janelas da alma.
- O pão da vida.
- Seu amor é como um oceano.
- Seu irmão é um porco.
- Como uma rocha.

Estatísticas - Em um ambiente de consumo cada vez mais cético, recomendo o uso de estatísticas com moderação. Todos sabem que você pode "fraudar balanços financeiros" e encontrar estatísticas para provar quase tudo; o seu público deseja estatísticas **plausíveis**. As estatísticas fazem sentido na mente lógica e, ao convencer, são muito persuasivas. Em especial, as mentes analíticas do seu público adorarão você e desejarão conhecer a fonte. A maioria das estatísticas precisam ser explicadas e em geral funcionam melhor com recursos visuais.

Estórias - O mais poderoso entre os quatro elementos do DEEE são as estórias. Elas chamam a atenção do público pois o ajudam a compreender e valorizar a sua mensagem. Estou certo de que se lembra de um momento em que você era membro do público e não estava prestando muita atenção ao palestrante. Provavelmente você estava desligado em seus próprios pensamentos quando, de repente, você se ligou novamente e começou a escutar porque o palestrante começou a contar uma estória. Ao ouvir uma estória, sintonizamos automaticamente e queremos saber o que acontece em seguida.

Os melhores persuasores são ótimos **contadores de estórias**. Ao compreender quais são os componentes essenciais da narrativa de estórias e como utilizá-los, você consegue tocar os corações das pessoas. Como nem sempre você terá uma oportunidade de construir empatia e confiança com cada indivíduo do público separadamente, as estórias podem responder suas perguntas sobre quem você é e o que você representa. Você quer que eles tenham uma visão de você como alguém engraçado, honesto e prático? Identifique os principais pontos a serem transmitidos e selecione suas estórias conformemente. Quando as emoções de um indivíduo estão envolvidas, ele fica mais inclinado a aceitar você e a sua mensagem. Quanto mais traços em comum você estabelecer com seu público, mais atentos e receptivos eles ficarão.

As pessoas valorizam bem mais suas próprias conclusões do que as suas; então, se você conseguir transformar a sua estória na estória **delas**, conseguirá ser bem mais persuasivo. Como seres humanos, somos voltados a tudo aquilo capaz de nos dar respostas. Utilize estórias para ajudar membros do seu público a responder algumas das perguntas deles. Se você for bem-sucedido nesta tarefa, sua mensagem crescerá e se desenvolverá nas mentes e nos corações deles. Se eles não se lembrarem de nada da sua apresentação, pelo menos a sua estória e a mensagem subjacente ficarão registradas nas mentes dos seus ouvintes.

E quanto à sua conclusão? Sua meta como persuasor é tornar a sua conclusão memorável. Enquanto a abertura ocupou cerca de 10% da sua apresentação, prepare uma conclusão que utilize apenas 5% do seu tempo. Como você passou o tempo todo persuadindo, só precisa de 5% desse tempo para fazer a conclusão. Sua conclusão deve ser breve, clara e concisa, revisando os pontos principais.

Ao fazer sua conclusão, inclua sua "chamada à ação". Ela deve ser curta, direta e energética. Pense na conclusão e na chamada à ação como o golpe final, aquilo que permanecerá na mente do seu público. Como você passou tanto tempo pensando no que diria, deseja que a conclusão tenha um efeito realmente poderoso.

ESTILO DE DISCURSO DOS MELHORES PERSUASORES

Agora que você tem algumas sugestões para a abertura, o corpo e a conclusão da sua apresentação, gostaria de apresentar algumas sugestões sobre o estilo de discurso dos melhores persuasores. Costumamos negligenciar estas coisas, mas elas fazem muita diferença.

Verifique se você não está falando **rápido demais**. Tendemos a nos apressar em nossas apresentações, especialmente quando estamos nervosos. Obviamente, se o seu público não consegue compreendê-lo, todo o seu discurso perde o sentido. Por outro lado, falar devagar demais também não é uma boa ideia. Não fale tão devagar, senão causará uma impressão de morosidade. Fale em um ritmo natural, com energia suficiente para manter tudo em ordem, mas não tão rápido a ponto de parecer inquieto ou tenso.

Outro aspecto importante é o volume. Todos nós já passamos pela experiência frustrante de se esforçar para ouvir alguém. Verifique se está projetando bem a voz e se os outros podem escutá-lo, especialmente se não tiver a ajuda de um microfone.

Lembre-se de considerar o **impacto de pausas** e **momentos de silêncio**. Essas lacunas agregam significado e impacto à sua mensagem. O som do silêncio no momento oportuno pode ser mais poderoso do que uma dúzia de palavras. Em função do efeito drástico desta técnica, contudo, ela pode ser usada com exagero. Não utilize demais pausas ou silêncio. Se fizer isso, eles perderão a eficácia. Além de destacar pontos importantes, a pausa também aumenta a compreensão. Quando você faz uma pausa na estória, isso permite ao público ter um momento de introspecção, o que os ajuda a absorver sua mensagem, mental e emocionalmente. Seja um momento para refletir ou se divertir com uma boa gargalhada, a calmaria permite aos membros do seu público processar a sua estória em um nível mais profundo.

Durante uma apresentação, seja cauteloso quanto ao **uso de gestos**. É claro que você deve ser espontâneo, mas, via de regra, os novatos devem planejar previamente os seus gestos. Os gestos precisam acompanhar a estória que está sendo contada e não parecer estranhos. Não gesticule demais, mas utilize os gestos para manter a atenção do público, para adicionar drama à sua estória e para enfatizar os pontos principais. Pense no seu corpo como um apoio que funciona como uma extensão visual da estória que você está contando como sua voz. Acima de tudo, seus gestos devem causar uma impressão natural. Não se comporte de maneira robotizada em suas apresentações.

GERENCIANDO EXPECTATIVAS

Os melhores persuasores sabem como gerenciar expectativas. Indivíduos tendem a se comportar de uma maneira consistente com a forma como os outros esperam que eles se comportem, sejam essas expectativas positivas ou negativas. Quando sabemos que alguém tem algum tipo de expectativa em relação a nós, em geral tentamos satisfazê-lo para conseguir conquistar seu respeito e apreciação.

As expectativas são comunicadas de diversas formas. Talvez seja através de linguagem, modulações da voz ou linguagem corporal. Pense em um momento em que você tenha sido apresentado a alguém. Em geral, se a pessoa se apresenta usando seu primeiro nome, você faz o mesmo. Da mesma forma, se ela fala seu nome e sobrenome, você também faz isso. De forma consciente ou não, você aceita pistas de outros a respeito de suas expectativas e age conformemente.

Já percebeu como suas expectativas se tornam realidade na sua vida pessoal? A expectativa é literalmente uma profecia autorealizadora. Ficamos escravos de nossas expectativas em níveis consciente e subconsciente. Notamos que isso é usado no mundo dos negócios o tempo todo. Por exemplo, quando um vendedor de eletrônicos diz: "Você vai realmente adorar ver a transmissão dos seus esportes favoritos ganhando vida através desta TV." O vendedor está tirando o foco da venda e criando uma imagem empolgante na sua mente. Ele também está falando como se você já tivesse concordado com a venda porque você não estaria assistindo à TV a menos que fosse comprá-la. Ele está agindo como se já tivesse fechado o negócio - na verdade, quanto mais ele agir assim, mais isso será uma realidade!

Adoro observar vendedores que batem de porta em porta e usam as expectativas a seu favor. Eles chegam até a porta, tocam a campainha e, sorridentes, dizem ao seu público que têm uma grande apresentação a fazer. É claro que eles empregam esta estratégia enquanto limpam os sapatos no tapete de entrada do cliente em potencial, com a expectativa de ser convidado a entrar na casa. Você ficaria surpreso ao ver como esta técnica costuma dar certo. Você vê o persuasor entregando sua caneta na expectativa de ver o contrato assinado. Você já saiu de uma loja ou situação em que se sentiu mal por não ter comprado algo? Por que será que se sentiu assim? É porque a loja criou e impôs sobre você (muitas vezes de maneira muito sutil) a expectativa de que você faria uma compra.

OS ELEMENTOS DE MISTÉRIO E SUSPENSE

Utilizar os **elementos de mistério** e **suspense** é outra forma de aperfeiçoar a comunicação. Os melhores persuasores são capazes de levar membros do público a tentarem encontrar a melhor posição em seus assentos, esperando que a exposição não termine tão cedo. Quando sentimos como se tivéssemos sido deixados em suspenso, isso nos leva à loucura! Queremos saber o final da estória. Isto também é conhecido como **"efeito Zeigarnik"**, em homenagem a Bluma Zeigarnik, um psicólogo russo. Este efeito é a tendência que temos de lembrar mais de pensamentos, ideias ou tarefas incompletas do que completas.[3]

Encontramos o efeito Zeigarnik em ação no noticiário de TV e em outros programas o tempo todo. Um pouco antes do intervalo comercial, os repórteres anunciam alguma notícia interessante cuja reportagem será transmitida mais tarde. Estas informações despertam o seu interesse e, em vez de mudar de canal, você continua sintonizado naquela emissora. Filmes e dramas na TV também deixam você em suspense. Ao deixar algo não resolvido um pouco antes do comercial de TV, estes programas chamam a nossa atenção, nos mantêm envolvidos e nos motivam a continuar assistindo. Não sentimos satisfação até recebermos a finalidade, o desfecho ou a solução.

EXCELENTES HABILIDADES DE PERSUASÃO E COMUNICAÇÃO VIA TELEFONE

A comunicação via telefone impõe desafios singulares. Uma primeira impressão pelo telefone é tão importante quanto o contato cara a cara, mas o primeiro desafio é que o seu público não pode ver o seu rosto, sua linguagem corporal ou sua presença. Tudo em relação a você está sendo julgado exclusivamente pelo telefone.

Apresentações ao vivo costumam ser programadas e planejadas, enquanto conversas pelo telefone em geral são vistas como interrupções. É impressionante a quantidade de empresas que ainda utilizam sistemas automatizados quando as principais reclamações de uma pessoa é que não conseguem obter ajuda ao vivo. (A segunda reclamação mais comum é que suas ligações são transferidas inúmeras vezes e eles falam com várias pessoas.) Sempre é possível descobrir se é um momento oportuno para falar simplesmente perguntando isso diretamente ao seu público. Você não está com pressa de cumprir seus afazeres. Você precisa ter consideração ao tempo do seu público. Caso contrário, você será o penetra que se torna uma pessoa inconveniente.

Quais são as principais reclamações do seu público em relação aos persuasores que entram em contato com eles por telefone?

- A pessoa que ligou tem pressa em falar o texto ensaiado sem interrupções.
- A pessoa que ligou divaga.
- Eles se sentem insultados por saudações informais.
- Eles não gostam do tom de voz da pessoa que ligou.

- É difícil compreender o que diz a pessoa que ligou.
- Eles se sentem apressados.
- Eles sentem que a pessoa que ligou está apenas fingindo que presta atenção ao que eles dizem.
- A pessoa que ligou não tem empatia.
- Eles acreditam que estão sendo tratados como se fossem estúpidos.

Atitudes dos melhores persuasores ao telefone:

- Eles se preparam antes de fazer a chamada telefônica.
- Eles sabem o propósito exato e o resultado final desejado da chamada.
- Eles sorriem durante a conversa. (Isso mesmo: você pode ouvir o sorriso.)
- Eles são educados.
- Eles se concentram nas necessidades e desejos do público.
- Eles sabem quando usar o humor.
- Eles utilizam termos como "por favor", "obrigado" e "não tem de que".
- Eles retornam chamadas em 24h ou menos tempo.
- Eles terminam a fala em um tom positivo.
- Eles são sucintos e diretos.
- Eles nunca perguntam: "Como você está hoje?" pois este é um chavão de *telemarketing*.
- Eles mostram competência inicial e constante.
- Eles são exemplos de sinceridade e empatia.
- Eles empregam habilidades de escuta.
- Eles utilizam perguntas para controlar as conversas
- Eles transmitem mensagens claras por correio de voz e dão motivos explícitos para o retorno de chamadas.

Articulação ideal ao telefone

- Escute mais do que fale.
- Não fale alto demais - mantenha o fone a uma distância de 2,54 cm da sua boca.

- Varie o ritmo da fala - não fale rápido demais nem devagar demais.
- Deixe seu público *saber* que você está escutando (por exemplo, "hum", "sei", "claro")
- Não force seu público a precisar esforçar-se para ouvi-lo.
- Varie a modulação de voz - não fale em um tom monótono.

DOMINANDO AS HABILIDADES DE APRESENTAÇÃO

Não ter as habilidades abordadas neste capítulo é como pegar a estrada com sua família sem CD, DVD ou rádio no carro. É como viajar com um carro sem ar condicionado ou aquecedor. Estou certo de que você aguentaria passar 8h sem estes confortos, mas, passada uma hora, seus acompanhantes de viagem certamente começariam a ficar bem incomodados. Estas habilidades são de máxima importância. Para dominar a habilidade de persuasão, você precisa aperfeiçoar suas habilidades de comunicação.

Todo dia, você precisa fazer ligações telefônicas ou apresentações ao vivo, ou ambos, para grupos de pessoas ou para uma pessoa. Tome cuidado para não dedicar todo o seu tempo ao conteúdo, sem se preocupar com a articulação da mensagem transmitida. Seu material pode ser ótimo, mas, se a forma de apresentação for ruim, de nada adiantará. A preparação cuidadosa envolve não apenas **o que** você diz, mas também **como** você diz isso. Isso influi diretamente na sua capacidade persuasiva. Lembre-se de que o seu público em geral se lembra muito mais da apresentação em si do que propriamente do conteúdo. Eles estão julgando *você* primeiro e, depois, as informações. Infelizmente, a maioria dos persuasores nunca teve treinamento nas habilidades de comunicação e apresentação. Se você é como uma dessas pessoas, já está na hora de dominar estas habilidades úteis, eternas e de valor inestimável.

Você faz uma apresentação perfeita? Possui as habilidades necessárias para torná-lo o melhor profissional na sua área? Como pode se tornar um ótimo contador de estórias? Visite www.persuasioniq.com e descubra os elementos essenciais da contação de estórias.

O burro em pele de leão: uma fábula

Um burro, vestido com a pele de um leão, resolveu circular pela selva e se divertir assustando todos os animais que via pela frente. Ao encontrar uma raposa, ele tentou assustá-la, mas a raposa, reconhecendo a voz do burro, exclamou: "Possivelmente eu teria me assustado se não tivesse ouvido a sua voz."

Moral da estória: A aparência externa pode temporariamente enganar o seu público, mas o que revelará você serão suas palavras e forma de apresentação.

CAPÍTULO 11

Habilidade de QP 9

Antecipação pré-planejada: as fórmulas secretas dos profissionais

> *"Cave o poço antes de ficar com sede."*
> — **Provérbio chinês**

Uma das principais marcas distintivas de persuasores ultra bem-sucedidos é que eles sempre se preparam previamente. Muitas vezes, temos como certo que seremos capazes de apenas "seguir o fluxo" ou "dizer algo de improviso". Ou optamos por simplesmente aguardar para ver o que acontece. **Por que não?** Já fizemos isso antes. Afinal, queremos que nossa comunicação cause a impressão de ser natural e espontânea, e não de ser algo mecanicamente ensaiado. Entretanto, o persuasor que antecipa perguntas e preocupações, e se prepara com antecedência, possui um diferencial importante. Esse persuasor oferece uma apresentação mais convincente simplesmente porque o seu preparo lhe permite se sentir mais confiante. Quando estamos despreparados ou fazemos as coisas de forma mecânica, nos sentimos menos seguros em relação a nós mesmos. Nosso público percebe logo esta falta de autoconfiança. Se você não estiver confiante, eles também não sentirão confiança.

Talvez a mais fundamental de todas as etapas preparatórias seja conhecer o seu público e conhecer a sua mensagem. Mesmo que eles tenham apresentado a mesma mensagem uma centena de vezes, os melhores persuasores farão uma revisão e um preparo antes de cada reunião e de cada apresentação. Eles antecipam cada possibilidade, cada solavanco em potencial na estrada.

CONHECENDO A SUA MENSAGEM

Qual é a sua mensagem? O que você tem a compartilhar que fará diferença nas vidas das pessoas? Qual é o seu principal objetivo, o que você mais deseja concretizar? Você precisa compreender o cenário geral. Depois, com esse cenário em mente, precisa ser mais específico. Tem uma visão clara de como seu produto, serviço ou ideia ajudará o público? Você precisa conhecer bem o seu produto, suas vantagens e desvantagens, e sua posição em relação à concorrência. Use a seguinte lista, extraída do trabalho dos melhores persuasores, para dar uma certa direção ao processo de preparo e refinamento da sua mensagem:

- O que desejo concretizar?
- Como posso garantir que minha mensagem esteja bem clara?
- Se tivesse que definir minha mensagem em três pontos principais, quais seriam eles?
- Como posso demonstrar meu *expertise*?
- Como posso aumentar o nível de confiança deste público em mim?
- Por que os outros devem se importar com o que tenho a dizer?
- Quais são os motivos emocionais que levarão meu público a responder?
- Qual é minha "mensagem promocional"?
- Quais são algumas das alternativas para minha proposta inicial?
- Meu plano tem armadilhas em potencial?
- Quais são as cinco principais dúvidas ou objeções que encontrarei? Como responderei?
- Que informações devo coletar sobre meu público? E sobre a concorrência?
- Tenho amostras, folhetos, formulários de pedidos e catálogos dos produtos?

- Tenho bônus ou incentivos adicionais a oferecer nos momentos finais?
- Há outras maneiras de agregar valor ao meu produto, serviço ou ideia?
- Como posso envolver os clientes em potencial em minha apresentação?
- Como o que tenho a oferecer difere da concorrência?

CONHECENDO O SEU PÚBLICO

É essencial compreender o seu público e as suas necessidades e desejos. O que eles realmente querem saber? O que eles buscam? Que informações você pode apresentar para diminuir a distância entre o que eles sentem e o que eles desejam? É importante compreender o seu público como um todo e também entrar nas mentes de cada um deles. Estas são algumas das perguntas que eles farão a si mesmos durante a sua apresentação - e sobre as quais você deve refletir ao se preparar:

- Por que preciso disto?
- O que acontecerá se eu concluir isto? E o que acontecerá se eu não concluir?
- Quais são minhas opções?
- Como isto poderá melhorar/mudar minha vida?
- Onde mais posso satisfazer esta necessidade?
- O que isto irá me custar?
- Onde posso obter o melhor preço?
- Quando preciso tomar uma decisão final?
- O que dirá meu cônjuge/meus amigos?

"Você só conhece realmente uma pessoa quando considera as coisas a partir do ponto de vista dela."
— **Harper Lee**

Algumas perguntas que você deve fazer a si mesmo sobre seu público como forma de preparação:

- A quem estou tentando persuadir?

- Qual é a formação ou interesse em comum que une-os?
- Quem são estas pessoas como indivíduos (pessoas de negócios, alunos, mães etc.)?
- O que posso oferecer que despertará seu interesse e compreensão em nível global?
- Que tipos de coisas eles pretendem encontrar em minha mensagem?
- Em termos de pontos principais abordados, é provável que eles concordem, discordem ou sejam indiferentes?
- Preciso estar consciente de suas associações políticas, religiosas, profissionais ou outras?
- Qual é o seu nível de formação e/ou renda média?
- Qual é a faixa etária geral?
- Eles tendem a ser mais conservadores ou mais liberais em suas percepções sobre a vida?
- Este público parece ser mais tolerante ou exigente?
- Por quanto tempo conseguirei mantê-los envolvidos? Qual é o tempo disponível?
- O que tenho a oferecer se adequa a este público?
- Qual é o maior desafio do meu público e como resolverei isto?

CONHECENDO AS ESTATÍSTICAS

Costumamos ouvir os melhores persuasores dizerem: "Tudo se resume a estatísticas." É evidente que, como um persuasor poderoso, você nunca esquece o que todas essas estatísticas representam: seres humanos reais, vivos, que respiram, cheios de sonhos, paixões, esperanças, medos e preocupações.

Por que a consciência sobre as estatísticas é parte essencial da sua preparação? Há vários motivos. Quantas pessoas abordadas por você, e que de fato conversam com você, acabam se tornando clientes? No mundo das vendas, isso é chamado de sua "taxa de conversão". Por exemplo, digamos que o resultado final é que você precisa conquistar, no mínimo, 60 novos clientes. Quantos encontros cara a cara (ou contatos por telefone, ou seja o que for que se encaixe na sua situação) são necessários para conquistar o sonho dourado de ter 60 novos clientes? Como, para quem e onde você deve comercializar? Através da Internet, chamadas para clientes em potencial, seminários/*workshops*, anúncios nos classificados ou comerciais de TV e/ou rádio? Ou, para o seu nicho, basta deixar folhetos em cada residência, enviar *e-mails* ou, melhor ainda, usar a propaganda boca a boca? Qual é o seu sistema?

Conhecer estas estatísticas tem uma influência direta sobre como e onde você deve concentrar suas energias. Isso converte a adivinhação em valores concretos e sistematiza o que do contrário seria um esforço em vão. Conhecer as estatísticas lhe oferece um ponto de partida claro, um ponto de chegada claro e todas as etapas críticas entre os dois pontos. Além disso, conhecer as estatísticas lhe permite enxergar o seu progresso e aperfeiçoamento.

"No beisebol, o indicador de grandeza é a média de bateduras. No mundo das vendas, é a média de negócios fechados."
— W. Clement Stone

Quando se trata de conhecer as estatísticas, você notará que um persuasor fraco que conhece as estatísticas conseguirá sempre persuadir melhor que um persuasor médio mas despreparado. Este é um exemplo clássico de oportunidade de reunião de preparo. Nem sempre quem ganha os negócios são as pessoas mais merecedoras ou mais brilhantes. Os vencedores são aqueles que conseguem estar antenados, de forma contínua e consistente, com os planos em questão, bem projetados e bem implementados. Eles não apenas definiram objetivos claros e específicos, mas também os converteram em ação. Esta é a parte que falta no preparo de muitos persuasores. Todos nós já ouvimos este conselho, e sabemos que ele é confiável e lógico, mas a maioria de nós raramente faz alguma coisa em relação a isso.

Outra forma pela qual o conhecimento das estatísticas é parte essencial do seu sucesso é que isso mantém a motivação alta durante momentos de desânimo. A maioria das pessoas desiste logo. Verificação da realidade: se persuasores desestimulados simplesmente compreendessem as estatísticas, eles saberiam que a persistência para fazer contatos adicionais levaria as pessoas a firmar um acordo. Diversos estudos revelam isso; embora eles variem em suas descobertas específicas (eles faziam perguntas um pouco diferentes a grupos de respondentes distintos), a tendência é incontestável:

- 40% dos persuasores admitem que não fazem novos contatos (semanalmente).[1]
- 48% desistem depois do primeiro contato.[2]
- Entre os que tentaram fazer um segundo contato, 73% desistirão.[3]
- 85% desistem depois do terceiro contato.[4]
- 90% desistem depois do quarto contato.[5]

- Os 10% de pessoas que persistem depois do quarto contato acabam conquistando 80% dos negócios![6]

Vamos repetir a última descoberta: 10% das pessoas que persistem depois do quarto contato acabam conquistando 80% dos negócios. **Lembre disso!**

DEFININDO SEUS OBJETIVOS

Quando você tiver uma compreensão clara do seu negócio, do seu público e das suas estatísticas, estará pronto para definir alguns objetivos ou metas específicas. Muitas pessoas não gostam da ideia de definição de metas; na realidade, a simples menção destas palavras já faz elas estremecerem. Entretanto, posso garantir que, se você perguntar a qualquer persuasor bem-sucedido se ele utiliza a definição de metas em seu plano de jogo, esta pessoa não apenas responderá afirmativamente, mas também poderá dizer exatamente que metas são essas, em ordem de prioridade, de curto e longo prazos. Além disso, esta pessoa poderá fornecer por escrito uma lista de todas as metas. Não resta dúvida sobre uma coisa: a definição de metas funciona. Para o persuasor sério, a definição de metas é coisa séria. Os melhores persuasores sabem que você não consegue atingir um alvo quando nem sabe que alvo é este. É essencial definir o que está na sua mira - hoje, na próxima semana, no mês seguinte e no ano que vem. Também é crucial delinear como você atingirá essa meta.

Este processo de refinar suas metas exige uma certa organização. Você notará que consegue fazer o seu sistema funcionar de maneira bem mais simplificada quando o pensamento organizado também se estende para a vida organizada. Como é o seu espaço de trabalho? Será que requer um pouco de arrumação? Conheço pessoas cujas mesas de trabalho são uma bagunça mas que sabem exatamente onde encontrar tudo. Não estou dizendo que seu espaço de trabalho deva estar sempre limpo e impecável para que você seja um indivíduo eficaz, mas você precisa descobrir o que funciona melhor para você. Perguntas que você deve fazer a si mesmo:

1. Consigo encontrar o que procuro?
2. Quanto tempo levo para encontrar o que procuro?
3. Há uma maneira melhor e mais eficaz de organizar isto?
4. Posso estar perdendo credibilidade por causa da aparência de desleixo, em nível pessoal ou no espaço de trabalho?

5. Existe tecnologia/*software* a ser empregado para simplificar minhas tarefas e aumentar minha produtividade?
6. Há algo que eu possa delegar a outras pessoas?

GERENCIANDO O SEU TEMPO

Já que estamos falando sobre estar preparado, orientado a metas e organizado, é inevitável que abordemos a importância de saber gerenciar o tempo. Imagino que você esteja pensando que já está cansado de tanto ouvir falar no assunto. Mas, antes de prosseguir, gostaria de lhe fazer uma pergunta: **você gostaria de trabalhar menos?** A maioria das pessoas diria que sim! Um pequeno detalhe poderoso que muitas vezes é menosprezado é que, quando o tempo é bem gerenciado, você de fato trabalha menos!

O mesmo ocorre com a persuasão, ou seja, os melhores persuasores trabalham menos do que o persuasor comum e conseguem mais. É a velha "Regra 80/20". As pessoas mais bem-sucedidas gastam 20% do esforço e obtêm 80% dos resultados, enquanto as pessoas menos eficazes colocam 80% de esforço e só obtêm 20% dos resultados. **Isto parece injusto?** Vou dar uma dica para entrar no mundo de 20% de trabalho/80% de resultados. Os melhores persuasores compreendem que tempo é mais importan-

"SE APRENDEMOS ATRAVÉS DOS NOSSOS ERROS, EU NÃO DEVERIA TENTAR COMETER O MÁXIMO DE ERROS POSSÍVEL?"

te que dinheiro. Eles têm plena consciência de que, apesar de **podermos acumular dinheiro, não podemos acumular tempo**. Este conhecimento informa como eles aproveitam cada instante. Eles não perdem tempo discutindo sobre coisas sem importância. Cada fração de energia é alocada onde possa ter o maior impacto. É simples assim. Nem é uma questão de inteligência. É só uma questão de estar consciente e organizar-se.

Você percebe que a maioria dos persuasores são produtivos menos da metade do dia? Digamos que, por exemplo, os momentos desperdiçados durante o dia somem duas horas (embora pesquisas mostrem que, para a maioria das pessoas, provavelmente este tempo é maior). Considerando uma semana de trabalho de cinco dias, essas meras duas horas representam quarenta horas mensais, ou seja, o equivalente a mais uma semana inteira de trabalho.

"Cada ação é algo que você decidiu fazer, e não há nada que você tenha a obrigação de fazer."
— Denis Waitley

Mencionei anteriormente que persuasores bem-sucedidos podem mostrar a você suas metas por escrito. Isso também vale para os excelentes gerenciadores do tempo, pois suas tarefas diárias são suas metas de curto prazo. Não demora para essas metas de curto prazo se acumularem e exercerem forte influência sobre sua capacidade de cumprir ou não metas de maior dimensão. Ao se esforçar para lidar melhor com o gerenciamento do seu tempo, comprometa-se a programar e planejar tudo por escrito. Isso não significa que você precisa se tornar uma pessoa rígida, tensa. Isso só serve como um guia. Muitas vezes, perdemos tempo simplesmente porque não tínhamos mais nada para preencher aquele tempo. Se você não designar a forma como aproveitará determinado espaço de tempo, esse tempo *será* preenchido, mesmo que a atividade seja insignificante.

Os melhores persuasores nunca começam o dia sem antes ter feito seu planejamento por escrito. Pesquisas do Persuasion Institute mostram que apenas **2,9%** dos persuasores sabem gerenciar bem o tempo e menos de ⅓ planejam previamente o seu dia. Isso significa que sempre há espaço para a maioria de nós obtermos maior controle sobre nosso tempo e sobre a forma como fazemos uso dele. A boa notícia é que, à medida que você se organizar, provavelmente começará a trabalhar menos e conquistar mais.

Comprometa-se a escrever os seus planos e metas na noite anterior ou logo cedo pela manhã. Verifique se as coisas mais importantes da sua vida fazem parte da lista. Estas são algumas perguntas que você pode fazer a si mesmo quando estiver refletindo sobre como deseja aproveitar o seu tempo:

- Qual é a melhor forma de utilizar o meu tempo durante o dia?
- Que parte do dia deve ser reservada para as tarefas mais difíceis?
- Faço primeiro as coisas mais simples e agradáveis?
- Estou desperdiçando um tempo precioso com coisas sem importância?
- Costumo confundir estar ocupado com obter resultados?
- Sei quais são as minhas prioridades? Até que ponto saber isso interfere na maneira como aproveito meu tempo?
- Sei claramente o que desejo conquistar?
- Que coisas desnecessárias posso eliminar de minha vida?
- Há alguma redundância em minhas atividades diárias?

Todos dispomos da mesma quantidade de tempo diariamente. O primeiro passo para conseguir aproveitar melhor o seu tempo é estar consciente de como o seu tempo está sendo usado no momento. Nossa pesquisa mostrou que persuasores dedicam 57% do dia a atividades que não geram receita (ou seja, viagens, correspondências, tempo de espera, conversa com colegas de trabalho etc.) É claro que parte disso é necessária, mas os melhores persuasores maximizam atividades que geram receita e limitam ou delegam atividades que não geram receita.

Quando você souber definir claramente seu posicionamento atual, verifique onde é necessário aperfeiçoar-se. A comparação entre o uso atual do tempo e o uso desejado do tempo ajudará você a avaliar o que precisa ser ajustado. Você pode sempre usar o sucesso dos outros como modelo para o seu próprio sucesso. Veja a seguir algumas habilidades de gerenciamento do tempo que persuasores bem-sucedidos possuem. Será que você poderia adicionar algumas destas habilidades ou técnicas à sua caixa de ferramentas:

> No Persuasion Institute, descobrimos o seguinte:
>
> - 4% dos persuasores dominam a detecção de clientes em potencial.
> - 11% consistentemente dedica um tempo semanal à descoberta de mais clientes.
> - 12% solicita referências após cada visita. (Referências devem constituir a maior parte dos seus negócios.)
> - 81% dos persuasores comuns passam menos de 5 horas por semana criando novos clientes.

- Agrupar ou reunir tarefas semelhantes.
- Monitorar interrupções.
- Executar múltiplas tarefas.
- Implementar prazos e recompensas.
- Restringir o sono apenas ao necessário (não dormir mais do que o necessário).
- Fazer exercícios físicos.
- Programar todas as atividades e eventos, e encontrar tempo até mesmo para "colocar o papo em dia" e para descansar.
- Utilizar tecnologia para automatizar seus contatos, e-mails e sistemas de rastreamento.

EVITANDO A PROCRASTINAÇÃO

É impossível falar sobre gerenciamento de tempo e não acabar falando sobre **procrastinação**. Por que a tendência a procrastinar é tão predominante? Sabemos que isso não traz benefícios, mas continuamos viciados em fazer isso. Ficar sempre adiando as coisas até o último instante não produz os melhores resultados. Os melhores persuasores não têm tempo para procrastinar.

Embora existam vários fatores psicológicos que motivem as pessoas a continuar adiando, o principal motivo é o medo do fracasso ou da rejeição. Quando estamos com medo, é comum mostrarmos evitação, relutância, apatia e racionalização.

O que nos leva a procrastinar? Outro motivo muito comum é a indecisão. Temos receio de estarmos errados ou de cometermos erros. Apesar de querermos enxergar tudo na vida como preto ou branco, bom ou ruim, precisamos nos libertar da necessidade de compartimentar tudo de uma forma ordenada; a vida simplesmente não é assim. Muitas vezes, há diversas formas de se chegar a um mesmo resultado, e podem existir várias respostas certas para uma mesma pergunta. Os persuasores bem-sucedidos são bons tomadores de decisões. Eles agem de acordo com as circunstâncias. Eles decidem no ato e não deixam nada para depois.

Às vezes, adiamos as coisas porque estamos cansados ou não temos a energia necessária. Em outros momentos, nossas metas não são altas o suficiente e ficamos apáticos. Também pode ocorrer o inverso: se nossas metas são altas demais, isso pode nos desconcertar e aí tendemos a nos fechar. Quando você se sentir desconcertado, procure desmembrar as tarefas em partes menores, mais gerenciáveis e de mais fácil absorção. Outro motivo para a procrastinação é a falta de conhecimento ou a falta de estímulo para adquirir o conhecimento.

Há um termo que define bem melhor todos esses motivos: **"desculpas"**. Não há motivo para adiar uma atividade importante. Segundo o presidente Theodore Roosevelt: "Em um momento de decisão, o melhor que você tem a fazer é fazer a coisa certa, a próxima melhor coisa a fazer é fazer a coisa errada e a pior coisa a fazer é não fazer nada."

Seja qual for a causa do problema (medo, indecisão, apatia, falta de conhecimento ou outra coisa), há quatro desculpas básicas que as pessoas costumam dar para justificar seu comportamento de procrastinação.

1. **Perfeccionismo** - A primeira desculpa é quando a pessoa insiste que precisa encontrar uma situação perfeita, que tudo precisa estar na mais perfeita ordem, para dar o próximo passo. Estas pessoas são as típicas perfeccionistas. Há sempre mais alguma coisa a ser corrigida ou aprimorada para que elas comecem de fato a conversar com clientes em potencial.

2. **Pessimismo** - A segunda desculpa comum por trás da procrastinação é o pessimismo, ou seja, pensar sempre nos piores cenários e em todos os motivos para não prosseguir. Há sempre muitas desculpas para adiarmos o que precisa ser feito, mas nenhuma boa justificativa. Estas pessoas passam o tempo todo se preocupando e fazendo previsões negativas para o futuro.

3. **Amabilidade** - Uma terceira desculpa para a procrastinação é a "amabilidade". Estas pessoas estão sempre com medo de pressionar, intrometer-se ou incomodar. Elas evitam tudo que possa colocá-las em uma situação em que alguém fique chateado ou, pior que isso, venha a não gostar delas.

4. **Credibilidade** - A última desculpa é a do *expert* superficial. *Experts* superficiais temem que, ao permitir que os outros descubram que eles não possuem realmente todas as habilidades que fingem ter, acabam perdendo toda a credibilidade. Eles gostam de ser apreciados e admirados à distância, mas a ideia de estar em uma situação em que precisem de fato demonstrar o alegado conhecimento e aptidões é assustadora. Isso também os forçaria a ter que realmente fazer algo. Em vez disso, é mais fácil evitar o chamado do dever.

É válido conhecer os fundamentos, mas você pode considerar a procrastinação sob um ângulo bem mais básico. Existem diversas revelações em nível superficial que dão indícios de que você está lidando com (ou de fato é) um procrastinador. Segundo o dr. Joseph Ferrari, um procrastinador tende a possuir estas cinco tendências:

1. Eles supervalorizam o tempo de que dispõem para executar tarefas.
2. Eles subestimam o tempo necessário para concluir tarefas.
3. Eles supervalorizam sua motivação para o dia seguinte, a semana seguinte, o mês seguinte - para fazer aquilo que estão adiando.
4. Eles se enganam ao acreditar que, para ser bem-sucedido em uma tarefa, precisam estar com vontade de realizá-la.
5. Eles se enganam ao acreditar que trabalhar sem vontade já é satisfatório.[7]

Elimine as desculpas comuns

O Persuasion Institute descobriu que as desculpas a seguir eram as mais comuns e atrapalhavam na tarefa a ser desempenhada. Alguma destas desculpas soam familiares a você?

- "Estou ocupado demais para..."
- "Eles nunca falarão comigo."
- "Não quero parecer agressivo."
- "E se eles não estiverem interessados?"
- "Eles estão sempre de mau humor."
- "Preciso terminar de ler as correspondências."
- "Preciso de café antes de começar."
- "É horário de almoço e todos estarão fora."
- "Deixei uma mensagem; eles retornarão a ligação."
- "Talvez eu deva pesquisar mais."
- "Eles não vão querer este produto/serviço/ideia."
- "Preciso almoçar para raciocinar melhor."
- "Preciso de alguns suprimentos de escritório antes de iniciar."
- "Alguém deve ter deixado uma mensagem no meu celular."

- "Tenho uma reunião daqui a uma hora; então, não posso ligar para você agora."
- "É sexta-feira e todos estão pensando no fim de semana."
- "É segunda-feira e todos estão querendo saber como foi o fim de semana."
- "Alguém já tentou contactá-los, sem sucesso."
- "Preciso verificar novamente meus *e-mails* para ver se alguém respondeu."

DESCOBRIR, PROJETAR E ARTICULAR: TÉCNICAS DE EXCELENTES PERSUASORES

Depois de avaliar sua mensagem, seu público, suas metas e o gerenciamento do seu tempo, você estará preparado para começar a projetar sua apresentação. Este processo envolve uma fórmula simples: **descobrir**, **projetar** e **articular**. Aqui, novamente, o pré-planejamento e a antecipação geram confiança para deixá-lo preparado até certo ponto para enfrentar qualquer coisa. Considere as seguintes ideias utilizadas pelos melhores persuasores quando eles estão preparando sua mensagem persuasiva:

1. Qual foi o tempo alocado para a sua apresentação?
2. Qual será a instalação (auditório, escritório, sala de aula etc.)?
3. Qual é o tamanho do público?
4. Você fará uma apresentação em um palco, pelo telefone, usando um microfone ou entre conhecidos?
5. Em que horário do dia será a apresentação? O seu público estará cansado, bem disposto, com fome ou preocupado? Você deve/pode incluir uma pausa na sua apresentação?
6. Há possíveis distrações que você pode evitar se souber previamente da sua existência? Por exemplo, barulho em salas adjacentes, distrações externas, crianças, volume de tráfego de pessoas que se movimentam de uma sala para outra, luz do dia produzindo claridade demais etc.?
7. Você pode inspecionar o local da apresentação com antecedência? Onde você fará a apresentação e qual é a disposição dos assentos do público?

8. Que equipamentos estarão disponíveis, tais como retroprojetor, microfone portátil, *flip chart*, computador, quadro (com giz ou marcadores)?

Depois de considerar detalhes como espaço, local, hora do dia e assim por diante, procure pensar na mensagem a ser transmitida. Ou seja, pense nas palavras que você realmente quer empregar. Sua mensagem deve incluir todos os seguintes elementos que fazem parte do discurso dos melhores persuasores:

1. **Despertar interesse** - O público precisa de um motivo para escutá-lo. Você precisa gerar interesse pelo tópico escolhido. Por que eles devem se importar? O que há de interessante para eles? Como você pode ajudá-los? Uma mensagem que começa com um motivo muito bom para ser ouvida consegue prender a atenção do público. Sem a atenção total deles, fica difícil conseguir transmitir a sua mensagem.

2. **Definir o problema** - Defina claramente o problema que você está tentando resolver. O melhor padrão de um discurso persuasivo é identificar um problema e depois relacionar como esse problema afeta o público. Desta forma, você mostra a eles por que a sua apresentação diz respeito a eles. Por que o seu público tem este problema? Como este problema afeta eles?

3. **Oferecer evidência** - A evidência serve de sustentação para o seu argumento. A evidência valida sua alegações e oferece prova de que o seu argumento está certo. Ela permite ao seu público confiar nas fontes utilizadas por você. A evidência pode incluir exemplos, estatísticas, estórias, depoimentos, analogias e qualquer outro material de apoio que aumente a integridade e a congruência da sua mensagem.

4. **Apresentar uma solução** - Você conquistou o seu público, despertando o seu interesse, descrevendo um problema e fornecendo evidência para sustentar a sua mensagem. Agora você precisa resolver o problema apresentando uma solução. Como o seu produto, serviço ou ideia atende às necessidades e desejos do seu público? Como isso pode ajudá-los a atingir suas metas?

5. **Chamada à ação** - Uma mensagem persuasiva não é verdadeiramente persuasiva quando o público não sabe exatamente o que precisa fazer em seguida. Para resolver o problema, o público precisa agir. Sua chamada à ação é o clímax da sua apresentação. Ao planejar e preparar sua chamada à ação, lembre-se de que o processo não precisa ser longo e doloroso. Ela funcionará melhor quando você

for específico e preciso. Lembre-se de que as ações prescritas devem ser viáveis, ou seja, facilite ao máximo sua chamada à ação.

O uso desta estrutura facilitará a aceitação da sua mensagem pelas pessoas e esclarecerá o que você deseja que elas façam pois você estará acessando a mente lógica. Se o público não perceber algum tipo de estrutura, é provável que fique confuso e busque sua própria solução. Se você não for claro, conciso e lógico, o público encontrará outra pessoa que seja assim. Um excelente persuasor consegue levar o público a recordar, reter e responder a mensagem. Os seus pontos foram memoráveis, de fácil compreensão e de simples absorção? Sua mensagem equivale ao que o público se recorda, e não ao que você diz ou faz.

TORNANDO SUA MENSAGEM MEMORÁVEL

Eis aqui algumas reflexões finais sobre formas de tornar sua mensagem mais memorável, conferindo a ela um maior impacto:

Ofereça opções

Quando alguém nos diz exatamente o que devemos fazer, nossa tendência natural, como seres humanos, é de rejeitar simplesmente porque isso nos foi ordenado. As pessoas sentem a necessidade de ter liberdade e a capacidade de fazer suas próprias escolhas. Quando são forçadas a escolher algo contra a sua vontade, elas encontram resistência psicológica. E depois precisam recuperar sua liberdade, muitas vezes dizendo não. A maneira de evitar esta rejeição é oferecendo às pessoas algumas opções para que possam fazer uma escolha por si mesmas. Portanto, permita que elas escolhas os detalhes do sim. Os melhores persuasores preparam suas opções com antecedência.

Se você realmente precisa limitar a escolha do público a apenas uma opção, explique a limitação. Se o público compreender por que foi imposto um limite à sua liberdade, ele estará mais propenso a aceitar uma restrição.

Por outro lado, procure não oferecer ao seu público mais de duas ou três opções. Se você oferecer alternativas demais, o público ficará menos propenso a escolher uma delas. Opções estruturadas oferecem ao seu público a experiência do controle. Como resultado, ele será mais colaborador e comprometido. O uso eficaz de opções só deixará uma escolha para o público - aquela que você deseja que ele adote no final. Por exemplo,

"Você gostaria de ver a demonstração ao vivo ou posso enviar-lhe um DVD?" As duas opções funcionariam para você.

Use a repetição

O **uso da repetição** é uma ferramenta de persuasão muito eficaz. Já ouvimos falar que a repetição é a mãe de todo o aprendizado; ela também é a **mãe da persuasão eficaz**. Quando algo é repetido, isso fica registrado na nossa memória e a compreensão aumenta. A repetição criará familiaridade com suas ideias, o que levará à associação positiva.

Você precisa repetir sua mensagem diversas vezes para que o público compreenda precisamente sobre o que você está falando e o que você deseja deles. Lembre-se de que você pode repetir sua mensagem diversas vezes sem dizer sempre as mesmas palavras. Os melhores persuasores repetem, mas sempre com uma nova embalagem. Cada vez que você quiser expressar seu ponto de vista, faça uso de novas evidências e de novas palavras - você não quer soar como um velho disco arranhado na vitrola.

Lembre-se de que o uso excessivo da repetição pode resultar em menos respostas favoráveis. Você sabe perfeitamente qual é a sensação de ouvir a mesma estória ou piada várias vezes ou de estar cansado de assistir ao mesmo comercial de TV. Mantenha as repetições sobre cada ponto com aproximadamente três referências, e definitivamente no máximo cinco.

Brevidade e simplicidade

Mantenha a sua mensagem **breve** e **simples**. Esta brevidade tornará a mensagem mais clara e, portanto, mais fácil de ser lembrada. Verifique se o seu discurso é articulado e inteligente, mas tome cuidado para não fazer uso de linguagem obscura. Empregue termos simples e jargão que seja familiar ao seu público. A complexidade não irá impressioná-los; pelo contrário, ela tornará a sua mensagem confusa. Exponha seus pontos de vista de maneira simples, clara e direta.

Inoculação

Os melhores persuasores sabem como **inocular**. O termo "inoculação" vem da área médica. Inoculação significa injetar uma dose fraca de um vírus para impedir que um paciente de fato seja contaminado pelo vírus. O sistema imunológico do corpo combate esta forma fraca da doença e, assim, fica preparado em caso de ataques da doença real. No **mundo da persuasão**, você prepara o público previamente para combater a influência de coisas negativas que possam vir a escutar sobre você ou sobre o seu produto. O público também pode gerar seus próprios argumentos contrários, fortalecendo a oposição dele contra sua mensagem.[8] Ao apresentar ao público o outro lado do argumento, você mostra que sabe como eles podem estar se sentindo e o que podem estar pensando. Assim, você conquistará o respeito das pessoas e aumentará sua capacidade de persuadir ao responder perguntas e reagir a objeções antes mesmo de sua ocorrência.

Imagine que a concorrência está sempre divulgando que o seu produto é o mais caro do mercado. Você precisa inocular o público contra esses ataques. Por exemplo, você pode dizer a eles que o seu produto é o de melhor qualidade, mais duradouro e mais caro do mercado. Desta forma, você transforma a desvantagem em um recurso importante e positivo. Essa inoculação, se for incutida de maneira estratégica na mente do seu público, permitirá que eles acessem os fatos quando a concorrência tentar falar mal de você ou do seu produto.

FAZENDO ACONTECER

Não estar preparado é como dirigir seu carro sem um mapa rodoviário ou, ainda pior, sem um volante de direção. Com sorte, talvez você chegue ao seu destino, mas, na maior parte do tempo, isso não acontecerá. O **preparo** e a **antecipação** são os fundamentos da persuasão bem-sucedida. Para apurar estas habilidades, você precisa de tempo, esforço e disciplina, mas os resultados compensarão. Se você incluiu o preparo como último item na sua lista de coisas a fazer para se transformar em um ótimo persuasor (ou se ele não consta nesta lista), agora chegou a hora de fazer mudanças. O preparo cuidadoso e bem planejado será a garantia de que você atinja sempre o alvo. O tempo que você dedicar ao preparo se trará resultados dez vezes mais valiosos.

Você consegue definir metas? Deseja realmente ser um excelente persuasor? Você sabe muito bem que criar metas fará toda a diferença entre a mediocridade e o sucesso. Os melhores persuasores elaboram suas metas por escrito. Você deseja utilizar o sistema de metas? Finalmente deseja alcançar seu principal objetivo? Visite www.persuasioniq.com e obtenha o sistema de domínio de metas para atingir suas metas e desejos na vida.

A formiga e o gafanhoto: uma fábula

Certa manhã de verão, um gafanhoto perambulava feliz da vida, chilrando e cantando. Uma formiga passou correndo, com um pedaço de milho que estava levando para o ninho. O gafanhoto perguntou: "Por que não vem brincar comigo em vez de dar tanto duro?" A formiga respondeu: "Estou ajudando a armazenar alimentos para o inverno e acho que você deveria fazer o mesmo." O gafanhoto disse: "Por que se importar com o inverno? Temos bastante comida por enquanto." Mas a formiga prosseguiu com seu trabalho árduo. Quando o inverno chegou, o gafanhoto não tinha comida e estava morrendo de fome. Ele notou que as formigas estavam distribuindo o milho e os grãos que haviam estocado no verão.

Moral da estória: Seja precavido. O momento de preparo antecede a hora da necessidade. O tempo de aprender como persuadir antecede a hora de persuadir.

CAPÍTULO 12

Habilidade de QP 10

Autodomínio e desenvolvimento pessoal

"Se todos nós fizéssemos uso de todo o nosso potencial, ficaríamos literalmente atônitos diante de nossa capacidade."
— **Thomas A. Edison**

Há uma estória sobre dois vizinhos que moravam próximos um do outro nas montanhas. Eles eram bem competitivos e estavam sempre testando a força um do outro. Certo dia, o primeiro vizinho desafiou o segundo. Eles queriam ver quem conseguia cortar mais lenha em três horas. O segundo vizinho aceitou o desafio. O primeiro vizinho começou bem forte. Ele não parava de cortar, enquanto o segundo vizinho cortou por apenas dez minutos e depois se sentou à sombra de uma árvore frondosa. O primeiro vizinho não imaginava que seu vizinho fosse tão preguiçoso. Para sua surpresa, o segundo vizinho continuou fazendo pausas de dez minutos a cada uma hora, durante a competição. Finalmente, passaram-se as três horas. Sem fazer pausa nem sequer para descansar um pouco, o primeiro vizinho estava certo de sua vitória. Para sua decepção, descobriu que o segundo vizinho tinha cortado duas vezes mais lenha do que ele! Incrédulo, ele disse: "Isto é impossível! Você fez pausas a cada uma hora." Sem pestanejar, o segundo vizinho respondeu: **"Eu não estava descansando; estava afiando o meu machado."**

Os melhores persuasores aderem a um programa intensivo de desenvolvimento pessoal. Eles sabem que **"é mais difícil cortar com facas cegas"**; portanto, é extremamente importante manterem-se afiados. A maioria dos persuasores acham que não vale a pena investir em treinamento pessoal. Eles acreditam que a solução é trabalhar com mais afinco. Eles acham que conseguirão resolver tudo sozinhos, mais cedo ou mais tarde, talvez lendo um ou dois livros. Eles também acham que é muito caro aprender com a melhor fonte. Os melhores persuasores sabem que a experiência é o melhor professor e que, embora tenham muito a aprender com livros, a existência de um especialista que possa orientá-los nesta experiência encurta muito a curva de aprendizagem. Em vez de representar um gasto doloroso, o treinamento intenso é um investimento indispensável. É por isso que persuasores bem-sucedidos podem fazer **metade do esforço e obter o dobro dos resultados**. Você já se viu em uma situação em que ficou exausto de tanto se esforçar, enquanto alguém mal levantou um dedo para conseguir muito mais do que você? Esta situação demasiadamente frustrante em geral é o resultado de um sólido treinamento pelo qual a pessoa mais bem-sucedida passou ou de um programa de desenvolvimento pessoal.

Você não pode se considerar uma pessoa realmente instruída, a menos que esteja em constante aprendizagem e crescimento - aprendendo com os outros, com suas experiências, com seus mentores, *coaches*, livros, programas de treinamento, seminários, CDs e DVDs. Procure dedicar um tempo diário à contemplação do que você já aprendeu e à aplicação disso ao seu futuro. Reflita sobre o que ocorreu durante o dia. O que você fez bem e o que poderia ter feito melhor? Você está desperdiçando um tempo precioso? Deixar de investir em seu desenvolvimento pessoal e no contínuo treinamento é como jogar o seu contracheque no lixo a cada pagamento. Assim como um computador, se você não se atualizar, ficará obsoleto para si mesmo e para o futuro.

ACONSELHE-SE COM OS ESPECIALISTAS

"Vou descobrir sozinho." Esta deve ser uma das atitudes mais comuns, porém mais impeditivas, de persuasores medíocres. Talvez o persuasor até acabe provando que consegue fazer isso sozinho, mas somente através de muita dor, estresse, dedicação de tempo, investimento financeiro e muitos erros que lhe custam caro. Esta linha de raciocínio pode ser comum, mas não é assim que os grandes persuasores pensam. Eles sabem que outra pessoa já descobriu o que eles precisam saber. Eles aumentam a própria produtividade ao maximizar seus dons, talentos e pontos fortes, e usando os pontos fortes de outras pessoas ao lidar com algo fora do seu *expertise*.

Os melhores persuasores não desperdiçam tempo e energia nas áreas em que são seu ponto fraco. Eles se sobressaem porque aprendem a alavancar as áreas que são o seu forte e a deixar o resto por conta dos especialistas. Pense nas pessoas mais bem-sucedidas que você conhece. É provável que elas se concentrem naquilo que são boas e não percam tempo com aquilo em que são fracas. É por isso que se destacam. Por exemplo, tentar construir um *site* fascinante na Web quando você não tem conhecimentos suficientes sobre computação levará uma eternidade e desviará a sua atenção de áreas em que você pode obter resultados impressionantes com bem menos esforço. E, no final, é provável que o seu *site* não tenha a aparência que poderia ter se você tivesse deixado isso por conta de um especialista em *Web design*. Não valeu a pena dedicar tanto tempo e investir tanto dinheiro (perda de receita pois a tarefa foi demorada e você não fez a coisa certa). A longo prazo, você percebe que não economizou nada; pelo contrário, só perdeu dinheiro.

No início da minha carreira, eu costumava dizer: "Descobrirei isto sozinho. Será que é tão difícil assim?" Com o passar dos anos, esta frase me custou milhões de dólares. Recordo-me de ter ido a um seminário sobre o mercado de ações que destacava a importância de aprender como comercializar. Eu precisaria investir mais de US$ 10 mil para participar de treinamento adicional. Então, optei por não fazer o treinamento e tentar descobrir tudo sozinho. Fiquei furioso ao perceber que havia perdido três vezes o valor do que teria gasto no treinamento. Os alunos que participaram das aulas adicionais, por outro lado, fizeram o investimento certo, aprenderam as habilidades adequadas e se tornaram ótimos comerciantes. Saí perdendo por não ter permitido que os especialistas me ensinassem as habilidades certas.

Foi maravilhoso quando me dei conta de que todos os problemas e obstáculos pelos quais estava passando na vida e no negócios já tinham sido resolvidos e descobertos por outra pessoa. Alguém já havia encontrado a resposta para todos os meus problemas. Eu poderia pagá-los para me ensinar ou acabar pagando bem mais através de experiências difíceis na escola da vida. Eu pagaria um preço bem mais alto, não apenas financeiramente, mas também com tempo, energia e comprometimento. Os persuasores bem-sucedidos não se importam com o custo necessário para aprender as habilidades; eles se preocupam com o retorno sobre o investimento.

Se você quisesse aprender a pilotar, tentaria simplesmente descobrir sozinho como fazer isso? Ou leria o melhor livro sobre como pilotar e depois entraria em um avião e aprenderia no caminho? **É claro que você não faria isso!** Por quê? Os riscos seriam tão altos que você poderia acabar perdendo a própria vida. Mas se você está sempre falhando, errando o alvo e sentindo dor e frustração que poderiam ter sido evitadas (se você nunca atinge suas metas e aspirações), será que não é hora de encontrar alguém que já tenha dominado estas habilidades?

Nenhum dos problemas que enfrentaremos na vida são novos. Todos os nossos desafios em potencial já foram vivenciados e resolvidos por outra pessoa. Então, por que lutar para resolvê-los sozinho quando você pode encontrar alguém que já fez isso? Sempre existe alguém (um líder de seminário, um *coach*, um mentor) que pode fazer diferença em sua vida. Encontre pessoas que são especialistas na própria área de atuação, faça perguntas, participe de seminários e *workshops* e faça cursos em nível superior. O sucesso é como um teste que se encontra em um livro sem chave de respostas; as respostas estão bem diante do seu nariz quando você está disposto a procurá-las.

"Não existe esta coisa de um homem que se fez por si mesmo. Somos resultado de diversas outras pessoas. Toda pessoa que tenha sido gentil conosco ou que tenha nos transmitido uma palavra de incentivo contribuiu, de alguma forma, para a formação do nosso caráter e dos nossos pensamentos, bem como para o nosso sucesso."
— George Matthew Adams

O SEU PROGRAMA DE DESENVOLVIMENTO PESSOAL

O que constitui um programa de desenvolvimento pessoal? Os melhores persuasores adotam abordagens multifacetadas que incluem livros, áudios, seminários e *coaching*. Seja qual for o método utilizado, ele é incompleto; todos reforçam uns aos outros.

Considere esta triste estatística:

- 58% da população adulta norte-americana **nunca mais leu** outro livro ao terminar o ensino médio.

A base fundamental de um programa de desenvolvimento pessoal são os livros, assim como o ensino médio é a base do ensino superior. O especialista em sucesso pessoal

- 42% das pessoas com nível universitário **nunca leram outro** livro após formadas.
- 80% das famílias norte-americanas não comprou nem leu um livro no ano passado.
- 70% dos adultos norte-americanos não entraram em uma livraria nos últimos cinco anos.¹

Brian Tracy diz: "Se você conseguir ler trinta minutos por dia, dobrará a sua receita anual." Outras descobertas sugerem que, se você ler sobre determinado assunto, mesmo que seja por apenas 30 a 60 minutos diariamente, só levará alguns anos para se tornar um especialista na área. Como você aproveita o seu tempo? Sabemos que milionários assistem menos à TV do que a massa presa à pobreza. Sabemos que existe uma conexão poderosa e direta entre um programa de crescimento pessoal e o nível de receita do indivíduo.

"Um livro que permanece fechado não passa de um bloco de papel."
— **Provérbio chinês**

Apesar de, em geral, a leitura ser a única abordagem adotada por um persuasor iniciante, raramente ela é eficaz por si só. A maioria das pessoas não reterão nem aplicarão tudo que leem. Mas a leitura de fato reforça os princípios que você aprendeu em um seminário ou com um coach. Com certeza seu tempo será bem melhor empregado do que se você ficasse assistindo à TV! Precisamos encarar o fato (acredite que é muito difícil para mim, como autor, dizer isso) de que, ao comprar um livro, você tem menos de 1% de chance de ler esse livro até o fim e *também* de aplicar um princípio ali contido.

Programas em áudio são outra forma perfeita de reforçar novas ideias que estão florescendo. Pense no tempo que você passa dentro do carro no trajeto de ida e volta ao trabalho. Não desperdice esse tempo ouvindo música. Transforme o seu carro em um workshop, ouvindo CDs educacionais e motivacionais.

"Sua renda só cresce na medida em que você também cresce."
— **Harv Eker**

Quando você se concentra no seu desenvolvimento, utiliza a sua **mente**, o seu **conhecimento** e as suas **habilidades**. Quando você emprega este trio de recursos pessoais, descobre uma motivação que ainda não havia sido explorada. Você desenvolverá um senso de urgência e direção que o conduzirá a outros patamares do sucesso. Mas você só conseguirá ser bem-sucedido quando decidir sair da sua zona de conforto e experimentar coisas que o estendam e o desafiem. Os melhores persuasores aprendem a desenvolver a sede por conhecimento e desenvolvimento pessoal. Eles desejam crescer, aprimorar-se e conquistar coisas que não conseguiram fazer no passado. Quando nossa capacidade de crescimento e compreensão aumenta, com ela aumentam também a nossa autoestima, otimismo e sucesso.

Seminários e *workshops* são uma das formas mais eficazes de maximizar o seu programa de desenvolvimento pessoal. Eles dão a chance de você reservar dois ou três dias para um estudo intensivo, para realmente começar do zero em tópicos e habilidades específicas. Livros e áudios são um ótimo começo, mas em um ambiente de seminário ou *workshop* você sai ganhando ainda mais. Não há nada melhor do que sair da rotina para encontrar outros indivíduos que estão comprometidos com os mesmos ideais. Um grupo de indivíduos entusiasmados e dinâmicos que foram reunidos em torno de um interesse em comum gera um tipo singular de sinergia que não seria possível de outra forma. Muitas vezes, um seminário nos oferece justamente o que precisamos para nos dar disposição, ou seja, para obter ideias, estratégias e técnicas novas e empolgantes. Seminários e *workshops* também são ótimas oportunidades para criar redes pessoais, que lhe são úteis muito tempo depois de você ter deixado a sala de aula. Em função do valor agregado por seminários e *workshops* que não pode ser adquirido de outra forma, os melhores persuasores tratam de incorporar isso ao seu planejamento anual, garantindo o financiamento necessário e confirmando sua participação com muitos meses de antecedência.

Outra forma mais rápida, mais poderosa e mais econômica de aumentar o desenvolvimento pessoal é recorrer à ajuda de um mentor ou *coach*. Os melhores persuasores têm vários mentores e *coaches*. Um mentor é um indivíduo que tem experiência, conhecimento e conscientização superiores, e que está comprometido em ajudar uma pessoa a adquirir *insight*, progresso e apoio para sua vida profissional ou pessoal. Por que a mentorização é a melhor opção? Mentores e *coaches* já passaram pela mesma experiência, encontraram soluções e, portanto, podem poupá-lo de uma enorme quantidade de tempo, dinheiro, frustração e decepção. Eles também avaliam a situação com imparcialidade, o que lhes permite oferecer conselhos bem objetivos e realistas.

O *coaching* tem sido muito usado nos últimos anos e os resultados são surpreendentes. Uma analogia óbvia é comparar o *coaching* na vida ao *coaching* no esportes. Vejamos o caso de Michael Jordan e de Tiger Woods. Apesar de seus talentos natos, cada um deles dedicou muito tempo, energia e recursos ao aprendizado com os melhores *coaches*. Assim como qualquer atleta que leva a sério a sua atividade, eles sabiam que, para aproveitar ao máximo o seu potencial, precisavam cercar-se de *coaches* e mentores com

Copyright 2006 by Randy Glasbergen.
www.glasbergen.com

"ESTOU PROCURANDO UM MENTOR QUE POSSA ME MOSTRAR COMO FICAR RICO SEM ME IMPORTUNAR COM UMA SÉRIE DE CONSELHOS."

conhecimento, experientes e sábios. Seja qual for a sua área de atuação, você a leva a sério? Se você tivesse levado tão a sério quanto Michael Jordan fez no basquetebol, ou como Tiger Woods fez no golfe, até que ponto teria sido mais bem-sucedido? O resultado final é que as pesquisas mostram que mentores melhoram o desempenho, diminuem o nível de rotatividade, aumentam a satisfação no trabalho e, obviamente, aumentam as vendas.[2]

Observe o gráfico de **desenvolvimento pessoal** a seguir. Você verá claramente como cada tipo de abordagem de desenvolvimento pessoal está relacionado ao sucesso, ou seja, quanto tempo falta para você encontrar o sucesso e qual será o nível desse sucesso.

Desenvolvimento Pessoal

Nível de sucesso

Coaches/mentores
Seminários
Livros/CDs
Terei sucesso

Curto —— Prazo —— Longo

© 2008 Persuasion Institute

Para ter uma noção melhor do quão profundos e duradouros podem ser os efeitos do *coaching*, procurei reunir aqui (com o *feedback* dos melhores persuasores) algumas formas específicas através das quais *coaches* e mentores trabalham e melhoram o desempenho:

Um ótimo *coach* ou mentor consegue:

- Fazer simulações.
- Escutar a sua apresentação.
- Elevar a sua autoestima.
- Avaliar e oferecer *feedback*.
- Levá-lo a assumir responsabilidades.
- Oferecer apoio.
- Ajudá-lo a desenvolver novas habilidades.
- Incentivá-lo e motivá-lo.
- Ajudá-lo a superar medos.
- Ensiná-lo a ter autoconfiança.
- Oferecer-lhe incentivo.
- Dar atenção pessoal.
- Ajudá-lo a se adaptar a novas condições.
- Prepará-lo para o futuro.
- Ajudá-lo em negociações.
- Ajudar no planejamento de contas.

O trabalho com um ótimo *coach* ou mentor pode resultar em:

- Maior receita.
- Maior produtividade.
- Responsabilidade.
- Eliminação de problemas de ego.
- Maior autoestima.
- Maior capacidade de retenção de clientes.
- Maior retenção dos empregados.
- Melhor comunicação.
- Moral elevada.
- Menor rotatividade.
- Maior confiança.
- Maior conhecimento técnico.
- Maior sinergia da equipe.
- Reforço de outros treinamentos.

Há um último lembrete em relação a mentores: raramente um mentor o abordará para perguntar se você precisa de treinamento com mentor ou *coach*. É como um baile nos tempos de escola, em que todos ficam sentados esperando que alguém convide para dançar. Você precisa de coragem e inspiração para fazer o convite. Precisa ser proativo e compreender que ter um mentor significa dedicar tempo ou dinheiro a essa atividade, ou ambos. Todas as pessoas bem-sucedidas mencionam alguém que foi seu mentor e mudou a sua vida. Os indivíduos que admiramos costumam nos intimidar, mas muitas vezes você acabará descobrindo que, na verdade, eles estão abertos a compartilhar seus pensamentos e ideias; basta que você peça isso a eles. Descobri que os melhores produtores estão mais do que dispostos a compartilhar seus segredos de sucesso, mas ninguém pede isso a eles. Você já fez este tipo de pergunta? Ficará surpreso com a disposição das pessoas em doar, ensinar e ajudá-lo a subir o próximo degrau rumo ao sucesso. Mas lembre-se sempre de que raramente eles perguntarão se você precisa de ajuda. Convide um excelente profissional para um almoço, pague a conta e procure descobrir sua visão de mundo. As pessoas costumam se surpreender quando percebem como é fácil e benéfico aprender com os melhores profissionais. A maioria dos persuasores tendem a ficar indignados com o sucesso alheio, enquanto os melhores persuasores se tornam os melhores justamente porque se associam aos melhores persuasores.

> *"Uma única conversa com um homem sábio vale por um mês de estudos através dos livros."*
> — **Provérbio chinês**

O treinador de profissionais da alta gerência e de vendas Brian Tracy diz: "O fato é que as melhores empresas possuem os vendedores mais bem treinados. As segundas melhores empresas possuem os segundos vendedores mais bem treinados. As terceiras melhores empresas possuem os piores vendedores e estão prestes a fechar as portas."[3]

A RECOMPENSA É MAIOR DO QUE O CUSTO DE INVESTIMENTO

Com toda esta conversa sobre a importância de implementar um programa de desenvolvimento pessoal, você deve estar se perguntando como isto é possível. Como estas pessoas têm tempo ou recursos para ler livros e ouvir CDs? Como poderei reservar três dias para um *workshop* intensivo ou, ainda mais assustador, para ter uma sessão de *coaching* individual de longa duração? E, se este tipo de treinamento tem tamanho impacto, não apenas sobre o indivíduo, mas também sobre as empresas que eles representam, por que os empregados acham mais fácil dedicar-se a este treinamento?

Infelizmente, a maioria das pessoas não consegue responder estas perguntas e acaba não fazendo nada para melhorar seu desenvolvimento pessoal, até mesmo em um nível básico. Como mencionei antes, a maioria das pessoas nunca pegará novamente um livro para ler depois de concluir o ensino médio. No Persuasion Institute, descobrimos que menos de 5% da população participará de um seminário na sua vida, a menos que isso seja um requisito do trabalho e, mesmo entre os persuasores novatos, a maioria só participará de um seminário.

A questão mais agravante é que as pessoas que esperávamos que fossem apoiar e defender esse tipo de treinamento na verdade não o fazem. Muitos chefes e gerentes estão tão ocupados que não investem em treinamento, nem mesmo para si. E, se eles não conseguem perceber o valor disso para eles próprios, é bem provável que não consigam enxergar o valor de investir nisso para os empregados. Muitas vezes, eles não acreditam que o treinamento possa realmente melhorar o desempenho, ou precisam da confirmação de um resultado garantido.

É surpreendente saber que a maioria dos persuasores dizem "Não tenho mais o que aprender sobre o assunto" ou "Já ouvi isto antes." Então, você decide perguntar a eles por que não são mais bem-sucedidos. É melhor evitar a provável reação: racionalização, desculpas e tentativa de culpar os outros. Você jamais ouvirá um excelente persuasor dizer "Já ouvi isto antes." Eles sempre dizem "Valorizo a crítica." Há sempre algo a ser aperfeiçoado, uma habilidade a ser aprimorada ou um conceito básico a ser praticado. Você consegue imaginar um jogador profissional de basquetebol se recusando constantemente e de maneira consistente a praticar os conceitos fundamentais? Você nunca escutará coisas do tipo "Estou satisfeito em acertar lances livres. Não preciso de mais prática. Já sei como fazer isso." Você acha que existem pianistas de concerto que não tocam piano diariamente?

> *"Os homens têm maior aversão àquilo que não conseguem compreender."*
> — Moses Ezra

Os melhores persuasores dedicam, em média, 5% a 10% da sua receita anual ao desenvolvimento pessoal. Se você está cético em relação à incorporação de um programa de desenvolvimento pessoal na sua própria vida ou no seu ambiente de trabalho, lembre-se de que o desenvolvimento pessoal é um bom investimento, assim como um ótimo contador. Sempre vale a pena investir nos melhores contadores. O mesmo ocorre com o desenvolvimento pessoal. O retorno sobre o investimento supera e muito qualquer aperto que você possa sentir no início. O Persuasion Institute descobriu que a maioria dos persuasores dedicam de uma a cinco horas semanais ao desenvolvimento pessoal. E o que ganham com isso? Resultados médios. Adivinhe quanto tempo os melhores persuasores dedicam ao desenvolvimento pessoal? Cinco a dez horas semanais. E isso é perceptível. Em outro estudo, descobrimos que apenas 5% dos persuasores ativos em tempo integral investem em seu próprio crescimento pessoal. Você adivinhou: eles são os 5% de profissionais com a melhor receita.

CONHEÇA BEM O SEU PRODUTO

Não há a menor dúvida de que os melhores persuasores conhecem bem seu produto, serviço ou negócio. Descobri que os melhores persuasores de fato utilizam seu próprio produto ou serviço. Através desta prática, eles podem vivenciar o que o público vivenciará. Você precisa conhecer todos os detalhes sobre o seu setor. Nada é capaz de surpreender um ótimo persuasor. Eles estão por dentro do que acontece na economia, no setor, na empresa e na concorrência. O tempo e a energia que você investe para chegar a este nível determinarão sua posição em relação aos melhores persuasores. As estatísticas do Persuasion Institute revelam que apenas **22%** dos persuasores acreditam que tenham um ótimo conhecimento do produto. Até que ponto você conhece estes aspectos importantes sobre o seu negócio?

- Clientes
- Setor
- Periódicos e revistas de comércio
- Mostras comerciais
- Campanhas publicitárias atuais
- Protocolo de instalação
- Relatório anual

- Demonstrações
- Riscos de crédito
- Treinamento disponível
- Tendências do mercado
- Novidades dos negócios
- Condições do mercado

Você sabe tudo sobre o seu produto ou serviço? Sabe tudo sobre o seu concorrente? Para saber se conhece bem o seu produto, você precisa conseguir responder a todas estas perguntas:

- Quais são os pontos fracos do meu produto ou serviço? E os pontos fortes?
- Quais são as vantagens do meu produto ou serviço? E as desvantagens?
- Como a economia ajudará ou prejudicará meus negócios?
- Qual é a minha fatia de mercado em porcentagem? E a dos outros concorrentes?
- Por que meus clientes são leais ao meu produto ou serviço?
- Conheço bem o que eu (e os concorrentes) adoto em relação a:
  - Estrutura de precificação?
  - Opções de entrega?
  - Garantias?
  - Serviço de manutenção?
  - Linhas de produtos?
  - Histórico de serviços?
  - Garantias?
  - Estratégias de *marketing* e propaganda?

CONHECIMENTO É PODER

"Se você acha caro investir em educação, experimente a ignorância."
— **Derek Bok**

Quanto mais você aprende, mais se dá conta do pouco que sabe. Achei interessante descobrir que o oposto também parece ser verdade: quanto menos aprendemos, mais pensamos que sabemos. Como diz o ditado, a **ignorância e a arrogância andam de mãos dadas**. Se não procuramos nos aperfeiçoar, não percebemos a riqueza de conhecimento que nos aguarda. Vivemos na era da informação e, se não dedicarmos um tempo ao aprendizado, à atualização tecnológica e ao aumento da nossa base de conhecimento, ficaremos tão defasados que será muito difícil acompanhar os tempos. O conhecimento é o segredo do sucesso no mundo atual. Estudos demonstram de maneira consistente que as pessoas que estão sempre buscando aprender mais e crescer são bem-sucedidas e otimistas em relação à vida.

É interessante comparar a mentalidade da maioria dos persuasores com a dos melhores persuasores em relação a treinamento e educação contínua. A maioria dos persuasores dizem: "É muito caro", "Já ouvi isso antes" ou "Não tenho tempo" e deixam tudo como está. Eles entregam os pontos antes de dar a atenção merecida ao assunto. Os melhores persuasores investigam, fazem pesquisas e depois tomam suas decisões com base na resposta à seguinte pergunta: "Qual é o retorno sobre o meu investimento?" Nunca é caro investir em educação e o desenvolvimento pessoal. O que sai caro é a ignorância e a falta de sucesso.

*"Nunca fique tão **expert** a ponto de parar de adquirir **expertise**. Encare a vida como uma experiência de aprendizado contínuo."*
— Denis Waitley

O desenvolvimento pessoal tem um efeito maravilhoso sobre o seu desempenho e resultado. Se você aprende e cresce a cada dia, sua mente é como uma boa conta bancária que capitaliza juros. Se você fica estagnado, é como a dívida do cartão de crédito que se acumula.

Mesmo que você tenha concluído o nível superior e tenha vários diplomas, essa formação um dia se tornará obsoleta se você não se atualizar em relação às pesquisas e desenvolvimentos mais recentes. Imagine se um médico cirurgião nunca mais encontrasse tempo para estudar depois de formado em Medicina. Na verdade, todos os médicos **precisam** participar de determinado número de seminários médicos para manter a licença médica. O mundo está mudando e crescendo rápido demais para que você se acomode e acredite que um diploma é suficiente na sua formação. Se você não estiver aprendendo, estará se deteriorando mentalmente.

Se você não assumir a responsabilidade por seu aprendizado, quem fará isso por você? Lembre-se de que você não é pago pelo seu esforço. Você é pago para apresentar resultados. Comece a se dar conta de que as oportunidades de aprendizado não vão bater à sua porta; você precisa ir atrás delas e depois se colocar em situações em que possa aprender e absorver. Você precisa disciplinar-se para encontrar formas de expandir sua mente. Se tem medo de aprender a usar um computador, por exemplo, trate de comprar um e começar a usá-lo. Se não entende nada sobre o mercado de ações, participe de um treinamento e comece a investir.

PARE DE INVENTAR DESCULPAS

Muitos de nós sabemos o que queremos, mas não conseguimos fazer o que é necessário para obter o que desejamos. Mesmo quando queremos muito alguma coisa, muitas vezes estabelecemos várias provas a serem cumpridas para adiar ao máximo as partes mais dolorosas e difíceis.

Queremos desesperadamente atingir nossas metas e concretizar nossos sonhos, mas fazemos uso do comportamento de evitação para nos protegermos de medos irracionais. Queremos saber dos privilégios, mas não queremos pagar um preço por isso. Queremos que a situação melhore, sem que precisemos pensar no nosso desenvolvimento pessoal. Prosseguimos com nossas vidas aguardando, sonhando e esperando que o horóscopo seja favorável ou que nossos números sejam sorteados na loteria. Se você se enquadra nesta descrição, chegou a hora de se olhar bem no espelho. O dia certo nunca chegará se você continuar esperando que algo aconteça. Isso só se tornará realidade quando você assumir a responsabilidade e fizer o que precisa ser feito. Adoro o que Richard Taylor, autor de *The Disciplined Life*, diz em relação ao assunto:

> "A ambição nunca será realizada, mesmo quando for considerada dom natural de uma pessoa, a menos que o seu portador se submeta à disciplina através de treinamento, sacrifício, restrições, inconveniência e aplicação consagrada que a realização dessa ambição possa exigir."[4]

Jim Rohn, um dos maiores palestrantes dos EUA e um de meus primeiros mentores, me ensinou uma lição valiosa sobre a responsabilidade. Em nosso primeiro encontro, estávamos em um jantar com mais dez pessoas. Sentei-me ao seu lado pois queria ouvir suas palavras repletas de sabedoria. Quando houve uma pausa na conversa, fui pego de surpresa pois ele começou a perguntar sobre minhas metas, sonhos e aspirações. Sem saber o que responder, comecei a falar sobre os percalços que encontrei na minha busca pelo sucesso. Listei todos os motivos pelos quais não conseguia atingir minhas metas e sonhos. Revelei os culpados e insisti que não tinha culpa de nada que aconteceu.

Pensei que tinha me saído bem e depois fiquei com a cara no chão. Jim olhou para mim e disse: "Kurt, para que as coisas mudem, *você* precisa mudar; e para que as coisas melhorem, você precisa melhorar." Este breve momento mudou minha vida para sempre. Foi então que percebi que tudo que desejava na vida seria conduzido pela mudança pessoal. Também percebi que, independentemente de a desculpa ser boa ou ruim, ela não produziria **resultados**.

Os melhores persuasores sabem que a mudança é o segredo do seu sucesso e da sua capacidade de persuadir os outros. Quando compreendemos como mudamos, podemos ajudar outros a mudar. E ajudar os outros a mudar constitui grande parte da tarefa de persuadir. Muitas vezes, contudo, resistimos com veemência à mudança. Por que esta resistência se encontra tão presente? Só podemos nos tornar quem desejamos ser através da mudança. O que vivenciamos ou não financeiramente, espiritualmente ou fisicamente depende da nossa disposição ou não para fazer mudanças. Apesar de sabermos disso, muitas vezes ainda nos deleitamos na nossa zona de conforto. Mesmo quando o desejo de ser bem-sucedido bate à nossa porta, estamos confortáveis demais para tentar fazer um ajuste.

Às vezes, as pessoas estão na verdade com medo de serem bem-sucedidas "demais". Talvez a ideia de ser brilhante ou surpreendente seja de fato assustadora. Quando você conseguir vislumbrar o sucesso, talvez sinta o peso da responsabilidade sobre você. Então, o que você considera como uma pessoa de sucesso? O que considera como uma pessoa saudável? O que considera como uma pessoa rica? O que considera como relacionamentos fortes? Reflita sobre a seguinte poderosa citação de Marianne Williamson:

> "Nosso maior medo não é o de sermos inadequados. Nosso maior medo é de adquirirmos um poder além da medida. É a nossa **luz**, e não a nossa **escuridão**, que mais nos assusta. Estamos sempre nos perguntando 'Quem sou eu para ser brilhante, bonito, talentoso ou fabuloso?' Na verdade, por que você não pode ser isto? Você é filho de Deus. Rebaixar-se de nada serve para o Mundo. Não há nada de revelador em encolher-se para que outras pessoas ao seu redor não se sintam inseguras."[5]

Apesar da grandeza que reside dentro de nós, muitas vezes nos programamos para fazer o menos possível para ser notado. Em outras palavras, em geral fazemos apenas o que é necessário para sobreviver. Observo esta tendência em meus alunos na universidade local o tempo todo. A mentalidade deles é a seguinte: **"Qual é o mínimo de tarefas que preciso executar para poder ser aprovado nesta matéria?"** Eles estão pagando muito caro para ter uma formação universitária, mas raramente você vê alunos aproveitando ao máximo todos os recursos que estão à sua disposição. Encontramos sintomas da mesma preguiça mental e resistência à mudança no ambiente de trabalho: "Qual é o volume mínimo de trabalho que preciso executar para receber meu contracheque e não ser demitido?" Nunca encontraremos a felicidade se continuarmos adotando esta mentalidade letárgica e, como resultado, nossa alma começará a ficar enferrujada.

Muitas vezes, ficamos desmotivados pois não encontramos resultados tão rápido, especialmente depois de ter feito muito esforço. Queremos encontrar soluções rápidas, o caminho mais fácil. No entanto, a vida não funciona assim. Se uma pessoa leva um ano para perder 9 kg, por que alguém acredita que pode perder o mesmo peso em duas semanas? Este princípio também se aplica ao inverso. Talvez só venhamos a perceber o quanto nos desviamos do propósito original muitos ano depois. Novamente, devemos pensar no fato de que as consequências e os resultados costumam demorar para se manifestar. Um exemplo disso são os péssimos hábitos alimentares. Sabemos que a comida industrializada não faz bem, mas continuamos nos enganando: "Não aconteceu nada de ruim comigo hoje depois que comi aquele hambúrguer com batatas fritas grandes." As consequências da contínua ingestão de alimentos não saudáveis levarão um tempo (talvez até anos) para se manifestar de maneira clara. Enquanto isso, contudo, a gratificação instantânea de uma refeição rápida e saborosa **agora** supera as preocupações com o futuro que, neste instante, parecem imateriais. Imagine se, toda vez que você comesse em um restaurante de *fast-food*, as consequências fossem imediatas. Você pode ter uma prévia disso caso esteja sentindo uma saliência na altura do abdômen. Neste caso, talvez não demore muito para você mudar os seus hábitos.

Como você pode notar, as pessoas podem inventar uma série de desculpas para adiar um programa de desenvolvimento pessoal. Algum dos itens a seguir faz você se lembrar de alguma coisa?

- "Não tenho condições de comprar isto."
- "É caro demais."
- "A empresa deve pagar isto."
- "Não tenho tempo."
- "Já é difícil sobreviver."
- "Posso encontrar uma forma melhor."
- "É uma questão de sorte."
- "Nada disso é novidade para mim."
- "Fico constrangido de admitir minhas fraquezas."
- "Meu trabalho é tão especializado que ninguém pode me ajudar."
- "Fico assoberbado com tanta coisa; nem sei por onde começar."

SUCUMBIR OU RECUPERAR-SE RAPIDAMENTE

"A pedra preciosa não pode ser polida sem fricção, e nem o homem sem provações."
— **Confúncio**

Outro aspecto do desenvolvimento pessoal é como você lida com **obstáculos**, **desafios** e **dificuldades**. Os melhores persuasores são capazes de recuperar-se rapidamente diante de obstáculos. Quando você é atingido por um grande desafio em sua vida, você sucumbe ou recupera-se rapidamente? Em todos os meus anos de pesquisa e estudo, noto que a forma como você lida com desafios e dificuldades define quem você é. Acredito que cada desafio ou obstáculo enfrentado na vida possa se tornar uma experiência de aprendizagem a ser usada para melhorar sua vida ou sua receita. Quando esses momentos decisivos chegam, eles trazem uma dor mental constante ou o ajudam a revelar sua paixão.

Não importa quem você **é**; você **será** testado. Pergunte a si mesmo: "Passarei neste teste ou serei reprovado e acabarei precisando repeti-lo?" Precisamos lembrar que estas experiências nos preparam e nos fortalecem. Tudo que acontece em nossa vida nos deixa uma lição. Mesmo que isso pareça sem sentido ou doloroso, há sempre algo a ser aprendido quando enfrentamos problemas. A maneira como você lida com os desafios é quem dirá se você aprecia a vida ou simplesmente a suporta. A vida lhe oferece desculpas ou poder? Você sente autopiedade ou desenvolve o autodomínio? Helen Keller disse certa vez: "A autopiedade é o nosso pior inimigo. Se nos entregarmos a ela, nunca conseguiremos fazer nada usando nossa sabedoria no mundo."

"A oportunidade muitas vezes surge disfarçada de infortúnio ou derrota temporária."
— Napoleon Hill

FAÇA UM UPGRADE NO SEU POTENCIAL FUTURO

Eu diria que agora é o momento certo de pensar com cuidado no seu programa de desenvolvimento pessoal. Há maneiras de aperfeiçoá-lo? Todo dia, você está aprendendo ou deteriorando. Você pode se aproximar ou se afastar das sua metas. Aprenda a se espelhar nos melhores profissionais da sua área. Localize aqueles que se destacam no setor e crie paradigmas daquilo que funcionará para você. Pague o preço necessário para se tornar um *expert* na sua área. Não aceite a mediocridade. Mude aquilo que o impede de progredir na vida. Pratique diariamente as suas habilidades. Aprenda com seus erros e dificuldades. Depois de cada encontro persuasivo, pergunte a si mesmo o que você fez bem e em que pode melhorar. Caso não tenha sido bem-sucedido, procure compreender o motivo.

Participe dos seminários, compre os livros, encontre um *coach* e adquira CDs para escutar no carro. Lembre-se de não julgar pelo preço do programa mas pelo retorno sobre o investimento. Já ouvi diversos dos melhores persuasores dizerem que foi um seminário ou um mentor que mudou suas vidas. A maioria dos persuasores dizem: "Conte-me algo novo ou que realmente não funcione." Lembro-me de ter sido convidado para um seminário que custou US$6 mil. A princípio, achei muito caro, mas depois notei que nenhum dos melhores profissionais hesitou em se inscrever rapidamente. Mudei de ideia e fui ao seminário. Esta decisão acabou mudando minhas habilidades, minha receita e minha vida. A pergunta não é "Quanto custa?" mas sim "Quanto isto me custará se eu não participar?" O desenvolvimento pessoal é o segredo de um futuro de sucesso. Você quer aprender sobre as ferramentas avançadas da persuasão? Você vai continuar tratando a si próprio como um projeto que você precisa executar sozinho? Deixe-me ajudá-lo no seu desenvolvimento pessoal e junte-se a mim para uma teleconferência gratuita sobre as formas novas e avançadas de persuasão. Inscreva-se em www.persuasioniq.com.

O sapo e o boi: uma fábula

Um pequeno sapo chamava o pai que estava sentado à beira do pequeno lago: "Papai, papai. Vi um monstro enorme e assustador! Ele era do tamanho de uma montanha, com chifres na cabeça e um rabo comprido." O velho sapo pai disse: "Já sei, filho. Era apenas o boi do fazendeiro. Ele não é tão grande assim; talvez seja um pouco mais alto do que eu, mas eu poderia facilmente me tornar tão grande quanto ele; preste atenção." E ele começou a empanturrar-se e comia cada vez mais. O sapo pai perguntou ao filho: "Ele era deste tamanho?" O sapo filho respondeu: "Bem maior que isso." Novamente, o velho sapo comeu muito e perguntou ao sapo mais novo se o boi era daquele tamanho. O sapo filho respondeu: "Maior, papai, maior." Foi então que o velho sapo respirou fundo e continuou comendo. Depois ele começou a inchar, inchar, inchar. E, então, disse: "Estou certo de que o boi não é tão grande quanto...". Mas, neste instante, ele estourou.

Moral da estória: A **presunção**, a **negação** e a **tentativa de culpar** os outros pela sua situação atual e pela falta de desenvolvimento pessoal levarão à autodestruição.

Reflexões finais
Momento de captar sua grandeza

"A história da raça humana é a história de homens e mulheres que subestimam seu verdadeiro valor."
— **Abraham Maslow**

Parabéns! Você conseguiu ler todo o livro (contanto que não tenha pulado nenhuma parte). Agora passaremos ao processo de refinamento, aprendizagem e domínio das habilidades e traços aos quais você foi exposto neste livro. Dê tempo e espaço para que você se desenvolva e possa colher os resultados dos seus esforços. Defina expectativas altas para si mesmo e observe as mudanças no mundo ao seu redor, nos seus relacionamentos e na sua renda. Como seres humanos, precisamos ter metas e ambições elevadas para nos manter felizes e inspirados. Você só **conseguirá atrair** aquilo que **espera**, **quer** e **deseja**.

Uma vez que tenha dominado estas habilidades, você sempre será bem-sucedido, independentemente da área ou negócio em que aplique isso. Sempre conseguirá encontrar emprego, comandar um negócio e assumir o controle da sua vida e renda. Os melhores persuasores do mundo possuem os seguintes traços:

- Independência
- Liberdade financeira
- Segurança no emprego
- Relacionamentos sólidos
- Domínio da própria vida
- Paixão
- Entusiasmo
- Amor à vida
- Sucesso

Acredito em você e em sua capacidade de se aperfeiçoar. Acredito em sua capacidade de melhorar as vidas ao seu redor e tornar o mundo um lugar melhor de se viver. Antes de terminar este livro, gostaria de oferecer a você quatro princípios universais de sucesso.

1. **Primeiro busque o autoaperfeiçoamento** - Não é possível tomar emprestado o sucesso, nem o poder de persuadir. Você mesmo precisa dominar as habilidades. Este domínio é especialmente importante quando você deseja ajudar e servir as pessoas ao seu redor. Imagine que você está dentro de um avião. Em caso de uma emergência, os comissários de bordo o orientam a primeiro colocar a máscara de oxigênio em você e, depois, ajudar aqueles que estejam próximos a você. Se você não cuidar primeiro de você, acabará morrendo antes mesmo de ter a possibilidade de ajudar outras e, assim, todos sairão perdendo.

É muito difícil convencer os outros quando você não consegue convencer nem a si mesmo. Identifique o que você precisa fazer para concretizar os seus sonhos e atingir suas metas. Lembre-se do efeito de Wobegon (Capítulo 2) e aproveite todo o seu potencial. Encontre aquilo que o impulsiona e a coragem para mudar sua vida. É tão fácil ficar preso à complacência e à mediocridade, mas você sabe que tem um potencial acima da média dentro de si. Aproveitar esse potencial significa fazer aquilo que você sabe que é capaz de conquistar. Stephen Covey conseguiu explicar melhor isso: "Alguns dos maiores atos de coragem residem naquele instante entre o estímulo e a resposta em nossas decisões quotidianas na vida..." É preciso ter coragem para perceber que você é maior do que seus estados de espírito e pensamentos, e que você é capaz de controlar **ambos**. Torne-se um aluno de sucesso. Personalize o seu plano de sucesso de acordo com seus talentos, impulso, personalidade, aptidões, pontos fortes e pontos fracos. Desta forma, você estará perfeitamente posicionado para persuadir a si mesmo e aos outros.

> *"Primeiro, eles o ignoram. Depois, riem de você. Então, eles o combatem. Por fim, você vence."*
> — **Gandhi**

2. **Não julgue nem critique estes princípios** - Muitas vezes, condenamos ou ridicularizamos o que não compreendemos ou não queremos encarar. Esta tendência impede nosso sucesso. Diante do novo, experimente-o, teste-o e utilize-o. Os princípios apresentados neste livro foram testados, comprovados e utilizados por pessoas bem-sucedidas. Ouça os especialistas e utilize estes princípios - os resultados falarão por si só.

Este conselho me faz lembrar uma estória sobre um grupo de nômades que estavam viajando pelo deserto. Eles pararam para descansar, fizeram uma refeição e estavam se preparando para dormir quando de repente uma luz intensa os rodeou. Sua intuição dizia que eles estavam na presença de um ser poderoso e supremo. Como consequência, eles começaram a prever uma mensagem de grande valor, importância e sabedoria - uma mensagem direcionada apenas a eles. Depois do que parecia ser uma longa espera, finalmente eles ouviram uma voz profunda, estrondosa, dizer: "Juntem o máximo de pedras pequenas que conseguirem e coloquem-nas em suas mochilas. Façam isso de uma só vez e no final da viagem de amanhã. Vocês serão amplamente recompensados." A luz sumiu e os nômades ficaram chocados e perplexos. Por que fariam o que lhes foi solicitado? Eles pensaram: "Este pedido não contém sabedoria." Eles começaram a compartilhar entre si sua frustração e indignação.

Os nômades estavam esperando uma mensagem profunda que os conduziria a um grande propósito e a uma grande riqueza. Por que eles deveriam executar uma tarefa tão subserviente como aquela que lhes foi designada? Embora ela não fizesse muito sentido, alguns obedeceram as ordens e encheram as mochilas. Outros pegaram apenas algumas pedras, enquanto outros simplesmente ignoraram a mensagem. Os nômades finalmente pararam para pernoitar, acordaram cedo na manhã seguinte e viajaram o dia inteiro. Com o passar do dia, a figura do mensageiro se tornou um pensamento distante em suas mentes. Ao se aproximarem do acampamento para passar a noite, ficaram chocados ao verificar suas mochilas. Por um milagre, cada pedra coletada havia se transformado em uma pepita de ouro preciosa. Aqueles que obedeceram ao comando do mensageiro estavam satisfeitos por terem conseguido aumentar sua riqueza, enquanto aqueles que menosprezaram a mensagem tinham algumas pepitas ou nenhuma. Os poucos obedientes que atenderam ao pedido do mensageiro tiveram uma sorte que lhes valeu para o resto da vida.

Esta estória pode parecer um tanto forçada, mas a mensagem subjacente é clara. Siga, aprenda, ouça e colha as recompensas. Ouça as pessoas bem-sucedidas ao seu redor, implemente suas estratégias e mude sua vida para sempre.

> *"Ao repudiar o que poderia funcionar, repudiamos nosso próprio crescimento. Repudiamos o que é possível."*
> — Joe Vitale

3. **Pratique a resolução, a persistência e a determinação** - Um casal jovem apaixonado decidiu fazer um piquenique no interior. O rapaz pediu o conversível do pai emprestado e lá foram eles. Eles passaram momentos inesquecíveis e, quando menos esperavam, chegou a hora de voltar para casa. No caminho de volta, a moça teve uma alergia forte e precisava de um gole d'água para tomar seu remédio. O rapaz tentou encontrar uma bebida para ela. Infelizmente, quando ele olhou na mala do carro, percebeu que toda a água restante estava derramada e não havia nada para oferecer a ela. A esta altura, a moça já estava passando mal.

Continuando pela estrada, o rapaz avistou uma fazenda abandonada. Ao se aproximarem, ele notou que havia uma bomba de água antiga bem diante da casa. Ele se aproximou da bomba com seu carro, pulou para fora e começou logo a bombear. Passados cinco minutos, começou a respingar suor de sua testa. Passados dez minutos, seus músculos começaram a doer. Ele estava prestes a desistir quando sua namorada disse: "Não, não, não desista. Deve haver água. Continue bombeando." Como ele seria capaz de fazer qualquer coisa para agradá-la, o rapaz continuou bombeando por mais cinco minutos, seguidos de mais dez minutos. Seus braços doíam muito, mas ele aguentou firme. De repente, sem se fazer notada, sem fazer alarde, finalmente a água jorrou, gelada e refrescante. **Valeu a pena persistir!** O rapaz tornou-se o herói da namorada!

Contei esta estória para dizer que não dá para saber a data, a hora ou as circunstâncias precisas em que o sucesso chegará até você. Só sei que, quando você continua a bombear, mesmo quando sente dor, mesmo quando você não consegue avistar a água e mesmo quando está cansado, o dia e a hora oportunas chegam quando as águas da independência financeira e do sucesso começam a jorrar. Você será bem-sucedido, encontrará a felicidade e poderá concretizar seus maiores sonhos. Então, não perca tempo, faça agora e alcance o verdadeiro sucesso.

4. **Explore seu valor, encontre seu mérito e ultrapasse seu potencial** - Tendemos a buscar por toda parte, menos em nosso próprio quintal, por respostas e soluções para os desafios da vida. As respostas estão mais perto do que você poderia imaginar. Russell Conwell costuma recontar uma estória que ele ouviu pela primeira vez em uma caravana de camelos na Mesopotâmia, a parábola *Acres de Diamantes*. Narra a estória de Al Hafed, um fazendeiro persa. Al Hafed estava satisfeito com sua vida, mas um monge budista lhe contou estórias sobre diamantes. Disseram a Al Hafed que, se ele viajasse para longe e procurasse bastante, encontraria diamantes que gerariam riqueza suficiente para comprar um país inteiro. Com tamanha riqueza, Al Hafed se tornaria uma pessoa de grande influência, daria uma vida de luxo aos filhos e levaria uma vida cercada de imensa riqueza.

Tomado por este sonho de riqueza sem fim, Al Hafed toda noite ia dormir se sentindo um homem pobre e infeliz. Finalmente, Al Hafed deixou a família, vendeu a fazenda e partiu em busca dos sonhados diamantes. Anos se passaram e ele continuava a procurar. Neste ínterim, ele perdeu todo o seu dinheiro e jamais encontrou os sonhados diamantes. Aborrecido, decepcionado e deprimido, ele deu cabo de sua vida lançando-se ao mar. Ninguém ouviu falar mais dele.

Enquanto isso, lá na fazenda que um dia pertenceu a Al Hafed, certo dia o novo proprietário foi até o córrego pois seu camelo estava com sede. Ao olhar ao redor, notou que à sua direita havia uma grande pedra negra brilhando à luz do sol. Daquele ângulo, o novo proprietário da fazenda de Al Hafed conseguia distinguir claramente as cores e o brilho de um diamante. A ironia da estória é que a fazenda vendida por Al Hafed para financiar sua busca por diamantes acabou revelando ser uma das maiores minas de diamantes da história. Se ele tivesse olhado melhor debaixo do seu próprio nariz, teria encontrado uma imensa riqueza em seu próprio acre de diamantes.

Não deixe o mesmo acontecer com você! Mude sua perspectiva de vida e descubra que possui diamantes na sua própria mente. Você não precisa ir longe para descobrir seu próprio acre de diamantes. A grandeza, o talento e o potencial que você procura estão mais perto do que imagina. Quando você conseguir enxergar com clareza, descobrirá seu potencial e valor internos. Não permita que as névoas de baixa autoestima, amigos críticos ou a mídia digam-lhe onde encontrar seus diamantes. A maior riqueza e sucesso residem em seu próprio talento, aptidão e experiência. O desafio reside no fato de que um diamante bruto, ainda não lapidado, não brilha como um diamante lapidado e polido. Muitas pessoas o julgarão por seu passado não polido, em vez de olhar para o seu futuro lapidado, moldado, polido e brilhante. Esteja certo de que o seu hectare de diamantes será desenterrado e começará a brilhar à medida que você se desenvolver, aprender mais e mudar. Prepare-se para que isso ocorra. Aprenda, trabalhe com inteligência e afinco e, no final, tudo acabará se encaixando. Assim, você criará um destino transbordado de diamantes.

• • • • • • •

Fique a par das últimas descobertas e pesquisas do Persuasion Institute. Receba nosso boletim gratuito, leia nossos relatórios gratuitos e participe de nossos *workshops*, sessões de *coaching* e treinamento. Também gostaria de conhecer suas estórias de sucesso no emprego de nossas últimas transformações em termos de persuasão. Visite www.persuasioniq.com para obter mais informações.

Apêndice A

Bônus/relatórios gratuitos do livro QI de Persuasão

CAPÍTULO 1

Visite www.persuasioniq.com e baixe gratuitamente a avaliação de habilidades de persuasão. Isso ajudará você. E também nos ajudará com nossa pesquisa. Estou oferecendo até mesmo o *software* gratuito de persuasão (o preço normal é de $197). Este *software* sistematiza o processo de persuasão. Você está se perguntando o que dizer ou o que fazer em seguida neste processo de persuadir os outros? Descubra o que os maiores persuasores fazem e dizem durante a persuasão, e procure seguir seu exemplo

CAPÍTULO 2

Qual é o seu efeito de Wobegon pessoal? Você sofre do efeito de Wobegon? Como vê seus talentos e traços em comparação ao mundo real? Se quiser realmente descobrir, visite www.persuasioniq.com e clique nos artigos gratuitos.

CAPÍTULO 3

O uso da programação mental aguçará seu foco, tornará seu investimento em tempo e energia mais produtivo. Deseja descobrir seus pontos fortes e fracos? Faça o QI de Milionário em www.millionaireiq.com. Se deseja conseguir independência financeira, você precisa pensar como um milionário, agir como um milionário e fazer o que os milionários fazem.

CAPÍTULO 4

Identifiquei **doze leis de persuasão** que funcionam sob o radar. Meu livro *Maximum Influence* apresenta um estudo profundo destes princípios. Seu domínio é essencial para qualquer pessoa que deseja ser um persuasor habilidoso. Para obter uma visão geral das doze leis da persuasão, visite www.persuasioniq.com.

CAPÍTULO 5

Você atrai ou repele as pessoas? É claro que você vai responder que atrai, mas aqui não estamos interessados em saber o que você acha, mas sim o que o seu público acha. **Você quer realmente saber?** Visite www.persuasioniq.com e descubra dez coisas que você pode estar fazendo para repelir o público.

CAPÍTULO 6

Até que ponto você é confiável? Você tem credibilidade suficiente para ganhar a confiança do público? Como você bem sabe, sem credibilidade não há confiança. Visite www.persuasioniq.com para fazer sua avaliação de credibilidade.

CAPÍTULO 7

Deseja saber quais são as dez principais táticas negras das pessoas antiéticas? Advertência: você não deve utilizá-las. Elas só servem como esclarecimento e preparação. Quando você estiver preparado para encarar essas táticas negras, estará pronto para lidar com elas de maneira íntegra e ética. Visite www.persuasioniq.com para descobrir as dez formas negras de poder.

CAPÍTULO 8

Você tem carisma? Pode até pensar que sim, mas o que os outros realmente pensam sobre você? Você atrai as pessoas e elas querem ser influenciadas por você? Você repele as pessoas e nem se dá conta disso? Você possui os dez traços de pessoas carismáticas? Visite www.persuasioniq.com e descubra.

CAPÍTULO 9

A motivação é uma verdadeira arte. Quando você compreende a natureza humana e o papel da influência nesse sentido, você não apenas é capaz de motivar, mas também adquire o direito de motivar e inspirar os outros. Se quiser manter o foco, faça um *download* do seu sistema de motivação e conseguirá, assim, ater-se às suas metas, sonhos e paixões. Visite www.persuasioniq.com

CAPÍTULO 10

Como você faz a apresentação perfeita? Quais são as habilidades que o tornarão um dos melhores na sua profissão? Como você idealiza a sua mensagem? Como pode se tornar um ótimo contador de histórias? Visite www.persuasioniq.com e descubra os principais elementos de uma apresentação persuasiva perfeita.

CAPÍTULO 11

Você consegue definir suas metas? Realmente deseja ser um ótimo persuasor? No fundo, você sabe que as metas fazem a diferença entre a mediocridade e o sucesso. Os melhores persuasores definem suas metas por escrito. Você deseja adotar um sistema de metas? Afinal, você deseja mesmo alcançar seu principal objetivo? Visite www.persuasioniq.com e faça o *download* do seu sistema de domínio de metas para alcançar suas metas e desejos na vida.

CAPÍTULO 12

O desenvolvimento pessoal é o segredo de um futuro de sucesso. Você deseja aprender a usar as ferramentas inovadoras de persuasão? Você vai tratar a si mesmo como se fosse um projeto a ser executado por uma só pessoa? Junte-se a mim para uma teleconferência gratuita sobre formas de persuasão novas e avançadas. Inscreva-se em www.persuasioniq.com.

REFLEXÕES FINAIS

Descubra as últimas descobertas e pesquisas do Persuasion Institute. Receba nossa *newsletter* gratuita, leia os relatórios gratuitos e participe de nossos *workshops* e sessões de *coaching* e treinamento. Adoraria poder acompanhar sua trajetória de sucesso com o uso de nossas últimas inovações em persuasão. Visite www.persuasioniq.com para obter mais informações. condensada. Faça o teste do QI de Persuasão agora e descubra seus pontos fortes e pontos fracos.

Apêndice B

Teste resumido do QI de Persuasão

Quantas das mais de 100 ferramentas e técnicas de persuasão e influência você de fato utiliza durante o processo de persuasão? Qual é a sua classificação em comparação aos melhores persuasores do mundo? O teste abrangente do QI de Persuasão (www.persuasioniq.com) classifica você em 15 áreas diferentes, todas essenciais para a sua capacidade de persuadir, influenciar e motivar outras pessoas. Você receberá ótimas recomendações, análises e dicas *on-line* dos maiores especialistas no que é possível fazer para aumentar a sua pontuação em QI (e também a sua renda). Apresentamos aqui uma versão resumida do teste do QI de Persuasão. Para obter a versão completa, visite o *site* ou utilize esta versão condensada. Faça o teste do QI de Persuasão agora e descubra seus pontos fortes e pontos fracos.

1. Que técnica gera a **maior** urgência ou escassez?
    a. Prazos.
    b. Espaço limitado.
    c. Liberdade limitada.

d. Derrota iminente.

e. Ocultamento de informações.

2. Quando você mostra seus produtos ou serviços, o que deve fazer para aumentar o valor percebido?

   a. Mostrar primeiro as economias.

   b. Mostrar primeiro o item mais caro.

   c. Mostrar primeiro o item mais barato.

   d. Mostrar primeiro o item com preço intermediário.

   e. Mostrar as vantagens.

3. Qual é o principal motivo que leva as pessoas a fazerem coisas que elas não querem fazer?

   a. Medo.

   b. Ganância.

   c. Discordância.

   d. Amor.

   e. Orgulho.

4. Você está tentando convencer um futuro cliente (depois de vários contatos) a tomar a decisão de fazer negócios com você. Que técnica será mais persuasiva?

   a. Todos possuem este produto/serviço. (validação social)

   b. O que aconteceria se ele não fizesse isto. (perda/escassez)

   c. O que ele (ou a empresa) ganha com isso. (recompensas/ganho)

   d. Ele está fazendo a coisa certa para sua família/sociedade. (estima)

   e. Mostrar o incrível valor. (Contraste)

5. Que ferramenta de persuasão costuma ser excessivamente usada e acaba perdendo o valor na mente do público?

   a. Encontrar algo em comum.

   b. Táticas para fechar vendas.

   c. Senso de urgência.

   d. Estatísticas.

   e. Humor.

6. Ao chegar ao ponto-chave da sua apresentação, você deve:
    a. Aumentar o volume da voz.
    b. Diminuir o volume da voz.
    c. Falar mais devagar.
    d. Falar mais depressa.
    e. Fazer paralelos e associações.

7. Quando você sabe que preço é a principal questão, a primeira coisa que deve fazer é:
    a. Conversar sobre a garantia.
    b. Mostrar primeiro o produto mais caro.
    c. Mostrar primeiro o produto mais barato.
    d. Listar características adicionais.
    e. Listar vantagens adicionais.

8. Pessoas _____ são melhores persuasores.
    a. Educadas.
    b. Competitivas.
    c. Analíticas.
    d. Extrovertidas.
    e. Introvertidas.

9. 96% dos negócios de pequeno porte não passam dos 5 anos devido a:
    a. Falta de conhecimento.
    b. Pouca habilidade interpessoal.
    c. Falta de vendas.
    d. Produto/serviço ruim.
    e. Localização ruim.

10. Qual dos seguintes itens pode interferir no processo de persuasão?
    a. Cor.
    b. Cheiro.
    c. Estado de espírito.
    d. Aparência.
    e. Todas os itens anteriores.

11. Qual é a primeira cor que o cérebro humano registra?
    a. Vermelho.
    b. Laranja.
    c. Amarelo.
    d. Branco.
    e. Dourado.

12. Que percentual de pessoas sempre contrariará a norma social e violará a conformidade social?
    a. 1-5%.
    b. 5-10%.
    c. 10-15%.
    d. 15-20%.
    e. 2025%.

13. Se você telefonasse para seis amigos e precisasse dar um bom motivo para eles assistirem a uma apresentação de negócios, que frase aumentaria sua capacidade de persuadi-los?
    a. Porque isto mudará sua vida.
    b. Você não que me ajudar?
    c. Você descobrirá o valor disso depois da apresentação.
    d. Você não está cansado do trabalhar em um local com tão poucas chances de crescimento?
    e. Se você vier, poderá comprovar os resultados.

14. Sua principal meta como persuasor é:
    a. Fechar um negócio com eles.
    b. Ajudá-los na autopersuasão.
    c. Conectar-se a eles e desenvolver confiança.
    d. Fornecer mais detalhes sobre seu produto ou serviço.
    e. Descobrir seus desejos e necessidades.

15. Que percentual do processo de tomada de decisão ocorre na mente subconsciente?
    a. 55%.

b. 65%.
c. 75%.
d. 85%.
e. 95%.

16. Quando o público cria atalhos mentais no processo de tomada de decisão?
    a. Quando a decisão não é importante.
    b. Quando precisam agir rapidamente.
    c. Quando há muita validação e pressão social.
    d. Quando não sabem como agir ou o que fazer.
    e. Todos os itens anteriores.

17. Quando o público ou cliente começa a se sentir frustrado, em geral, é porque:
    a. Eles estão se sentindo manipulados.
    b. Eles estão se sentindo pressionados.
    c. Você não atendeu às expectativas deles.
    d. Eles tiveram um dia ruim.
    e. Você não desenvolveu confiança.

18. Que percentual de todas as decisões de compra se baseiam em preço?
    a. 81%.
    b. 55%.
    c. 33%.
    d. 21%.
    e. 6%.

19. Durante a sua apresentação, você deve se concentrar mais em:
    a. Lógica.
    b. Emoção.
    c. Lógica e emoção.
    d. Características.
    e. Vantagens.

20. Pessoas que estão de bom humor:
    a. Compram mais.
    b. Escutam melhor.
    c. Enxergam mais o positivo do que o negativo.
    d. Fornecem avaliações melhores.
    e. Todos os itens anteriores.

21. Quando clientes contam o que mais gostam no persuasor pessoal, qual destes itens **não** é citado?
    a. Confiável.
    b. Sincero.
    c. Conhece bem o produto.
    d. Cumpre com as promessas.
    e. Amigável.

22. Qual é o principal motivo que leva uma pessoa a confiar em você ou na sua empresa?
    a. Propaganda e *marketing*.
    b. *Feedback* de amigos/família.
    c. Conhecimento da empresa/setor.
    d. Experiência pessoal.
    e. Mídia.

23. Ao perceber que a confiança está baixa durante uma apresentação, você deve:
    a. Ser mais ousado.
    b. Perguntar se eles confiam em você.
    c. Revelar um ponto fraco.
    d. Utilizar mais estatísticas.
    e. Nenhum dos itens anteriores.

24. Qual é a principal característica encontrada naturalmente na maioria dos melhores persuasores?
    a. Empatia.
    b. Otimismo.

c. Simpatia.

   d. Coerência.

   e. Visão.

25. Por que a maioria das pessoas estão sempre se comparando a outras pessoas?

    a. Cultura.

    b. Mídia.

    c. Baixa autoestima.

    d. Comportamento natural.

    e. Todos os itens anteriores.

26. Temos cinco sentidos. Quando você cria envolvimento com o público, precisa usar o máximo de sentidos possível. Quais são os três sentidos mais usados (em ordem)?

    a. Visão, audição, olfato.

    b. Visão, audição, paladar.

    c. Tato, paladar, visão.

    d. Tato, visão, audição.

    e. Audição, visão, tato.

27. De acordo o seu público, qual é o principal obstáculo à comunicação com os persuasores?

    a. Escuta.

    b. Desorganização.

    c. Falta de tempo.

    d. a e b.

    e. b e c.

28. Para levar o público ou qualquer pessoa a fazer uma mudança pessoal na vida, é preciso que ocorram quatro coisas. Qual dos seguintes itens não se aplica?

    a. Levá-los a vencer o medo.

    b. Encontrar a motivação deles.

    c. Fornecer as ferramentas a eles.

d. Ajudá-los a ver os resultados futuros.

   e. Escutar a estória deles.

29. Qual destas habilidades é a mais importante na sua capacidade de persuadir?

   a. Paixão.

   b. Mentalidade.

   c. Habilidade interpessoal.

   d. Confiança.

   e. Capacidade de escutar os outros.

30. Que tipo de evidência deve ser usado o mínimo possível?

   a. Depoimentos.

   b. Estatísticas.

   c. Analogias.

   d. Exemplos.

   e. Fatos.

31. Ao se conectar e encontrar semelhanças com seu cliente ou cliente em potencial, o que é mais importante?

   a. Atitude.

   b. Hábitos.

   c. Formação.

   d. Aparência.

   e. Religião.

32. Que proficiência afetará a forma como as pessoas avaliam você (mais do que o resto)?

   a. Sorriso.

   b. Habilidade interpessoal.

   c. Toque.

   d. Escolha de palavras.

   e. Comportamento não verbal.

33. Quando pessoas foram abordadas em uma convenção, a principal reclamação delas sobre o persuasor foi que esta pessoa:
    a. Era desagradável.
    b. Ficou íntima demais rápido demais.
    c. Não era interessante.
    d. Tinha mau hálito.
    e. Tentou fornecer informações demais.

34. Se você fizer uma pergunta e a pessoa começar a pensar, se ela olhar para cima, isso indica que:
    a. Ela é visual.
    b. Ela é auditiva.
    c. Ela é sinestésica.
    d. Ela é indiferente.
    e. Ela está indignada.

35. Ao encontrar uma pessoa pela primeira vez em sua residência ou escritório, você deve:
    a. Procurar algo em comum.
    b. Conversar sobre seus *hobbies* e interesses.
    c. Estabelecer a necessidade do seu produto ou serviço.
    d. Jogar conversa fora até perceber que criou empatia.
    e. Dar um aperto de mãos.

36. A maior parte dos seres humanos consegue fazer a distinção entre lógica e emoção?
    a. Sim.
    b. Não.
    c. 80% do tempo.
    d. 20% do tempo.
    e. Depende da idade.

37. A parede de tijolos da resistência fica mais espessa quando você:
    a. Lista todas as características e vantagens.
    b. Não respeita o tempo deles.

c. Torna-se arrogante.

d. b e c.

e. Todos os itens anteriores.

38. O que mais ofende o público no primeiro contato?
    a. Tentar forçar uma situação.
    b. Conversa espontânea imprevista.
    c. Falta de informações relevantes.
    d. Tempo de permanência maior do que o previsto.
    e. Atraso no compromisso.

39. Como você sabe o momento em que exagerou na persuasão do público?
    a. De repente eles precisam sair.
    b. Você perde o contato visual.
    c. Eles pedem para você enviar mais informações.
    d. Eles dizem que o seu produto/serviço é caro demais.
    e. Todos os itens anteriores.

40. O que os persuasores mais pensam que podem ocultar, mas que o público percebe logo?
    a. Sinceridade.
    b. Produto/serviço ruim.
    c. Entusiasmo.
    d. Preparação
    e. Integridade

41. Se o público estiver inspirado e motivado a negociar com você, _____ acabará(ão) com sua capacidade de persuadir.
    a. Escassez.
    b. Recompensas.
    c. Medo.
    d. Prazer.
    e. Fofocas.

42. O maior desafio no uso do desespero como motivador é:
    a. As pessoas ficam bravas.
    b. Você tem resultados de curto prazo.
    c. Isso é antiético.
    d. Isso dispara a emoção errada.
    e. Frustração.

43. O que aumenta o seu poder e capacidade de persuadir mais do que os outros itens?
    a. Cargo.
    b. Empatia.
    c. Uniforme.
    d. Opinião pública.
    e. Características externas.

44. Qual é a forma de poder do conhecimento mais importante?
    a. Informações.
    b. Recursos.
    c. *Expertise*.
    d. Sabedoria.
    e. Contatos.

45. Ao entrar em uma negociação que envolve uma quantia alta, você precisa verificar se ela é:
    a. Justificável.
    b. A primeira oferta apresentada.
    c. Exagerada.
    d. 200% acima (ou abaixo) do esperado.
    e. Sua oferta final.

46. Se alguém ataca você pessoalmente, a primeira coisa fazer é:
    a. Fazer uma pergunta.
    b. Ignorar e continuar.
    c. Desculpar-se.

d. Negar a acusação.
e. Contra-atacar.

47. Algo que realmente dispara a confiança de longo prazo mais do que outras coisas é:
    a. Sinceridade.
    b. Previsibilidade.
    c. História.
    d. Convicção.
    e. Todos os itens anteriores.

48. Para ser mais persuasivo, seu ritmo de fala deve ser:
    a. Médio.
    b. Mais lento do que o normal.
    c. Mais rápido do que o normal.
    d. Compatível com o ritmo deles.
    e. Nenhum dos itens anteriores.

49. Que percentual do público reclamará com você ou com um gerente quando você ofendê-los ou pressioná-los demais?
    a. 1-5%.
    b. 6-10%.
    c. 11-20%.
    d. 21-30%.
    e. 31-40%.

50. Qual é a melhor motivação de longo prazo?
    a. Obrigação.
    b. Respeito.
    c. Medo.
    d. Inspiração.
    e. Desespero.

RESPOSTAS DO QI DE PERSUASÃO

1. c	11. c	21. c	31. a	41. c
2. b	12. b	22. d	32. c	42. b
3. c	13. a	23. c	33. d	43. a
4. b	14. b	24. b	34. a	44. c
5. c	15. e	25. c	35. c	45. a
6. c	16. e	26. a	36. b	46. c
7. b	17. c	27. d	37. e	47. b
8. e	18. e	28. e	38. b	48. c
9. c	19. b	29. b	39. b	49. a
10. e	20. e	30. b	40. d	50. d

PONTUAÇÃO

50-45	Profissional
44-40	Na média
39-35	Novato
34-30	Abaixo da média
29-1	Fraco

Notas finais

CAPÍTULO 1

1. Antonio Damasio, *How the Brain Creates the Mind*, Scientific American 12, 1 (2002): 4.
2. Brian Tracy, *The 100 Absolutely Unbreakable Laws of Business Success* (San Francisco: Berrett-Koehler Publishers, Inc., 2000). p.19.
3. *The Road Best Traveled, Success* (março de 1988), p.28.
4. *Help Wanted, Sales & Marketing Management* (julho de 1998), p.14.
5. Napoleon Hill, *Succeed and Grow Rich Through Persuasion* (Greenwich, Conn.: Fawcett Crest, 1970), p.27.
6. Pesquisa do *New York Times*, setembro de 2002.
7. Anthony Pratkanis e Elliot Aronson, *Age of Propaganda: The Everyday Use and Abuse of Persuasion* (New York: Freeman, 1992).
8. J. Maxwell e J. Dornan, *Becoming a Person of Influence* (Nashville: Dornan International, 1997), p.47.
9. Entrevistas com Small Business Administration (sba.gov) Dun and Bradstreet (dnb.com)e Persuasion Institute (persuasioninstitute.com).

10. K.A.Ericsson, R.Th. Krampe e C. Tesche-Romer, *The Role of Deliberate Practice in the Acquisition of Expert Performance*, Psychological Review 100, 3 (1993): 363.
11. *Sales Know-How Is Only a Footnote For Most Programs*, Wall Street Journal, 11 de abril de 2006, p.B8; http://online.wsj.com/articles/SB114471734001322452.html.

CAPÍTULO 2

1. Garrison Keillor, *Lake Wobegon Days* (New York: Viking Press, 1985).
2. Justin Kruger, "Lake Wobegon Be Gone! The 'Below-Average Effect' and the Egocentric Nature of Comparative Ability Judgments", *Journal of Personality and Social Psychology* 77, 2 (agosto de 1999): 212-232.
3. David G. Myers, *Social Psychology*, 5th ed. (New York: McGraw Hill, 1996), pp. 444-445.
4. L. Baker e R. Emery, "When Every Relationship Is Above Average: Perceptions and Expectations of Divorce at the Time of Marriage", *Law and Human Behavior* 17 (1993): 439-450.
5. M.D. Alicke, M.L. Klotz, D.L. Breitenbecher, T.J. Yurak e D.S. Vredenburg, "Personal Contact, Individuation, and the Better-Than-Average Effect", *Journal of Personality and Social Psychology* 68 (1995): 804-825.
6. Jeannine Aversa, Associated Press, "Self-employed find 'cutting cord' can be profitable", *Deseret Morning News*, domingo, 28 de maio de 2006; http://findarticles.com/p/articles/mi_qu4188/is_20060528/ai_n16434929.
7. William T. Brookse Thomas M. Travisano, *You're Working Too Hard to Make the Sale!* (Bay Ridge, Ill.: Irwin Professional Publishers, 1995), p. 102, n4.

CAPÍTULO 3

1. Napoleon Hill, *Think and Grow Rich* (New York: Tarcher, 2005).
2. Earl Nightingale, *The Essence of Success*, CD-ROM (Niles, Ill.: Nightingale-Conant, 1997).
3. R.F. Baumeister, *Understanding the Inner Nature of Low Self-Esteem: Uncertain, Fragile, Protective, and Conflicted*. Em *Self-Esteem: The*

Puzzle of Low Self-Regard, R.F. Baumeister, ed. (New York: Plenum Press, 1993), pp. 201-208.
4. Jack Canfield, Mark Victor Hansen e Leslie Hewitt, *The Power of Focus* (Deerfield Beach, Fla.: HCI, 2000); Persuasion Institute.
5. R.J. Sternberg, *A Triangular Theory of Love, Psychological Review* 93 (1986):119-135.
6. R. Robinson, D.N. Khansari, A.J. Murgo e R.E. Faith, *How Laughter Affects Your Health: Effects of Stress on the Immune System, Immunology Today* 11, 5 (1990): 170, 175.

CAPÍTULO 4

1. Joseph Sugarman, Ron Hugher e Dick Hafer, *Triggers: 30 Sales Tools You Can Use to Control the Mind of Your Prospect to Motivate, Influence and Persuade* (Las Vegas, Nev.: DelStar Publishing, 1999), p.4.
2. Joseph E. LeDoux, *The Emotional Brain* (Simon & Schuster, 1998).
3. Vicki G. Morwitz, Joel H. Steckel e Alok Gupta, *When Do Purchase Intentions Predict Sales?*, ensaio, 97-112 (Cambridge, Mass.: Marketing Science Institute, 1997); consulte também Gerard J. Tellis e Peter N. Golder, *Will and Vision: How Latecomers Grow to Dominate Markets* (New York: McGraw-Hill, 2002).
4. G.E. Belch e M.A. Belch, *Advertising and Promotion: An Integrated Marketing Communications Perspective* (New York: McGraw-Hill, 1998).
5. Ronald Marks, *Personal Selling: A Relationship Approach*, 6th ed. (Saddle River; N.J.: Prentice Hall, 1997), p. 313, Figure 11.1.
6. ibid
7. J.D. Mayer e E. Hanson, *Mood-Congruent Judgment over Time, Personality and Social Psychology Bulletin* 21 (1995): 237-244.
8. I.L. Janis, D. Kaye e P. Kirschner, *Facilitating Effects of 'Eating While Reading' on Responsiveness to Persuasive Communications, Journal of Personality and Social Psychology* 1 (1965), 17-27.
9. R.A. Baron, *Interviewers' Moods and Reactions to Job Applicants: The Influence of Affective States on Applied Social Judgments, Journal of Applied Social Psychology* 16 (1987): 16-28.
10. C.A. Estrada, A.M. Isen e M.J. Young, *Positive-Affect Improves Creative Problem-Solving and Influences Reported Source of Practice Satisfaction in Physicians, Motivation and Emotion* 18 (1955): 285-300.

11. Gerald Zaltman, *How Customers Think: Essential Insights Into the Mind of the Market* (Cambridge, Mass.: Harvard Business School Press, 2003).
12. B. Rind, *Effect of Beliefs About Weather Conditions on Tipping, Journal of Applied Social Psychology* 26 (1996): 137-147.
13. Brooks and Travisano, p.51.

CAPÍTULO 5

1. Brooks and Travisano, p.47.
2. N. Ambady e R. Rosenthal, *Half a Minute: Predicting Teacher Evaluations from Thin Slices of Nonverbal Behavior and Physical Attractiveness, Journal of Personality and Social Psychology* 64 (1993): 431-441.
3. S.M. Andersen e A. Baum, *Transference in Interpersonal Relations: Inferences and Affect Based on Significant-Other Representations, Journal of Personality* 62 (1994): 459-497.
4. *How Plaintiffs' Lawyers Pick Their Targets Bulletin* 10, 3 (outono de 2001), reimpresso da revista *Medical Economics* http://www.aans.org/library/article.aspx?articleid=10046.
5. Murray Raphel, *Listening Correctly Can Increase Your Sales, Direct Marketing* 41, 11 (novembro de 1982): 113.
6. *The Wall Street Journal*, 22 de março de 1990, p. B1.
7. S.B. Castleberry e C.D. Shepherd, *Effective Interpersonal Listening and Personal Selling, Journal of Personal Selling & Sales Management* 13 (inverno de 1993): 35-49.
8. Albert Mehrabian, *Silent Messages* (Belmont, Calif.: Wadsworth, 1971).
9. Ray L. Birdwhistle. *Kinesics and Context: Essays on Body Motion and Communication* (Philadelphia: University of Pennsylvania Press, 1970).
10. Adaptado de Leonard Zunin, *Contact: The First Four Minutes* (New York: Ballantine Books, 1985); Jerry La Martina, *Shake It, Don't Crush It, San Jose Mercury News*, (25 de junho de 2000), p.4PC; e Persuasion Institute
11. Paul Ekman, *Telling Lies* (New York: Norton, 1985).
12. J.T. Cacioppo, J.S. Martzke, R.E. Petty e L.G. Tassinary, *Specific Forms of Facial EMG Response Index Emotions During an Interview: From*

Darwin to the Continuous Flow Hypothesis of Affect-Laden Information Processing, Journal of Personality and Social Psychology 54 (1988): 52-604.
13. Dr. Taylor Hartman, PhD.
14. Manning/Reece.
15. Robert Allen, Mark Victor Hansen.
16. Wilson Learning.
17. Stuart Atkins Inc.
18. People Smarts.
19. Myers-Briggs.
20. Disc Behavioral Style.
21. Persuasion Institute.
22. Aristóteles.
23. C.P. Duncan e J.E. Nelson, *Effects of Humor in a Radio Advertising Experiment*, Journal of Advertising 14 (1985): 33-40.; e M.G. Weinberger e L. Campbell, "The Use and Impact of Humor in Radio Advertising", *Journal of Advertising Research* 30 (1991), 44-52.
24. M. Smith, C.P. Haugtvedt e R.E. Petty, *Humor Can Either Enhance or Disrupt Message Processing: The Moderating Role of Humor Relevance*, manuscrito não publicado (1994).
25. J.L. Freedman, D.O. Sears e J.M. Carlsmith, *Social Psychology*, 3rd ed. (Englewood Cliffs, NJ: Prentice Hall, 1978).
26. J.C. Meyer, *Humor in Member Narratives: Uniting and Dividing at Work*, Western Journal of Communication 61 (1997): 188-208.
27. W.P. Hampes, *The Relationship Between Humor and Trust*, International Journal of Humor Research 12 (1999): 253-259.
28. Edward T. Hall, *Beyond Culture* (New York: Doubleday, 1976).
29. Michael B. McCaskey. *The Hidden Messages Managers Send*, Harvard Business Review (novembro-dezembro de 1979): 147.
30. J. Frank Bernieri, *Coordinated Movement and Rapport in Student-Teacher Interactions*, Journal of Nonverbal Behavior 12 (verão de 1988): 120.
31. I.H. Frieze, J.E. Olson e J. Russell, *Attractiveness and Income for Men and Women in Management*, Journal of Applied Social Psychology 21 (1991): 1039-1057; e P. Roszell, D. Kennedy e E. Grabb, "Physical Attractiveness and Income Attainment Among Canadians", *Journal of Psychology* 123 (1990): 547-559.

32. S. Chaiken e A.H. Eagly, *Communication Modality as a Determinant of Persuasion: The Role of Communicator Salience*, Journal of Personality and Social Psychology 45 (1983), 241-256; e K.K. Dion e S. Stein, *Physical Attractiveness and Interpersonal Influence*, Journal of Experimental Social Psychology 14 (1978), 97-109.

33. K.K. Dion, E. Berscheid e E. Walster; *What Is Beautiful Is Good*, Journal of Personality and Social Psychology, 24 (1972): 285-290.

34. Ibid.; e E. Aronson, T.D. Wilson e R.M. Akert, *Social Psychology*, 2nd ed. (Reading, Mass.: Addison-Wesley, 1997).

35. V.S. Folkes e D.O. Sears, *Does Anybody Like a Liar?*, Journal of Experimental Social Psychology 13 (1977): 505-519; e S.J. Lynn e K. Bate, *The Reaction of Others to Enacted Depression: The Effects of Attitude and Topic Valence*, Journal of Social and Clinical Psychology 3 (1985): 268-282.

36. Robert A. Baron e Donn Byrne, *Social Psychology*, 8th ed. (Boston: Allyn and Bacon, 1997), p.261, Fig. 7.11.

37. Edward T. Hall, *The Hidden Dimension* (New York: Doubleday, 1966).

CAPÍTULO 6

1. pesquisa Gallup, 27 de setembro de 2005.
2. Brooks and Travisano, p.16.
3. Stephen Covey, *The Seven Habits of Highly Effective People: Restoring the Character Ethic* (New York: Simon and Schuster, 1989).
4. Sharon Begley, *A World of Their Own*, Newsweek, 8 de maio de 2000, pp. 53-56.
5. *Nearly Half of Workers Take Unethical Actions - Survey*, Des Moines Register, 7 de abril de 1997, p.18B.
6. Rosabeth Moss Kanter, *Confidence*, Selling Power (abril de 2006), pp. 43-44.
7. D.K. Berlo, J.B. Lemert e R.J. Mertz, *Dimensions for Evaluating the Acceptability of Message Sources*, Public Opinion Quarterly 33 (1969): 563-576; e J.C. McCroskey e T.J. Young, "Ethos and Credibility: The Construct and Its Measuremetn After Three Decades", Central States Speech Journal 32 (1981): 24-34.
8. D. Joel Whalen, *I See What You Mean: Persuasive Business Communication* (Thousand Oaks, Calif.: Sage Publications, 1996) p.159.

9. Noelle Nelson, *Winning: Using Lawyers' Courtroom Techniques to Get Your Way in Everyday Situations* (Prentice Hall, 1997), p.16.
10. S. Chaiken e D. Maheswaran, *Heuristic Processing Can Bias Systematic Processing, Journal of Personality and Social Psychology*, 66 (1994): 460-473.
11. Gerald Zaltman, pp. 59-60.

CAPÍTULO 7

1. David R. Hawkins, *Power vs. Force: The Hidden Determinants of Human Behavior* (Carlsbad, Calif.: Hay House, Inc., 1995), p. 133.
2. Floyd Allport, *Social Psychology* (New York: Houghton Mifflin, 1999).
3. Stanley Milgram, *Obedience to Authority* (New York: Harper Torchbooks, 1974).
4. Ibid., p.5.
5. C. Harper, C. Kidera e J. Cullen, *Study of simulated airplane pilot incapacitation: Phase 2, subtle or partial loss of function, Aerospace Medicine*, 42 (1971): 946-948.
6. L. Bickman, *The Social Power of a Uniform, Journal of Applied Social Psychology* 4 (1974): 47-61.
7. S. Lawrence e M. Watson, *Getting Others to Help: The Effectiveness of Professional Uniforms in Charitable Fund Raising, Journal of Applied Communications Research* 19 (1991): 170-185.
8. C. K. Hofling, E. Brotzman, S. Dalrymple, N. Graves e C. Bierce, *An Experimental Study of Nurse-Physician Relations, Journal of Nervous and Mental Disease* 143 (1966): 171-180.
9. John Markoff, *Circuit Flaw Causes Pentium Chip to Miscalculate, Intel Admits, New York Times*, 24 de novembro de 1994.
10. Emanuel Rosen, *The Anatomy of Buzz* (New York: Doubleday, 2000), p.16.
11. J. Sheppard e A. Strathman, *Attractiveness and Height, Personality and Social Psychology Bulletin* 15 (1989): 617-627.
12. M. Lynn e B. Shurgot, *Responses to Lonely Hearts Advertisement: Effects of Reported Physical Attractiveness, Physique, and Coloration, Personality and Social Psychology Bulletin* 10, 3 (1984): 349-357.

13. A. Doob e A. Cross, *Status of Frustrator as an Inhibitor of Horn-honking Response*, Journal of Social Psychology 76 (1968): 213-218.
14. http://ecommons.txstate.edu/cgi/viewcontent.cgi?article=1014&context=honorprog.
15. John A. Bates, *Extrinsic Reward and Intrinsic Motivation: A Review with Implications for the Classroom*, Review of Educational Research 49, 4 (1979), pp. 557-576.

CAPÍTULO 8

1. Gerry Spence, *How to Argue adn Win Every Time* (New York: St. Martin's Press, 1995), p.155.
2. Jay Conger, *The Charismatic Leader:Behind the Mystique of Exceptional* (San Francisco: Jossey-Bass, 1989).
3. M.E.P. Selingman and P. Schulman, *Explanatory Style as a Predictor of Productivity and Quitting Among Life Insurance Sales Agents*, Journal of Personality and Social Psychology 50 (1986), 832-838.
4. Viktor Frankl, *Man's Search for Meaning* (Boston: Beacon Press, 1959).
5. Hans Werner Bierhoff, Renate Klein e Peter Kramp, "Evidence for the Altruistic Personality from Data on Accident Research", *Journal of Personality* 59 (1991): 264-280.
6. Stephen Covey, p.98.
7. A. Nadler e J.D. Fisher, *The role of threat to self-esteem and perceived control in recipient reactions to help: Theory development and empirical validation*, em *Advances in Experimental Social Psychology*, L. Berkowitz, ed., 19 (New York, Academic Press, 1986), pp. 81-122.
8. D.G. Myers, *Social Psychology*, 5th ed. (New York: McGraw-Hill, 1996), p. 440.

CAPÍTULO 9

1. S. Berglas e E.E. Jones, *Drug Choice as a Self-Handicapping Strategy in Response to Noncontingent Success*, Journal of Personality and Social Psychology, 36 (1978): 405-417.
2. Martin Seligman, *Learned Optimism: How to Change Your Mind and Your Life*, (New York: Free Press, 1998).

3. Dr. Martin Seligman entrevistado por Gerhard Gschwandtner em *Selling Power Magazine*, setembro de 2006, p.38.
4. J.Metcalfe e W. Mischel, *A Hot/Cool System Analysis of Delay of Gratification: Dynamics of Willpower*, Psychological Review 106 (1999), 3-19.
5. M. Muraven e R.F. Baumeister, *Self-Regulation and Depletion of Limited Resources: Does Self-Control Resemble a Muscle?* Psychological Bulletin 126 (2000), 247-259.
6. Abraham Maslow, *Motivation and Personality* (Menlo Park, Calif.: Addison-Wesley Publishers, 1976), p.15-26.
7. Melissa Van Dyke, *Sales and Marketing Management*, agosto de 2007, p. 16.
8. Keneeth A. Kovack, *Employee Motivation, Addressing a Crucial Factor in Your Organization's Performance*, ensaio, George Mason University, Fairfax, Virginia, 1997.
9. Neal E. Miller, *Studies of Fear as an Acquirable Drive: Fear as Motivation and Fear-Reduction as Reinforcement in the Learning of New Resources*, Yale University Journal of Experimental Psychology: General 121, 1 (1922): 6-11.
10. Edward Deci, *Why We Do What We Do: The Dynamics of Personal Autonomy*, (New York: Putnum, 1995).

CAPÍTULO 10

1. A. Pratkanis e E. Aronson, *Age of Propaganda* (New York: W.H. Freeman, 1991), p.128.
2. Raymond W. Gibbs, Jr., *Categorization and Metaphor Understanding*, Psychological Review 99, 3 (1992): 572-577.
3. B.V. Zeigarnik, *On Finished and Unfinished Tasks*, em W.D. Ellis, ed. *A Sourcebook of Gestalt Psychology* (New York: Humanities Press, 1967).

CAPÍTULO 11

1. Persuasion Institute.
2. Graham Roberts-Phelps, *Make Persistence Pay*, Personal Selling Power, (maio/junho de 1994), p. 68.

3. Ibid.
4. Ibid.
5. Ibid.
6. Persuasion Institute.
7. J.R. Ferrari, *Getting Things Done on Time: Conquering Procrastination*, em *Coping and Copers: Adaptive Processes and People*, C.R. Snyder, ed. (New York: Oxford University Press, 2001), pp. 30-46.
8. R.E. Petty and J.T. Cacioppo. *Forewarning, Cognitive Responding, and Resistance to Persuasion, Journal of Personality and Social Psychology* 35 (1977): 645-655.

CAPÍTULO 12

1. http://www.parapublishing.com/sites/para/resources/statistics.cfm.
2. Thomas Brashear, Danny Bellenger, James Boles e Hiram Barksdale, Jr., *An Exploratory Study of the Relative Effectiveness of Different Types of Sales Force Mentors, Journal of Personal Selling & Sales Management*, 26, 1 (inverno de 2006): 7-18.
3. Brian Tracy, *Sales and Marketing Management*, agosto de 2006, p.6.
4. Richard S. Taylor, *The Disciplined Life* (Minneapolis: Beacon Hill Press, 1962), p. 61.
5. Marianne Williamson, *A Return to Love: Reflections on the Principles of A Course in Miracles* (New York: HarperCollins Publisher, 1992).

Índice Remissivo

A
abrindo a apresentação 190–191
ação, entrando em 51
acordo
  empatia vs. 88–89
  na tomada de decisão 65–66
  por conveniência 117–118
Adams, George Matthew, sobre homens que se fizeram por si mesmos 222
Ailes, Roger, sobre ser agradável 97
Alderson, M.H., sobre a falta de sucesso 55
Alemanha, espaço pessoal na 101
Ali, Muhammad, sobre imaginação 45
alinhamento da vida, motivação através 173–176
Allport, Floyd 124
amabilidade 211
ambiente físico, para
  apresentação 183
América do Norte, espaço pessoal na 101
América Latina, espaço pessoal na 101
aparência
  e autoridade por uniforme 129–130
  e empatia 98–99
  percepção de autoridade relativa a 132–133
  por carisma 141
apatia 211
aperfeiçoamento pessoal 34
apertos de mão 91
apoio, falta de 67
aprendizagem 109–110, 220. *ver também* **desenvolvimento pessoal**

aprendizagem pelo resto da vida 109–110. *ver também* **desenvolvimento pessoal**
apresentações 179–199
    ambiente físico para 183
    comunicação eficaz em 188–190
    dominando habilidades para 198–199
    e medo de falar em público 182–183
    estilo de fala para 193–194
    e tipos de membro-público 185–186
    gerenciando expectativas em 194–195
    lidando com áreas de objeção em 69
    mensagem de apoio em 187–188
    mistério e suspense em 195–196
    personalizando 82
    prendendo a atenção em 181–182
    preparação de mensagem para 184–185
    sutiliza de mensagem para 190–193
apresentações por telefone 196–198
associados, como inibidor de motivação 157–158
atalhos mentais 66
atenção do público
    mantendo 179–180
    prendendo 181–182
atenção/evitação seletiva 65
atitudes
    condescendentes 100
    efeito de 75
    e influência 145–147
    poder de atração 98–99
    radar de empatia para 82
    transigentes 100
autenticidade 118–119
autodisciplina 161–162
autoestima 47–49, 150–152
autointeresse 104
autorrepresentação verbal 89
autorrepresentação visual 89–90
autorrepresentação vocal 89
autossabotagem 158
avalanche de informações 25–26

B

Bacon, Francis, sobre conhecimento como poder 134
Bauer, Gerald, sobre voz 190
benefícios 25, 135–137
Binet, Alfred ix
Bok, Derek, sobre ignorância 230
brevidade 216
Brooks, Phillips, sobre caráter 109
Burg, Bob, sobre confiança 106

C

caminhos para persuasão 61
Canfield, Jack 159
capacidade de atração física 98–99
características 25
características externas, autoridade por 132–133
caráter 107–109
carisma 140–141
Carnegie, Andrew, sobre sucesso 160
Carnegie, Dale
    sobre como tocar o coração de um homem 169
    sobre levar alguém a fazer algo 31
    sobre sucesso 56
chamada para ação 214–215
ciclo do desespero 162–164
cinco Cs da confiança 107, 119–121, 141
Cleaver, Eldridge, sobre respeito 133
Cleese, John, sobre riso 93
cliques 100
coaches 224–226
Coca-Cola 64
coerência 117–119
"combustível" 2, 4
comissão, recebendo 23–24
competência 110–111
compreendendo o pensamento do público 59–61
    e doze leis da persuasão 77–78
    e efeito de estados de humor 74–75

e emoções em tomada de decisão 65-66
e lidando com objeções e considerações 66-70
e percepção de valor 70-71
e persistência 76-77
e poder de emoções 61-63
e poder de perguntas 71-74
para fechar da maneira certa 75-76
comprometimento 67, 160-162
comunicação
através do uso de espaço 101. *ver também* apresentações
e estilo de fala 193-194
e falando demais 24-26, 72-73, 84-85
escuta em 24, 84-87
não verbal. *ver* comunicação não verbal
por carisma 141
por telefone 196-198
comunicação não verbal
apertos de mão como 91
da mentira 90
decodificação 91
de competência 109-110
de congruência 118-119
e conexão ao público 89-91
radar de empatia da 82
conclusão da apresentação 193
concorrência, falar mal de 114
confiança 103-122
baseada em profissão 105
cinco Cs de 107, 119-121
construindo 120-121
e caráter 107-109
e competência 110-111
e confiança 110-113
e congruência 117-119
e credibilidade 114-117
e uso do humor 94-95
fatores no desenvolvimento 105
para poder e autoridade 123-124
pressupondo 103-104

confiança demais 112-113
Confúcio, sobre provações 234
Conger, Jay 140
conhecimento
aumentando. *ver* desenvolvimento pessoal
como chave do sucesso 230
como poder 230-231
para carisma 141
conhecimento do produto 32
conselho de expert 220-222
consequências 172
considerações funcionais, como obstáculo à persuasão 67
conversa consigo mesmo 48
Conwell, Russell 241
Covey, Stephen R.
sobre atos de coragem 238
sobre caráter 107-108
sobre compreensão do destino 150
sobre motivação 166
credibilidade 113-117, 211
credibilidade para fazer empréstimo 114-116
crenças
e paixão 143
hábitos influenciados por 49
sincronizadas 42-43
criando interesse 214
crítica de princípios do sucesso 239-240
culpa 52-53
custo, como objeção 70-71

D

Damasio, Antonio, sobre aprendizagem sobre o cérebro 1
decepção, tolerância a 108
DEEE 191
dependabilidade 32, 115
depoimentos 115, 191
De Retz, Cardinal, sobre confiança 120

desafios, lidando com 234–235
desculpas
  dando 51, 53, 159
  e desenvolvimento pessoal 231–234
  para procrastinação 211–213
desejos, em Fórmula da Inspiração 171–172
desenvolvimento pessoal 175, 219–236
  conselho de expert para 220–222
  devoluções versus custo de 227–229
  e conhecimento como poder 230–231
  e dando desculpas 231–234
  e domínio do produto 229–230
  lidando com obstáculos em 234–235
  para melhorar o potencial 235–236
  programa para 222–227
desespero 26–27, 166–169
desonestidade 109
determinação 240
diferencial psicológico 36
direção do pensamento 40–42
discussões, evitando 32
Disney, Walt
  sobre fazer planos 150
  sobre sonhos 38
disparadores psicológicos 68
divertido, ser 33
domínio
  de produto 229–230
  de si mesmo 238–239
domínio, papel do 100–101
doze leis da persuasão 77–78

E

Edison, Thomas
  críticas de 159
  sobre capacidade 219
educação 114–115, 231. *ver também* **desenvolvimento pessoal**
efeito "melhor do que a média" 19
Efeito Wobegon 18–20, 47, 84
Efeito Zeigarnik 195–196

egotismo 47
Eisenhower, Dwight D.
  sobre motivação 170
  sobre persuasão 126
  sobre riso 94
Eker, Harv, sobre aumento da renda 223
elogio 151–152
Emerson, Ralph Waldo
  sobre entusiasmo 142
  sobre pensamentos 41
emoções
  ativação 39
  causadas por expressões faciais 91
  e credibilidade 115–116
  e mantendo a empatia 83–84
  e paixão 143
  identificação com 90–91
  levando a ações 40
  na tomada de decisão 65–66
  poder de 61–63
empatia 79–102, 147–149
  avaliando 82–83
  construindo 32
  e aparência 98–99
  e humor 93–95
  e proxêmica 100–101
  e similaridade/familiaridade 99–100
  e sincronização 95–96
  e tipos de personalidade 91–93
  fatores críticos para 88–91
  habilidade interpessoal para 96–97
  instantânea 81–84
  mantendo 83–85
  necessidade de ouvir 84–87
empregado, pensando como um 23–24
encontrando o seu propósito 45–47
entrando em ação 51
entusiasmo 142–143
envolver o público, perguntas para 73
envolvimento
  e estabelecimento de credibilidade 117
  objeções como sinal de 66
equilíbrio, vida 173–176
Ericsson, K.A. 11

erros
    aprendendo com 55
    estados de humor, efeito de 74-75
    lidando com 36, 44
    propriedade de 116
escolha da palavra 188-190
escuta 24, 84-87
espaço, ciência de 100-101
espaço pessoal 100-101
espelhamento 90, 95-96
estatísticas, consciência de 204-206
estatística, uso de 192
estilo de discurso 193-194
estórias, uso de 192-193
evidência 214
exemplos, usando 191-192
expectativas 146, 194-195
experiência
    com uso de poder 124-125
    revelando 114-115
expertise
    e poder da autoridade 126-127
    revelando 114-115
expressões faciais
    decodificando 91
    emoções correspondendo a 91
    na conexão com o público 89-90
    radar de empatia para 82
    reconhecendo 90
extrovertidos, como persuasores 85
Ezra, Moses, sobre compreensão 228

F

falando demais 24, 72-73, 84-85
falar em público, medo de 182-183
falar mal da concorrência 114
falhas
    através de autossabotagem 158
    de motivação 162-164
    de negócios/produtos 64
    medo de 67
    reconhecendo 53-55
familiaridade, empatia e 99-100
Federal Reserve 24

felicidade
    criada por persuasores 74
    e uso do humor 94
    verdadeira 55-56
Ferrari, Joseph 212
fontes, citando 114
força de vontade 160-162
força, poder vs. 123-124
formas obscuras de poder 138
Fórmula da Inspiração 171-172
fórmula descobrir, projetar, articular 213-215
Fórmulas de motivação 171-173
Franklin, Benjamin, sobre apelo ao interesse 63
Frankl, Victor
    sobre atitude 145
    sobre felicidade 56
Fripp, Patricia, sobre ser lembrado 82
frustração 146

G

Gandhi, Mohandas, sobre finalmente vencer 239
Gardner, Howard ix
Garfield, Charles 176
Gates, Bill 159
gerenciamento do tempo 207-210
Glasbergen, Randy 95
Goleman, Daniel ix
gratificação
    adiada 160-161
    instantânea 156-157**

H

habilidades de comunicação 180-181
habilidades de fechar negócios 30-31, 75-76
habilidades interpessoais, para construir empatia 96-97
hábitos 49-50, 146
hábitos saudáveis 49-50
Hall, Edward T. 100

Hancock, John, sobre maior aptidão em negócios 10
Hansen, Mark Victor 159
harmonia
 com tipos de personalidade 92
 para congruência 117-118
Hawkins, David R., sobre poder 124
hierarquia de necessidades 164-165
Hill, Napoleon 3
 sobre oportunidade 184, 235
 sobre pensamentos dominantes 41
 sobre poder da fato 184
histórias em quadrinhos 95
honestidade 33, 108, 116
Hubbard, Elbert, sobre álibis 53
humor 93-95, 141

I
ignorância 230
impotência aprendida 158
imprevistos 54-55, 235
incentivos 135-137
indecisão 210
influência 139-152
 características de 139
 e atitude 145-153
 e autoestima 150-152
 e carisma 140-141
 e empatia 147-149
 e otimismo 144-145
 e paixão 142-143
 e visão 150
informações, avalanche de 25-26
inoculação 216-217
insegurança 111-113
inspiração 166-169
instinto 59, 61-62
integridade 108-109
Intel 64, 131
Inteligência Emocional (Daniel Goleman) ix
interesse, objeções como sinal de 66
introdução à apresentação 190-191
introvertidos, como persuasores 85

J
James, William, sobre atitudes 146
jogar conversa fora 76, 81-82
Jordan, Michael 225
julgamento
 a partir de primeiras impressões 79
 de princípios de sucesso 239-240

K
Keillor, Garrison 18
Keller, Helen
 sobre autopiedade 235
 sobre caráter 108
 sobre pessimismo 144
Kennedy, Dan, sobre incapacidade de ouvir 87
Keough, Donald, sobre envolvimentos emocionais 64
King, Martin Luther, Jr., sobre dar o primeiro passo 44

L
Lake Wobegon Days (Garrison Keillor) 18
laliofobia 182-183
Leavitt, Robert Keith, sobre emoção versus fatos 65
Lee, Harper, sobre ponto de vista 203
lendo 222-223
Levinson, Jay Conrad 110
líderes, carismáticos 140-141
Lincoln, Abraham 159
 sobre poder 124
 sobre ser correto consigo mesmo 109
linguagem corporal 82, 89-90
linguagem da apresentação 191-193
linguagem descritiva 189-190
lógica, emoção vs. 61-63
Lombardi, Vince, sobre vencer 155

M

manipulação 126
Man's Search for Meaning, (Viktor Frankl) 56
Maslow, Abraham
　hierarquia das necessidades de 164–165
　sobre a história da raça humana 237
medo
　como ferramenta de persuasão 168
　confrontando 44
　de falar em público 182–183
　de falha 67
　de rejeição 27–29
　de sucesso 233
　e confrontando o medo 44
　e falta de confiança 111–113
　em ciclo do desespero 162–163
　em fórmula do desespero 172
　e procrastinação 210
Mehrabian, Albert 89
menor reação favorável 136–137, 216
mensagem
　apoiando 187–188
　conhecendo 202–203
　elementos de 214–215
　memorável 215–217
　sutileza 184–185, 190–193
mensagens tácitas, radar de empatia para 82
mentalidade
　como inibidor da motivação 158
　de confiança 103
　programando. ver programação mental
mente confusa 180
mente consciente 39, 60–63
mente subconsciente 39, 41, 45
　decodificando a comunicação não verbal em 91
　e espelhamento 95–96
　em caminho para a persuasão 61–63
　e percepção de competência 109–110
　leis de persuasão para 77–78

mentira
　credibilidade reduzida por 117
　detecção de 90
　tolerância a 108
mentores 224–226
metáforas 191–192
metas
　definindo 206–207
　escrevendo 208
Milgram, Stanley 127–128
Mindell, Phillis, sobre falar em público 182
Mischel, Walter 160–161
mistério, em apresentações 195–196
motivação 155–178
　através do alinhamento da vida 173–176
　como obstáculo à persuasão 67
　de longo prazo 176–177
　e ciclo do desespero 162–164
　e comprometimento 160–162
　e hierarquia das necessidades 164–166
　Fórmulas de 171–173
　implementando 169–170
　inibidores de 157–160
　por inspiração vs. desespero 166
　por paixão 170–171
　sistema de, do Persuasion Institute 167–169
mudança 232–234
múltiplas inteligências ix

N

natureza humana 59–60, 124
necessidades de autoatualização 164
necessidades de segurança 164
necessidades do ego 164
necessidades emocionais 175
necessidades espirituais, em alinhamento da vida 175
necessidades físicas, em alinhamento da vida 174
necessidades fisiológicas 164

necessidades, hierarquia das 164–166
necessidades intelectuais, no alinhamento da vida 175
necessidades sociais 164, 175
negligenciar 54
nomes, lembrando-se de 97

O

objeções, lidando com 66–70
objetivos, definindo 206–207
obstáculo(s) à persuasão 17, 67–68
    avalanche de informações como 25–26
    efeito Wobegon como 18–20
    excesso de confiança em habilidades de fechar negócios como 30–31
    falando demais como 24–25
    falta de preparo como 29
    lidando com 234–235
    medo da rejeição como 27–29
    motivação por desespero como 26–27
    parede de tijolos de resistência como 21–23
    pensando como um empregado como 23–24
    perguntas abertas 74
    prejulgando e fazendo pressuposições como 29–30
opções, oferecendo 215–216
opinião pública, autoridade por 131
organização 115–116, 133
orgulho 47, 112–113
Oriente Médio, espaço pessoal em 101
originalidade 32
"O sol e o vento" (fábula) 33–34
otimismo 97, 99, 144–145
otimismo influente 144

P

pacote verbal 189
paixão 142–143
    carisma vs. 142
    motivação por 170–171

parede de tijolo da resistência 21–23
Peale, Norman Vincent, sobre entusiasmo 143
pensamentos incompletos 195–196
Peoples, David A., sobre entusiasmo 142
Pepsi 64
percepção
    de competência 109–110
    de confiança 110–111
    de honestidade/originalidade 117–118
    de ser digno de confiança 105
    de valor 70–71
    durante a comunicação 89–90
    em construção de empatia 79
perfeccionismo 211
perguntas
    abertas 74
    como sinais de prontidão para comprar 90
    insultantes 100
    poder de, 71–74
período, em Fórmulas de Motivação 172
persistência 76–77, 240
perspectiva pessoal 159–160, 241–242
persuasão
    como habilidade que pode ser aprendida 5–6
    como habilidade valiosa 2–3, 9
    doze leis de 77–78
Persuasion Institute 6–7, 242
    e falha de pequenos negócios 10
    recursos de 243–246
    Sistema de Motivação de 167–169
    teste de QI de Persuasão 247–260
persuasores
    percepção negativa de 9–10
    "persuadidos" sobre bem-sucedidos 32–33
    traços dos melhores 11
pessimismo 144–145, 211
pessoal de vendas, parede de tijolos de resistência com 21–22
pessoas apoiadoras 186

pessoas, como inibidor de motivação 157-158
pessoas desinformadas 186
pessoas hostis 185
pessoas indiferentes 185-186
piadas 94-95
planejamento de trabalho 207-210
poder 123-138
    autoridade 126-138
    conhecimento/informação 134-135
    conhecimento como 230-231
    exercício de 124-125
    expertise 135
    força vs. 123-124
    formas obscuras de 138
    na persuasão 137-138
    recompensa 135-137
    respeito 133-134
    respostas a 125-126
poder da autoridade 126-138
    por características externas 132-133
    por opinião pública 131
    por posição 127-129
    por título 130-131
    por uniforme 129-130
ponto fracos
    criando positivos a partir de 116
    de produto, honestidade sobre 116
    pessoais 114
posição, autoridade por 127-129
positividade 97
potencial, excedendo 241-242
PowerPoint 187-188
preço, como objeção 70-71
prejulgamento 29-30
prendendo a atenção 181-182
preocupação 44
preocupação, mostrando 97
preparação 201-218
    através da definição de objetivos 206-207
    através do conhecimento da sua mensagem 202-203
    através do conhecimento de estatísticas 204-206
    através do conhecimento do seu público 203-204
    de mensagem 184-185, 190-193
    e procrastinação 210-213
    falta de 29
    fórmula para 213-215
    gerenciamento do tempo em 207-210
    necessidade de 217
    para credibilidade 114
    para mensagem memorável 215-217
pressuposições, fazendo 29-30
primeiras impressões 79-80, 101-102, 114
probabilidade 97, 99
processos por negligência 83
procrastinação 210-213
produto, apoio ao 33
programação mental 35-58
    benefícios de 36, 57
    como fundamento 37-38
    e autoestima 47-49
    e crenças sincronizadas 42-43
    e direção do pensamento 40-42
    e encontrando o seu propósito 45-47
    e hábitos saudáveis 49-50
    e responsabilidade 50-55
    e sonhando alto 38-40
    e verdadeira felicidade 55-56
    e visualização 45
programas de MBA 12
promessas, mantendo 32, 115-116
propósito, descobrindo o seu 45-47
proxêmica, empatia e 100-101
Psicologia Social (Floyd Allport) 124
público
    avaliando a conexão com 88-89
    avaliando necessidades de 85
    como centro de atenção 85-86
    compreendendo o pensamento de. *ver* compreendendo o pensamento do público
    conhecendo 203-204
    espaço pessoal de 100-101
    fatores na conexão com 88-89

mantendo a atenção de 179-180
modificando o humor de 94-95
perguntas mais urgentes de 184-185
prendendo a atenção de 181-182
tipos de membros em 185-186

Q

QE (inteligência emocional) ix
QI de milionário 57
QI de Persuasão (QP) x, 4, 6, 7, 11, 14-15
QI (quociente de inteligência) ix, 11
QP. *ver* **QI de Persuasão (QP)**
qualificações, revelando 114
qualificando o seu público 68-69
questões financeiras
  como obstáculo à persuasão 68, 70-71
  no alinhamento da vida 174

R

racionalização 51
radar da empatia 82
recompensas, em fórmula da inspiração 171-173
recuperação rápida (de rejeição) 28
recursos externos, para credibilidade 114
recursos visuais 187-188
Regra 80/20 207-208
rejeição
  medo de 27-29
  persistindo apesar de 77
relacionamentos 175
renda, aparência e 98
repetição 216
resistência
  à mudança 233-234
  ao poder 125-126
  parede de tijolos da 21-23
resolução 240

respeito
  ao espaço pessoal 100-101
  construindo 97
  responsabilidade, assumindo 33
responsabilidade 50-55, 232
  ao entrar em ação 51
  e culpa 52-53
  e reconhecimento de "falhas" 53-55
resposta automática ao poder 125-126
resposta manual ao poder 125-126
revelando o problema 214
revista Newsweek 108
riso 93-94
Rohn, Jim
  sobre comunicação eficaz 180
  sobre responsabilidade 232
Roosevelt, Theodore, sobre tomada de decisão 211

S

Seinfeld, Jerry 44
Seligman, Martin 158
seminários 224, 228
sensibilidade, carisma e 141
similaridade
  e empatia 99-100
  espelhamento para demonstrar 95-96
simplicidade 216
sinais de compra, lendo 76, 90-91
sinceridade 32, 108
sincronização 95-96
Small Business Administration 10
soluções, apresentando 33, 214
sonhando alto 38-40
sorrir 97
Spence, Gerry, sobre carisma 140
Stone, W. Clement, sobre média de fechamento 205

sucesso
   determinado por atitude 145-146
   e autossabotagem 158
   e felicidade 55
   e gratificação adiada 160-161
   e motivação 156
   e notas na faculdade 9
   e objeções do público 67
   etapas rumo ao 49
   habilidade interpessoal para 97
   medo de 233
   princípios para 238-242
   propriedade de 159
superioridade 112-113
suspense, em apresentações 195-196
sutileza da mensagem 184-185, 190-193

T

taxa de fechamento de negócios 77
Taylor, Richard, sobre ambição 232
técnicas de alta pressão, evitando 21
tendência cognitiva 19
território 100-101
teste do marshmallow 160-161
The Seven Habits of Highly Effective People (Stephen Covey) 107-108
Thoreau, Henry David, sobre castelos no ar 38
tipos de personalidade, reconhecendo 91-93
título, autoridade por 130-131
tomada de decisão
   atalhos em 60
   emoção 61
   emoção vs. lógica em 65-66
   intelectual 61

   validação em 73
traços de ótimos persuasores 11, 237-238
Tracy, Brian
   sobre domínio da escuta 86
   sobre leitura 223
   sobre pessoas que não conseguem apresentar suas ideias 2-3
   sobre treinamento 227
trapaça, tolerância a 108
treinamento. *ver* **desenvolvimento pessoal**
Trump, Donald, sobre a arte da persuasão 5
Twain, Mark, sobre gatos sobre fogão quente 162-163

U

uniforme, autoridade por 129-130

V

valor
   aproveitando 241-242
   percepção de 70-71
valor, encontrando 241-242
"veículo" 2, 4
vendas, persuasão e 3
verdadeira felicidade 55-56
visão
   e carisma 140-141
   e influência 150
visão comum 149-150
visualização 45
Vitale, Joe, sobre menosprezo ao que poderia dar certo 240
voz, sendo julgada por 82-83

W

Waitley, Denis
  sobre aprendizagem 231
  sobre fazer coisas 208
Wall Street Journal 12
Webster, Daniel, sobre poder do discurso 179
Williamson, Marianne, sobre nosso maior medo 233
Wooden, John, sobre culpa 53
Woods, Tiger 225
workshops 224

Z

Zeigarnik, Bluma 195
Ziglar, Zig, sobre obter o que você deseja 148
zona de conforto 51, 163

Sobre o autor

Kurt Mortensen é internacionalmente respeitado como fundador do Persuasion Intitute, uma empresa de pesquisa de negociação, liderança e vendas. Kurt é uma das maiores autoridades do mundo em autopersuasão, motivação e influência. O treinamento, o *coaching* e os seminários do Persuasion Institute mudaram a concepção de persuasão e de desenvolvimento pessoal. Kurt tem divertido, educado e inspirado públicos do mundo inteiro nos últimos vinte anos.

Através de seus programas altamente reconhecidos de oratória, treinamento e consultoria, Kurt ajudou inúmeras pessoas a alcançar sucesso sem precedentes nos negócios e na vida pessoal. Ele também ficou conhecido pelo livro inovador *Maximum Influence: The 12 Laws of Persuasion*. Há também outros trabalhos pioneiros: *Perfect Persuasion*, *Power Negotiation*, *Persuasive Presentations*, *Millionaire IQ*, *Magnetic Persuasion*, *Exponential Success Skills* e *Psychology of Objections*. Seu curso de domínio do QI de Persuasão está mudando drasticamente a maneira pela qual as pessoas revelam suas conquistas.

Para obter mais informações, visite Kurt Mortensen em:
www.persuasioniq.com
www.persuasioninstitute.com
www.kurtmortensen.com

Ou escreva para ele:
Persuasion Institute
3214 North University Ave #613
Provo, Utah 84604
801-434-4022
info@persuasioninstitute.com